Konzepte der Humanwissenschaften

Albert Pesso

Dramaturgie des Unbewußten

Eine Einführung in die psychomotorische Therapie

Übersetzt und eingeleitet von Tilmann Moser

Klett-Cotta

Verlagsgemeinschaft Ernst Klett Verlag –
J. G. Cotta'sche Buchhandlung
Das Buch ist eine überarbeitete Fassung des Bandes
»Experience in Action«,
der 1973 bei New York University Press,
New York, erschienen ist.

Printed in Germany 1986
Umschlag: Klett-Cotta-Design
Satz und Druck: Hieronymus Mühlberger, Augsburg
Buchbinderei: Ludwig Auer, Donauwörth

CIP-Kurztitelaufnahme der Deutschen Bibliothek

Pesso, Albert:
Dramaturgie des Unbewussten : e. Einf. in
d. psychomotor. Therapie /
Albert Pesso. Übers. u. eingel. von Tilmann Moser. –
Überarb., autoris. Fassung. –
Stuttgart : Klett-Cotta, 1986.
(Konzepte der Humanwissenschaften)
Einheitssacht.: Experience in action ⟨dt.⟩
ISBN 3-608-95422-8

Inhalt

Die Anschaulichkeit des Unbewußten
Eine Einführung in die Arbeit von Diane und Albert Pesso

Tilmann Moser

Während meiner nun über fünfzehnjährigen Tätigkeit als Psychoanalytiker habe ich, aus einem bestimmten Mangelgefühl heraus angesichts der Grenzen einer fast ausschließlich verbalen Therapieform – die zugleich die Gefahr einer exklusiven Idealisierung mit sich bringt –, nach Erfahrungen mit anderen, stärker dramatisierenden Therapieformen gesucht, nicht nur als Therapeut, sondern auch als Patient: Gestalttherapie, Psychodrama, Rollenspiel, Primärtherapie, Bioenergetik, integrative Körpertherapie (Downing) und Familientherapie. Es blieb ein Unbehagen, weil meine primäre Identität als Analytiker unter bestimmten Verkürzungen, Einseitigkeiten, theoretischen Unzulänglichkeiten, an therapeutisch-technischen »Grobheiten« und Unklarheiten im Setting litt. Auf den theoretischen Reichtum der Psychoanalyse wie auf die differenzierte Erforschung der lebensgeschichtlich geprägten Tiefenstruktur der Person wollte ich nicht verzichten, aber ich wollte mir auch die Fülle der Erfahrungen zunutze machen, die inzwischen in vielen anderen, Körper und Körpersprache einbeziehenden Therapieformen erarbeitet wurden.

Neue Überzeugungen im Bereich der Humanwissenschaften bilden sich nicht nur aus dem Nachdenken, sondern aus der *Integration neuer Erfahrungen*. So kann ich inzwischen sagen, daß die theoretische und klinische Aneignung dessen, was die beiden Pessos, ursprünglich Tänzer und später jahrelang Mitarbeiter an einer psychoanalytisch geleiteten psychiatrischen Klinik in Boston, erarbeitet haben, meinen Umgang mit Patienten verändert hat, und zwar, wie ich glaube, in positiver, kreativer und zum Leben ermutigender Form. Ich habe keine Angst mehr vor dem Körper der Patienten, auch nicht vor der Nutzung meines eigenen Körpers in der Therapie. Das große Problem der »Abstinenz« verlangt in diesem Zusammenhang ein ganz neues Durchdenken. Sicher ist, daß es einer viel präziseren Bestimmung bedarf als in der Psychoanalyse, wo es, in ängstlicher und nahezu erfahrungsfreier Weise, dadurch gelöst wird, daß der reale Körper konsequent negiert wird. Dies hoffe ich in einer anderen Arbeit zum Thema »Psychoanalyse und Körper« gründlicher zu durchdringen. Da inzwischen auch andere, gut ausgebildete Analytiker (u. a. mein Kollege Niklaus Roth in Basel) sich mit dem Problem auseinandersetzen, ist anzunehmen, daß in diesem Bereich in den nächsten Jahren einiges in Bewegung kommen wird. Es steht der Psychoanalyse nicht gut an, die Vielfalt der Körpertherapieformen mit zum Teil schon jahrzehntelanger Tradition und Erfahrung auf dem Weg der Nicht-Wahrnehmung einfach links liegen zu lassen. So sicher sich die Psychoanalyse in der Bundesrepublik nach ihrem erfolgreichen Marsch durch die Institutionen und im Schutz ihrer Monopolstellung bei den Krankenkassen auch fühlen mag, so verlangt es doch nicht nur das Interesse der Patienten, sondern auch die ökonomische Vernunft und die wissenschaftliche Wahrhaftigkeit, daß wir das reiche Feld der körperorientierten Therapieformen zur Kenntnis nehmen. Die psychoanalytischen Theorien der psychosomatischen Erkrankungen werden immer komplizierter, die klinische Hilflosigkeit aber ist kaum mehr zu übersehen.

Es hat mich gereizt, nicht nur Albert Pessos Buch *Experience in Action* zu übersetzen und zu kommentieren, sondern seine Arbeit auch zu dokumentieren. Diesem Band wird deshalb ein zweiter folgen mit der Darstellung und Kommentierung einer Reihe von Gruppensitzungen, die mit Video aufgenommen, transkribiert und von ihm und mir kommentiert wurden. Die Arbeit mit Video spielt auch in seinen Ausbildungsprogrammen eine prägende Rolle, erlaubt sie doch, die beobachteten Körperphänomene auch intersubjektiv wahrnehmbar und kommunizierbar zu machen. Dies schmälert natürlich nicht die Bedeutung des aus der Psychoanalyse vertrauten Instrumentariums der Empathie, der Identifikation, von Gegenübertragung und komplementärer Rollenübernahme.

Schon bevor ich Albert und Diane Pesso selbst kennenlernte, übernahm ich, ermutigt durch wechselseitige Supervisionsarbeit mit einem Schweizer Psychoanalytiker-Kollegen, der bei ihnen in Ausbildung war, wichtige Elemente ihrer Arbeit in meinen Umgang mit Gruppen. Das wesentliche Element der »psychomotorischen Therapie« sind, vor aller Konkretisierung, die mögliche *Auf-*

spaltung der frühen inneren oder äußeren Objekte in gute und böse Anteile und der Versuch, einen Neubeginn des seelischen Wachstums unter dem Schutz idealer Eltern einzuleiten. Die Nähe zu Balints »Neubeginn« ist hier sowohl atmosphärisch wie theoretisch gegeben.

Ich habe die Pessos dann in einer Reihe von Seminaren erlebt, zusammen mit vorwiegend analytisch orientierten Kollegen. Die Pessos arbeiten wie die Analytiker – aber dies mag Zufall sein – im Fünfzig-Minuten-Takt. Zehn Minuten vor dem Ende einer Sitzung, was allerdings nicht rigide gehandhabt wird, ertönt ein feines Klingelzeichen, das den Therapeuten wie den Protagonisten einer Gruppenszene auf die zeitliche Begrenzung hinweist.

Die Seminare selbst beginnen mit einer theoretischen Einführung und mit gemeinsamen Übungen im sogenannten »Akkomodieren«. Wenn ein Protagonist in einer »Struktur« – so werden die aufgebauten Szenen genannt – auf der Suche nach seinen negativen Gefühlen aus bewußten oder längst verdrängten Verletzungen ist, dann erweist es sich als äußerst hilfreich, wenn der oder die Mitspieler in den »negativen« Rollen auf Vorwürfe, Wut, Haß oder Verachtung mit Gesten und Lauten des Getroffenseins reagieren. Dies ermutigt den Protagonisten, zu den oft nie geäußerten, ja ihm unbekannten Gefühlen zu stehen und sie weiter zu explorieren. Der Protagonist trägt in sich ein unbewußtes Bild von der erhofften Wirkung seines negativen Affekts, und sein Gesicht erhellt sich unverkennbar, wenn er, nach einer Strecke des Suchens und Erprobens, eine angemessene Wirkung auf den Ausdruck seiner Gefühle erzielt. Die gemeinsamen Übungen im negativen Akkomodieren verschaffen der Gruppe zudem einen emotionalen Zusammenhalt.

Die negativen Affekte richten sich ausdrücklich nicht gegen die realen Eltern, sondern gegen deren als isoliert gedachte bedrohliche oder negative Seiten.

Entsprechend dienen die Übungen mit den »idealen Eltern« der Auslotung eines neuen, unbekannten Spielraumes mit Figuren, die nicht die idealen Anteile der wirklichen Eltern repräsentieren, sondern quasi archetypische Idealgestalten, bereit, sich auf die verschütteten Ur-Bedürfnisse einzulassen, damit sich die »neue Landkarte« einer positiveren Selbst-Entwicklung abzeichnen kann.

Alle Mitglieder stehen, anders als im Psychodrama, ganz im Dienste des Protagonisten. Er darf sie so lange korrigieren, herumschieben, führen (mit Hilfe des empathisch mitgehenden Therapeuten), bis im Nebel des Unbewußten ein stimmiges Bild einer idealen Reaktion entsteht, von der der Patient bisher vielleicht nicht einmal zu träumen wagte.

Ein rituelles Moment, das aber für die Orientierung des regredierenden einzelnen Protagonisten wichtig ist: Er lädt die Mitspieler zu den einzelnen Rollen ein; sie bieten ihm an, eine negative oder ideale Rolle bzw. einen Gegenstand, eine innere Stimme, einen Selbstanteil zu spielen. Nach der Struktur verabschieden sie sich förmlich aus ihrer Rolle und dem Kontrakt und betonen wieder ihre Eigenständigkeit.

Der Protagonist in einer Struktur, der sich ja unter Umständen auch auf intrauterine und perinatale Erfahrungen oder Situationen schutzloser, säuglingshafter Preisgegebenheit einläßt, darf sich also sicher fühlen, daß seine Regression nicht durch spontane oder konflikthafte Eigenreaktionen der Mitspieler gestört wird. Das kann für die anderen, die ganz im Dienst der Herstellung eines ideal-responsiven Milieus stehen, mitunter frustrierend sein; eine mögliche Anspannung löst sich aber meist im nachfolgenden »sharing«, dem emotionalen Austausch über das gemeinsam Erlebte.

Der Einstieg in eine Struktur geht entweder von aktuellen Gefühlen des Protagonisten aus oder von den ihm selbst unbewußten Zeichen seiner Körpersprache. Einige Beispiele: Dem Therapeuten fällt auf, daß der Klient ihn nicht anschauen kann. Er mag in vorsichtiger Erweiterung mit Hilfe von Fragen, aber auch von Akkomodationsangeboten die noch unbekannte, dahinterliegende Szene zu verdeutlichen suchen. Es kann sein, der Klient hält unbewußt seinen Blick für so mörderisch, daß er die Augen senken muß, um nicht zu töten. Es kann aber auch sein, er ahnt seine übermächtige Sehnsucht nach augenblicklicher Verschmelzung und schaut auf den Boden, um nicht seine Konturen zu verlieren oder aber das »Objekt« ob seiner Gier augenblicklich zu verlieren. Das »Akkomodieren« erlaubt eine Überführung ins Anschauliche, und zwar viel rascher als etwa in einer Einzelanalyse, wo der Patient viel länger braucht, um zu erleben, daß der Analytiker als einzelne Person seine Ängste erfassen lernt und die Attacken überlebt.

Hier sollen aber auf keinen Fall Therapie-»Geschwindigkeiten« verglichen oder Settings gegeneinander ausgespielt werden. Es geht um unterschiedliche Zugänge, bei denen die Gewichte im Hinblick auf Diagnose, Evidenz, Schutz im Setting, Rollentrennung u. a., Übertragung versus Inszenierung anders verteilt sind.

Doch weiter mit unserem Beispiel: Der Klient mit den gesenkten Augen kann auch unbewußt fürchten, der Therapeut (bzw. früher die Eltern oder andere) durchschaue bei Augenkontakt sofort seine sexuellen oder analen Phantasien und werde ihn strafen; oder an den Augen sei der unbewußte Größenwahn ablesbar und führe zu Vergeltungshandlungen; oder aber, bei mehr psychotischer Neigung: durch die Augen würden rasch und unkontrollierbar Selbstanteile ausgetauscht, der Klient könne sich nicht mehr wehren gegen magische Überschwemmung durch den Therapeuten, gegen Verhexung, Angriff, Vergiftung oder Auflösung. Die Varianten ließen sich vermehren, aber das Prinzip wird deutlich geworden sein: *Mit Hilfe akkomodierender Mitspieler wird eine differenzierte unbewußte Szene erarbeitet*, wenn nötig, werden negative Affekte exploriert und ausgedrückt, und mit Hilfe von Idealfiguren wird ein – oft minimaler – Neubeginn angedeutet oder auch schon ein Stück weit gelebt, zuerst in einem scheuen Aufflakkern von Glück, manchmal in einem unbändigen Jubel, gefolgt oft von immenser Trauer über lange Versäumtes.

Da der Patient die Affekte allein oft gar nicht ertragen kann, wird ihm, wenn er will, Halt angeboten, seelischer oder auch rein körperlicher Beistand. Einer oder mehrere Mitspieler bilden dann das, was Bion den »container« oder Winnicott die »holding function« genannt hat. Der Therapeut ist Begleiter: zunächst oft genug auf einer Höllenfahrt, dann bei der Suche nach einer Neuorientierung. Er bleibt Hilfs-Ich, spontane und oft starke Übertragungsansätze werden, sobald sie klar genug spürbar sind, von ihm abgelöst und in die Szene eingebracht. Da der Patient die Figuren, die er für die Darstellung der unbewußten Szene braucht, selbst wählt und die Regie für das eigene Unbewußte weitgehend selbst übernimmt – der Therapeut hat dabei nur unterstützende Funktion –, kann er das Gefühl entwickeln, die verlorengegangene Autonomie in der eigenen Psyche könne eines Tages doch wieder zurückgewonnen werden.

Nicht immer findet ein Patient gleich Zugang zu für ihn wertvollen Funktionen idealer Eltern. Oft muß er mit weit primitiveren oder objektferneren Substanzen beginnen: der Luft, dem Fruchtwasser, dem Erdboden, einer präobjektalen Körperwärme oder einem magischen Stoff, der ihn ernährt, wenn der Zugang zur nährenden Mutter verschüttet ist.

Gelegentlich fragten die Pessos, ob der Protagonist die Möglichkeit habe, das in der Intensität einer Struktur Erlebte in einer anderen fortlaufenden Therapie aufzuarbeiten. Bestand diese Möglichkeit, so gab dies dem Therapeuten wie dem Patienten den Mut, die szenische Exploration weiter zu treiben, als dies geschah, wenn nur die aktuelle Gruppe der Pessos zur Verfügung stand. Es ist also keineswegs ein Widerspruch, wenn jemand im Verlauf einer Therapie oder einer Analyse in eine Struktur geht, ganz im Gegenteil. Damit ist die Frage der Kombination verschiedener Therapieformen, der Ergänzungstherapie, der Möglichkeit, die therapeutische Arbeit durch Elemente aus unterschiedlichen Verfahren zu bereichern, angesprochen, eine Frage, die ich hier jedoch nicht vertiefen kann. Das Problem ist ohnehin weitgehend wissenschaftliches Neuland.

Die psychomotorische Therapie kann als Langzeittherapie wie auch als momenthafte szenische Fokussierung auf schwer zugängliche Konfliktlagen eingesetzt werden. Hauptziel der Ausbildungsseminare ist die Herstellung einer emotionsstarken diagnostischen Evidenz. Die Pessos, die inzwischen vorwiegend mit Ausbildung beschäftigt sind, legen besonderes Gewicht auf die Möglichkeiten einer Verinnerlichung des in der Struktur Erlebten, damit es auch tatsächlich eine orientierende Wirkung auf die weitere Entwicklung der Teilnehmer haben kann. Der erlebte Konflikt wie die Neuorientierung sollen sowohl emotional als auch im eidetischen Gedächtnis verankert werden. Die gefühlshafte Evidenz bleibt eingebettet in die Erfahrung der Anschaulichkeit des Unbewußten.

Hat der Protagonist seine negativen Phantasien, seine Tötungsphantasien, die Angst vor der Auflösung, vor dem Durchschaut- und Gestraftwerden mit der dazugehörigen Wut, dem Schmerz, der Verachtung usw. durchgespielt, so kann er an den idealen Eltern erleben, daß seine Wut sie nicht umbringt, seine Gier sie nicht ängstigt, daß sie seine ihm verrückt oder pervers erscheinenden Phantasien ertragen und verstehen, und daß sie zueinander wie zum »Kind« eine Haltung einnehmen, die die deformierenden Ersatzlösungen, die Symptome, die Charakterverbiegungen potentiell »unnötig« machen. Die ganze Gruppe kann – glücklich, erleichtert, lachend – angesteckt werden, wenn der Protagonist, vielleicht nach Jahren eines fast blicklosen Lebens, eintaucht in ein staunendes, ihm fast grenzenlos erscheinendes Anschauen-Dürfen eines Objekts, das ihn weder straft noch überschwemmt, ihn sich weder aneignet noch verhext oder ihn mißbraucht, sondern einfach »schaut«. Es gibt dann vielleicht Minuten des schweigenden »Seins«, wie sie Winnicott beschreibt, später auch Momente des Übergangs von diesem schweigenden, nährenden Sein zu den unvermeidlich sich abzeichnenden Konflikten. *Seelische Nahrung, Unterstützung, Schutz und Grenzsetzung bezeichnen die Pessos als die elementaren Funktionen, die die Gruppe in der Regression bieten muß.*

Die Begegnung mit Albert und Diane Pesso und der von ihnen gemeinsam entwickelten psychomotorischen Gruppentherapie hat mich fasziniert, bereichert, meinen Arbeitsstil verändert. Sie rüttelt nicht an meiner analytischen Identität, dafür haben sie ihre Methode zu lange in Zusammenarbeit mit analytischen Kollegen an amerikanischen Kliniken erprobt. Im Gegenteil: Mein Eindruck ist, daß mit Hilfe dieser Gruppentherapie viele unbewußte Konstellationen und Konflikte in Gruppenszenen *anschaulich* gemacht werden können, wenn auch oft erst nach langer gemeinsamer Suche. Diese Suche nach der im Unbewußten wirksamen traumatischen Konstellation ist der gemeinsame Weg der Gruppe. Das Ziel ist, den gestauten, verknäulten Kräften neue Orientierung zu geben.

Was soll daran neu sein? Im Prinzip nicht viel, wenn es so allgemein bleibt. Was in den Pesso-Gruppen sichtbar wird, erinnert an Fragmente aus dem Psychodrama, aus der Gestalttherapie, den diversen Urschrei-Verfahren, der Bioenergetik und anderem mehr. Und doch führt die fruchtbare Verbindung von Elementen aus all diesen Verfahren zu etwas Neuem, das sich in einer oft genug erschütternden Anschaulichkeit der unbewußten Szenerie sowie der Differenziertheit der psychosomatischen Wahrnehmung manifestiert. Diese Form der Therapie befreit den Analytiker von jenen oft schwindelerregenden Blindflug-Gefühlen, denen er sich bei manchen der genannten Verfahren ausgesetzt sieht: In oft genialer Akrobatik habe ich nicht-analytische Therapeuten im Unbewußten wühlen sehen, kompetent auf *einer* bestimmten Ebene der Konflikte, hilflos auf einer anderen, gehalten weder von einer fundierten Theorie noch von einem Setting, das auch dann noch trägt, wenn vorübergehend die Orientierung verlorengeht.

Es wäre nicht falsch, die Pesso-Therapie ein radikalisiertes Psychodrama zu nennen, allerdings unter Einbeziehung der leib-seelischen Zusammenhänge, oft sogar ausgehend von rein körperlichen Wahrnehmungen am Protagonisten. Was die therapeutische Arbeit der Pessos für Analytiker so attraktiv macht, ist dies: daß die zentralen Entdeckungen der neueren Theoretiker der Psychoanalyse – Mahler, Kohut, Winnicott, Kernberg, Balint, Bion, aber auch Melanie Klein u. a. – tatsächlich in Interaktionen »erlebt«, verstanden und eingeordnet werden können.

Konstrukte tauchen auf in Form von plastisch-menschlichen Schaubildern: Das verlorene Selbst kann sich darstellen als winzige Stimme inmitten dröhnender Identifikationen mit überwältigenden Anteilen früher Elternfiguren. Das schrille Konzert falscher Selbstanteile kann hörbar gemacht werden. Der Rest an eigenem Selbst erhält ein oder mehrere Hilfs-Ichs, um sich zum erstenmal zu behaupten gegen die Übergriffe und Überschwemmungen durch bedrohliche frühere Figuren.

Der unbewußte Größenwahn des Narzißten wie des Depressiven darf sich darstellen und trifft auf eine behutsame, haltende Begrenzung, die ihn auf menschlichen Boden zurückholt. Die bösen Introjekte erhalten Stimme, werden lokalisiert, überprüft. Wie in archaischen Lebensphasen des kleinen Kindes, wo die es umgebenden Personen, meist die Mutter, noch gar nicht als geschlossene Figuren erlebt werden, sondern in Form von Teilobjekten, vor allem aber in aufgespaltener Form als idealisierte gute und als verfolgende böse Gestalten, können in der psychomotorischen Therapie die frühen inneren Bilder der Patienten noch einmal aufgespalten werden in den Gespenster- und Riesenreigen, als den das Kind die Erwachsenenwelt erlebt. Auf diese Weise können sich sowohl die mörderischen Impulse ohne überwältigende Schuldgefühle entfalten wie auch die Kräfte der Zuneigung, der Verschmelzung und der Gier, die abgewiesen wurden oder aber allzu bedrohlich erschienen. Für den kindlichen Animismus und das magische Denken gibt es ein Experimentierfeld, weil Stimmen, Eigenschaften, Atmosphärisches, Religiöses »verkörpert« werden können. Alle Kräfte und Motive, die überhaupt die Seele bewegen, erhalten die Möglichkeit, anschauliche Realität zu werden. Dies wäre platt, wenn als Realität nicht die ganze Vielfalt symbolischer Ausdrucksformen miteinbezogen wäre. Nicht umsonst haben die Pessos jahrelang mit Psychotikern gearbeitet: sie sind mit Fragmentierung, Spaltung, den Kräften des Zerfalls der Psyche wie auch den tiefen Sehnsüchten und Strebungen zur Neuintegration vertraut.

Seit ich die Pessosche »psychomotorische Therapie« selbst in Gruppen anwende, hat sich die Überzeugung vertieft, daß es sich dabei um eine überaus fruchtbare Ergänzung zum psychoanalytischen Setting handelt, die dem Therapeuten die Verwendung eines weiteren diagnostischen und therapeutischen Instruments ermöglicht und die sinnliche Wahrnehmung unbewußter Vorgänge fördert. Ob die psychomotorische Therapie auch zu einer selbständigen Therapieform werden wird, vermag ich nicht zu beurteilen. Bei seiner in Europa beginnenden Ausbildungstätigkeit legt Pesso Wert darauf, daß es sich um eine Zusatzausbildung für (vorwiegend analytisch orientierte) Psychotherapeuten handelt. Das integrative Denken, das die fundierten Erkenntnisse der psychoanalytischen Theorie und Praxis nicht beiseite lassen oder sie auf einige selektiv aufgenommene Grundwahrheiten verkürzen will (wie bei manchen neueren Therapieformen), sondern sie mit den immer mehr anwachsenden Erfahrungen der Körpertherapie verbindet, führt zu einer theoretischen wie klinisch-technischen Befriedigung und Bereicherung. Sie besteht in einer Erweiterung der Identität und resultiert aus dem Nachlassen einer Spannung zwischen zwei Polen: der klassischen Analyse und den vielen Varianten der eher dramatischen neueren Therapieformen. Inmitten aufwühlender Gruppenszenen hat sich meine analytische Identität vertieft, und die Lust an der Inszenierung des Unbewußten, die Einbeziehung des Körpers, hat ihre analytische Fundierung und Legitimation gefunden. Pesso bildet für mich die lange gesuchte Brücke zwischen dem wilden Reichtum der neueren Therapieformen und dem Hauptstrom der psychoanalytischen Forschung. Ein innerer Widerspruch hat sich aufgelöst: zwischen der angstumgrenzten Bastion der reinen analytischen Lehre mit den Beschwörungen des immergleichen Settings und dem Wissen, daß inmitten des Chaos der neuen Therapieformen wichtiges Neuland erarbeitet worden ist. Ich kann Analytiker bleiben und muß mich dem Neuen doch nicht verschließen.

Während die psychoanalytische Forschung komplizierte Störungsformen im Schutz der therapeutischen Zweierbeziehung untersucht und die Sensibilität für Übertragung und Gegenübertragung auch in Bereichen verfeinert, die lange Zeit für das Setting unzugänglich schienen, entwickeln die dramatischeren Techniken Möglichkeiten, in intensiver Fokussierung rasch zu den Hauptkonflikten vorzustoßen. Jedes Setting hat seine Meriten und seine Gefahren: Im Extremfall kann eine Analyse immer subtilere Einsichten zutage fördern, ohne jedoch eine Veränderung zu bewirken, oder das therapeutische Bündnis entartet zu einer langjährigen folie-à-deux, wie es Dörte von Drigalsky in *Blumen auf Granit* beschrieben hat. In den anderen Therapien dagegen wird oft die Abwehr überrannt, und nicht wenige Teilnehmer verlassen die Stätte heftiger Mobilisierung von Ängsten und Konflikten mit schutzlos offenliegenden Eingeweiden.

Eine der Grundregeln der Pessos ist die: Im Verlauf jeder Sitzung bestimmt der Patient immer wieder von neuem, wie weit er gehen will. Der therapeutische Kontrakt wird also mehrfach erneuert und mit den erwachsenen Anteilen neu abgesprochen. Tritt aber wirklich eine tiefe Regression auf, so stehen dem Protagonisten der Therapeut und die ganze Gruppe zur Verfügung. Dieser Grundsatz gilt für viele verantwortungsvoll gehandhabte Therapieformen, wird bei den Pessos allerdings ausdrücklich betont. Manch eine Struktur dient daher erst einmal ausschließlich der Erfassung der Ängste und Widerstände, der Suche nach potentiellen Entwicklungslinien für eine Veränderung, der Ortung des aktuellen Lebensaugenblicks.

Die Pessos waren ursprünglich Tänzer. Ihre Aufmerksamkeit für Bewegungsabläufe, Körperverspannungen, für die oft minimalen Signale verschütteter Gefühle und verlorengegangener spontaner Lebensregungen ist in der jahrelangen Beobachtung von leiblichen Inszenierungen seelischer Inhalte geschult worden. Sie gehen vom Begriff der »Lebensenergie« aus. Sie ist ein Potential, das durch neurotische Blockierungen aus dem Bereich der lebendigen Interaktion mit anderen oder mit sich selbst herausgedrängt wurde oder nie verwendet worden ist. Soweit wie möglich soll diese Energie in »kompetente Interaktion« zurückgeführt werden. Der »andere« oder »die anderen« bleiben wichtig, aber sie müssen in einem langsamen Prozeß überhaupt erst einmal als eigenständige Wesen entdeckt und erlebt werden, nachdem sie so lange Zeit nur gefürchtet, benutzt oder mißbraucht worden sind.

Neu an dieser Technik ist die Feinarbeit an der Szene. Alle Mitspieler arbeiten daran so lange, bis durch Beobachtung, Intuition und aktives Befragen das Milieu, die Stimmung, die Haltungen traumatisierender Personen oder Situationen aus der Vergangenheit des Protagonisten präzise dargestellt werden können. Dies führt – in der Auseinandersetzung mit negativen Figuren oder Introjekten – zum Erleben tief verborgener Ängste, von Groll, Ressentiments, sadistischer Anklammerung, Haß oder Protest. Dabei betonen die Therapeuten immer wieder, daß die Protagonisten sich mit den ausschließlich negativen Seiten der frühen Figuren auseinandersetzen; die dabei zutage tretende Aggression bedroht den Patienten also nicht mit den Schuldgefühlen, die bei den kathartischen Mutter- oder Vatertötungsorgien mancher anderen Therapieformen häufig auftreten, auch nicht mit der partiellen Selbstvernichtung, die aus der fortdauernden Verschmelzung und Identifikation mit den vernichteten Objekten folgt. *Dem Grundprinzip der Regression auf die Stufe der Objektspaltung kommt also ganz wesentliche Bedeutung zu.*

Den bösen Anteilen werden »ideale« entgegengehalten. An ihnen kann der Patient in Erfahrung zu bringen versuchen, was er in den Momenten oder Phasen der Traumatisierung für seine lebendige Selbstentfaltung gebraucht *hätte*. Es ist jedoch nicht so, daß ihm illusionäre Verwöhnungsfiguren zur Verfügung gestellt würden. Der Patient muß vielmehr in einem langwierigen und mühsamen Prozeß verlorengegangene oder nie bewußt gewordene Wünsche überhaupt erst einmal wiederentdecken. Erst die Entzifferung des Körperdialogs, der oft genug ein Monolog war, führt dazu, daß Gesten und Worte gefunden werden, die das, was er wirklich braucht, auch zum Ausdruck bringen. Manche Patienten stehen vor den potentiellen Idealeltern wie gelähmt: Wünschen-Dürfen versetzt sie in Panik, Unglauben oder Urmißtrauen. Ihr einziger Wunsch ist dann oft: Laßt mich in Ruhe! Wird diese gewährt, kann der nächste Minimalwunsch keimen.

Jede Phase der psychosexuellen Entwicklung hat ihre eigene

Bilder-, Wunsch- und Gefahrenwelt. Im Bereich der ödipalen Konflikte werden die Patienten oft überwältigt von dem Wunsch, ihre Eltern einmal liebevoll zugewandt, einig und selbstbewußt zu erleben – frei dafür, das Kind ohne allzu starke eigene Bedürfnisse anzunehmen. Doch der Patient darf auch seinen neurotischen Ersatzwunsch bzw. seine Ersatz-Lebenstechnik – nämlich aus der Spaltung der Eltern Kapital zu schlagen – mit voller Kraft neu inszenieren. Hinter dem bitteren Triumph wird dann eine immense Trauer spürbar oder eine tödliche Wut auf das instabile System, das dem Kind eine realistische Einordnung in sicheren Grenzen und Rollen nie ermöglicht hat. Es ist immer wieder eine der eindrucksvollsten Szenen, wenn ein Teilnehmer, der in seine archaische Wut eingetaucht ist und fürchtet, er vollende nun sein immer gefürchtetes und mit viel Lebensenergie unterdrücktes Zerstörungswerk, von der ganzen Gruppe festgehalten wird – wie ein Kind, das in einem unkontrollierbaren Wutanfall von liebevoll starken Armen gehalten wird. Um einen solchen Rasenden zu bändigen, bedarf es oft bis zu acht Teilnehmern. Die »idealen Eltern« anerkennen seine Kraft und bestätigen, daß er tief verletzt worden sein muß. Auf diese Weise darf die Verletzung auch bewußt werden, die so oft verdrängt worden ist, weil die latente Wut schon schlimm genug zu ertragen war. Anders ausgedrückt: Das Motiv der Verletzung kann oft erst in einer Situation zugelassen werden, in der für die abgespaltene Wut zum erstenmal nicht-traumatisierende Grenzen erlebt werden.

Auch habe ich während der Seminare mit Albert und Diane Pesso Variationen des inneren Gottesbildes sich verkörpern sehen, die in Analysen nur selten in der Übertragung Gestalt annehmen können. In einem Menschen können mehrere Gottesbilder hausen, die einander bekriegen. Daß der Teufel für Kinder vorübergehend eine sehr reale Figur sein kann, habe ich selten so plastisch gesehen. Manche Sitzungen nehmen geradezu die Form eines Exorzismus an – nämlich dann, wenn die tief verborgene Identifikation mit dem Teufel oder einem Attribut Gottes zum Vorschein kommt; manchmal wird in einer solchen Sitzung auch deutlich, daß das halbe Leben eines Menschen nichts anderes war als eine Flucht vor dem Auge Gottes.

Das Über-Ich kann einem Gespensterreigen gleichen. Je früher die Störung, desto weniger gleichen die Inhalte des Über-Ichs

Freuds klassischer Summe der väterlichen Gebote. Leitendes Prinzip der psychomotorischen Therapie ist, die im Unbewußten hausenden Gespenster durch Sprache und Körpersprache so plastisch werden zu lassen, wie sie dem Kind früher erschienen sind. Bei Patienten, die an eher paranoiden Störungen leiden, dauert es oft lange, bis die verschiedenen Stimmen, von denen sie heimgesucht werden und die zunächst von Mitspielern dargestellt werden, mit Personen von früher oder mit abgespaltenen Selbstanteilen in Verbindung gebracht werden können.

Da auch klassisch arbeitende Analytiker hinter der Couch, die ihr Hauptaugenmerk auf den ödipalen Konflikt lenken, eher szenisch denken und erleben, will ich in weiteren Beispielen vor allem auf jene Konstellationen eingehen, die im Setting der Psychoanalyse sich weniger anschaulich abzeichnen. Im Unterschied zur klassischen Analyse, in der die Konflikte eher in einer zeitlichen Streckung, also im Nacheinander, deutlich werden, die verschiedenen Inhalte des Unbewußten, Stimmungen, Objekt- und Subjektrepräsentanzen zeitlich nacheinander, also diachronisch, erscheinen, ist für die Inszenierung unbewußter Szenen, wie sie von den Pessos gehandhabt wird, eine eher synchronische Montage des Konfliktstoffs charakteristisch. Es handelt sich eher um eine Inszenierung im *Raum*, um eine Serie von Bildern, als um eine Wanderung in der kontinuierlich fließenden Zeit wie z. B. in der Musik. Der Reichtum der zeitlichen Abfolge ist ersetzt durch den Reichtum der gleichzeitigen Sichtbarkeit des Geschehens, wenngleich natürlich in der menschlichen Interaktion der Faktor Zeit immer spürbar bleibt. Trotzdem möchte ich zur Charakterisierung des Unterschieds dem analytischen Nacheinander hier das eidetische Nebeneinander dort idealtypisch gegenüberstellen.

Ich wähle als Beispiel, stark vereinfacht, die Struktur eines Borderline-Patienten: Er kann zunächst sein Gegenüber nicht anschauen. Der Therapeut schlägt dem Protagonisten vor, zu erproben, welche Wirkung er mit seinem Blick befürchtet, insgeheim aber auch erzielen möchte. Der Akkomodierende, etwa in der Rolle einer mit ihrer Strenge alles beherrschenden Großmutter, in deren Haus die Familie lebt, stellt Erschrecken und Entsetzen dar über den »bösen« Blick des Protagonisten, der das Trauma des unerbittlichen Angeblicktwerdens endlich umkehren will. Es handelt sich hier also um eine Identifizierung mit einem Aggressor.

Auch eine andere Form bzw. Ursache ängstigender, meist abgespaltener Wut wäre denkbar, die sich zu einer Art »Augenblick« verdichten kann. Unter dem Eindruck der Wirkung des »bösen Blicks« steigert sich der Ausdruck entweder zu wut- und haßerfüllter Handlungsbereitschaft, oder der Protagonist spürt den magischen Wunsch, die Macht des Blicks, den er wie einen Todesstrahl erleben kann, so zu steigern, daß der böse Anteil der Figur stirbt. Dies wird als Triumph erlebt, verbunden mit dem Gefühl, eine starke, ängstigende innere Kraft vielleicht zum erstenmal lokalisiert und verstanden zu haben.

Unmittelbar danach mag sich eine Art Stupor einstellen, ein Zustand der Verwirrung, aufkommender Angst oder starker Trauer. Der Stupor schirmt wie eine Wand vielleicht eine starke Verlassenheitsangst ab, die nun spürbar wird im Hinblick auf eine Mutter, die während der Kriegsjahre etwa aufgrund von Krankheiten, Panik, Depression unzuverlässig, uneinfühlsam oder unberechenbar war. Es kann aber auch sein, daß die Erstarrung nicht durchbrochen wird, weil sie zum habituellen Schutzpanzer gegenüber den Gefühlen in den traumatisierenden Phasen der Beziehung geworden ist. Schließlich kann es auch sein, daß die Mutter als Objekt überhaupt verschwunden ist hinter einer »Beziehung« zu einer Art Basisstimmung, die zum Beispiel mit der Atmosphäre im Luftschutzkeller verbunden gewesen sein kann, einer Mischung aus Nähe, Panik, Körperkontakt, Sauerstoffmangel und primitiver, aber erstarrter Geborgenheit. In diesem Fall kann eine andere Person ebendieser verdichteten Atmosphäre Stimme geben. Die Mutter war für das Kind buchstäblich in dieser Atmosphäre auf- oder verlorengegangen, aufgesogen oder selbst überwältigt von ihr. Es wird dann in kleinen und kleinsten Schritten exploriert, was die Botschaft dieser »Stimmung« ist, die als regressive, aber böse Zuflucht immer wieder aufgesucht wird. Hinter der Verlusterfahrung kann dann eine abgespaltene Fürsorglichkeit für die Mutter zum Vorschein kommen, vielleicht aber auch eine immense Verachtung, die nicht erlebt werden durfte.

Je nach der Fokussierung können entweder die Objekte, die Abwehrwände, die Fragmentierung oder der Schutzpanzer dargestellt werden oder abgespaltene Selbstanteile, die als Rückzugsinseln verblieben sind, zum Beispiel eine Form der Angst, die zwar schlimm ist, sich aber noch lebendig anfühlt, im Gegensatz zur

Leere und Trostlosigkeit der Erstarrung. Im günstigen Fall ist der Protagonist nun bereit, die Phantasie idealer Eltern zuzulassen und zunächst um eine primitive Form von Schutz vor den überwältigenden Gefühlen zu bitten, der vorübergehend die Erstarrung, Fragmentierung oder Depersonalisation ersetzt. Es mag aber auch der Wunsch hochkommen, daß die ideale Mutter die Panik des Kindes einfach *wahrnimmt*, was sie wegen der eigenen Panik nie konnte. Für manche Menschen, die, zum Beispiel durch Kriegseinwirkung oder Lagerleben, sehr stark geschädigt sind, kann aber die Vorstellung idealer Eltern schlichtweg unzugänglich geworden sein. Sie brauchen, wie als Vorstufe, eine »ideale Stimmung«, eine Mauer aus Menschen gegen das andrängende Grauen.

Können ideale Eltern akzeptiert werden, so mögen als Wünsche an sie auftauchen: Ihr sollt euch nicht bekämpfen. Ich möchte, daß ihr euch nicht verachtet. Ich möchte sehen, daß ihr zärtlich sein könnt, ich möchte hören, daß ihr euch liebt, daß ihr mich gewollt habt, daß ihr zusammenbleiben werdet, daß ihr mich als zu euch gehörig betrachtet. Und später, stärker ins Positive gewendet: Ihr sollt euch darüber freuen, daß ich da bin, daß ich euch auch etwas geben kann. Es ist oft erschütternd zu sehen, wie Kinder aus gespaltenen Familien, deren Thematik um Illoyalität, Verrat, Verachtung, Quälerei oder Machtkampf kreist, schon beim Anblick der ineinander verschlungenen Hände der idealen Eltern in Tränen ausbrechen. Sie wollen oft minutenlang sehen, daß die beiden sich liebevoll anschauen, bis dann der Wunsch aufsteigt, einbezogen zu werden in die liebevolle Gemeinsamkeit. Oft kommt es zu Einschlafszenen. Der Protagonist erlebt symbolisch, vielleicht zum erstenmal in seinem Leben, daß beide Eltern einträchtig an seinem Bett sitzen und in der gleichen Haltung noch da sind, wenn er nach ein paar Minuten die Augen wieder aufschlägt. Es handelt sich um intensive, symbolische Erlebnisse, denen immer wieder Trauer, Haß und Verzweiflung folgen können: Szenen eines symbolischen Neubeginns.

Wenn der Protagonist einige seiner fragmentierten Ichzustände dargestellt sieht und sie wenigstens zum Teil mit bestimmten Szenen aus der Vergangenheit in Verbindung bringen kann, braucht er die idealen Eltern für deren langsame Integration. Er benötigt die Versicherung, daß sie seine divergenten Zustände kennen und stark genug sind, sie zu ertragen, daß also kein Affekt »exkommuniziert« werden muß. Dazu gehört, daß er durch Zustände von Verrücktheit gehen darf, daß die Intensität seiner Gefühle sie nicht schreckt, daß sie ihn notfalls körperlich zusammenhalten können, auch mit Hilfe der ganzen Gruppe, die dann als Erweiterung der idealen Eltern eingesetzt wird.

Obwohl die Containerfunktion der Gruppe den Ausdruck auch sehr starker Affekte zuläßt oder fördert, hat die Arbeit der Pessos, wie bereits angedeutet, nichts mit kathartischen Prozeduren oder Abreaktion zu tun. Pesso schreibt: »Auf jeden Fall muß betont werden, daß Gefühle nicht etwas sind, das man einfach als ›Prozeß‹ eliminiert. Katharsis bedeutet, daß Gefühle eliminiert werden, gerade so, wie die Abfallstoffe des Körpers ausgeschieden werden. Gefühle sind aber keine Abfallstoffe.« Gefühle sollen vielmehr wieder den Weg finden in lebendige Interaktion, in sinn- und bedeutungsvolle Interaktionsformen zwischen Subjekten.

Da die in einer Struktur mobilisierten »Portionen« an Konfliktstoff oft beträchtlich sind, braucht der Protagonist meist auch nach der Gruppe noch eine Zeit der Ruhe, des Verdauens oder der Erholung, in der er, wenn er es wünscht, von einem Gruppenmitglied gehalten wird; manchmal hält sich einfach jemand in seiner unmittelbaren Nähe auf.

Die meisten Teilnehmer an den Seminaren, die ich miterlebte, waren Therapeuten, bei denen eine gewisse Vertrautheit mit den eigenen Konflikten vorausgesetzt werden konnte. Trotzdem eröffneten die Möglichkeit der szenischen Darstellung und der damit einhergehende kontinuierliche Prozeß der Überprüfung der eigenen Gefühle an den Reaktionen der Mitspieler vielen der Teilnehmer auch bisher unbekannte Konfliktbereiche.

Therapeuten lernen das Akkommodieren schneller als andere Gruppenpatienten, die vielleicht überhaupt zum erstenmal mit einem therapeutischen Setting konfrontiert werden. Anfängergruppen brauchen einige Zeit, bis sie den Sinn des Akkommodierens begreifen und vor allem auch die ganz im Dienst des Protagonisten stehende Genauigkeit des Akkommodierens gelernt haben.

In analytischen Therapiegruppen, die schon über längere Zeit laufen, ist es schwierig, die Teilnehmer, die es ja gewohnt sind, intensiv aufeinander zu reagieren, dahin zu bringen, die eigenen Reaktionen und Impulse soweit unter Kontrolle zu halten, daß sie eine zum Protagonisten komplementäre Haltung einnehmen können. Manche Patienten wollen die wachsende Fähigkeit zur Einfühlung und zur emotionalen Antwort, die sie der Gruppe verdanken, auch anwenden und vor allem in der Rolle der idealen Eltern eben ideale spontane Reaktionen zeigen, wie sie sie gerade für angemessen halten. Pesso, der all diese Schwierigkeiten aus seiner langjährigen Praxis sehr gut kennt, unterbindet, selbst dann, wenn er mit Therapeuten arbeitet, die spontane Initiative der Akkommodierenden – aus Sorge, der Protagonist könne überschwemmt werden mit fremden Gefühlsangeboten, gegen die er sich nicht zur Wehr setzen kann oder die er aus Dankbarkeit übernimmt, weil er nie gelernt hat, sich angesichts einer emotionalen Überflutung oder auch angesichts des emotionalen Mißbrauchs durch bedeutsame frühe Figuren abzugrenzen und auf dem für ihn Stimmigen zu beharren. Pesso behält also das Monopol des Dolmetschens, der Exploration des Patienten und des Suchens (mit ihm) nach der wirklich stimmigen Geste oder Antwort selbst in der Hand.

Am Anfang ist es, wie gesagt, für manche Gruppenteilnehmer schwer, geduldig abzuwarten, bis wirklich die passende Geste, der passende Tonfall, die entsprechende Mimik oder ein präziser Wortlaut gefunden sind. Wenn dies gelungen ist, so gibt es beim Protagonisten eine ganz typische, erleichterte, dankbare oder glückliche Evidenz-Reaktion. Der Vorgang ist dem Analytiker ja vertraut, der oftmals spürt, daß er mit seiner Deutung zwar auf dem richtigen Wege ist, der Patient sie aber erst wirklich annimmt, wenn sie mehrmals umformuliert, präzisiert, erweitert oder eingeschränkt worden ist. Nie vorher hätte ich für möglich gehalten, daß im Bereich der Darstellung von erlebten oder befürchteten oder erhofften Reaktionen eine derartige Präzisionsarbeit möglich ist. Viele Protagonisten wollen schon viel früher aufgeben oder sich mit Annäherungen begnügen, weil sie es einfach nicht kennen, einfühlsam-genau nach ihren unbekannten Wünschen und Gefühlen gefragt zu werden. Um so befreiender ist es dann für alle Beteiligten, wenn sich mit der genauen Gestalt der Antwort die Spannung allgemein löst und deutlich wird, daß die lange Suche sich gelohnt hat. Die Reaktion gleicht oft der von Kindern, die sich verirrt haben oder sich verlorengegangen glaubten und dann nach langem Suchen doch gefunden werden.

Freilich haben das genaue Erkanntwerden und auch die genaue

Antwort auf eine bislang unbekannte Frage oft eine fast schockartige Wirkung: Der Atem stockt vor Erstaunen, vor Glück, aber auch vor Angst, den aufbrechenden Affekt nicht auffangen zu können. Wird die Angst vor dem Gefundenwerden spürbar, so kann der Therapeut das Tempo verlangsamen oder sich erneut mit dem Protagonisten verständigen, wie weit er gehen will. Analog zur Psychoanalyse handelt es sich in vielen Fällen ja primär um nachgeholte Erkenntnisvorgänge im Sinne eines Wahrgenommenwerdens als differenziertes, in Konflikte verstricktes Subjekt.

Da die Pessos ihre Haupterfahrungen in langen Jahren der Arbeit in der psychiatrischen Klinik gesammelt haben, sind sie besonders sensibel für Patienten, die gegen fremde Einflüsse sozusagen ohne Abwehr sind, außer eben der totalen Schutzschicht des psychotischen Rückzugs. Hat aber ein Patient einmal das Prinzip dieser Therapie begriffen und verinnerlicht, daß er wirklich so lange Regie führen oder mitführen darf, bis er ein unbekanntes Stück seines Selbst im Spiegel der Akkommodation gefunden hat, so kann er auch eine eigene Fürsorglichkeit für seine Bedürfnisse nach Abgrenzung und Integrität entfalten. Erstaunlich viele Patienten entfalten aber zunächst starke Schuldgefühle, wenn sie einen oder mehrere andere »zu nichts anderem« gebrauchen dürfen als zur Suche nach verschütteten Gefühlen oder Selbstanteilen. Viele wollen vorzeitig abbrechen, weil sie fürchten, die Geduld der anderen sei erschöpft oder es sei sträflich illegitim, die eigenen Gefühle zu klären. Jeder Analytiker hat die analogen Reaktionen auf der Couch ja vor Augen. Sie sind in der Intensität der Gruppenszene nur deutlicher zu sehen.

Eine wichtige Überzeugung, die ich während der Arbeit mit den Pessos gewonnen habe, ist die: Es ist in der Gruppe, unter Einbeziehung der Körperphänomene und der von Therapeut, Patient und Gruppe vorangetriebenen Arbeit an der Struktur, ungleich schwerer als in der dynamischen Arbeit der Analyse, die tragende Konfliktebene zu verfehlen und etwa einem Patienten mit geschwächtem Ich eine Deutungsebene überzustülpen, die ihn nur zum Schein erreicht. Es gibt einfach mehr Kriterien der Stimmigkeit. Wer in seiner eigenen Analyse Phasen der Deutungsarbeit auf der falschen Ebene mit den entsprechenden Gefühlen stiller Verzweiflung, sinnloser Auflehnung, der Verwirrung oder des Selbstverlustes erlebt hat, wird dies schätzen. Hier könnte eine

Struktur oft wertvolle Anstöße geben. Abgesehen davon wird die analytische Kur mit oder ohne Couch in vielen Fällen der einzige Weg sein, eine tiefgreifende psychische Störung zu beheben. Es ist mir nicht möglich, präzise Indikationen anzugeben. Eher intuitiv würde ich annehmen, daß dies vor allem dort der Fall sein wird, wo überhaupt erst *längere* Phasen sicherer Regression und eine ausreichende Kräftigung des Ichs die Voraussetzung dafür schaffen, die anstehenden Konflikte bearbeiten zu können. Ähnliches mag für tief eingegrabene Charakterverbiegungen gelten, für deren Auflösung viel Zeit notwendig ist. Andererseits scheint es in der Gruppe viel leichter, den Panzer ichsynton gewordener Haltungen aufzubrechen: Die Struktur führt viel schneller zu einer Selbstbesichtigung innerhalb der Szenen oder Szenenfolgen, die die Charakterdeformation erzwungen haben.

Vermutlich ist eine Analyse auch dort der unverzichtbare Nährboden, wo ein Verlassenheitssyndrom ein langsames, stetiges »Wiederanwachsen« an ein Objekt nötig macht. Auf der anderen Seite bin ich der Überzeugung, daß die Arbeit der Pessos, für die mir der Ausdruck »psychoanalytisches Psychodrama« am geeignetsten zu sein scheint, den Selbstheilungskräften des Patienten rascheren Anstoß gibt. Es soll hier aber nicht gewertet oder rivalisierend verglichen werden, sondern es geht um die Darstellung einer Therapieform, die mit dem ähnlich wie in der Psychoanalyse differenziert wahrgenommenen und diagnostizierten Material technisch sehr viel anders verfährt.

Aus der unendlichen Fülle szenischer Möglichkeiten möchte ich noch einige Beispiele skizzieren, die sowohl exploratives Ziel einer Struktur sein können als auch Momente der Regression auf den Punkt eines Neubeginns, der ebendiese Regression hinter die Ebene der Traumatisierung zur Voraussetzung hat.

So ist denkbar, daß ein Patient als wirklich ersten, störungsfreien Ort die Empfindung des Geschaukeltwerdens im Uterus braucht, um das Trauma der Geburt oder einer unwillkommenen Ankunft auf der Welt ins Auge zu fassen oder Alternativen dazu überhaupt zu phantasieren. Die Gruppe kann ihn wiegen. Er mag dann den Wunsch haben, in einem Gespräch mit idealen Eltern seine Ankunft vorzubereiten oder im vorwegnehmenden Dialog mit akkomodierenden »bösen« Aspekten der realen Eltern die »Wut« eines ungeliebten Fötus zu artikulieren.

In einem anderen Fall mag der Patient Momente oder Phasen seiner Geburt nacherleben, wobei die Gruppe mit ihren Armen oder Körpern einen Geburtskanal bildet. Das Wiedererleben der Geburt ist ja in anderen Formen von Therapie zu einem zentralen Vorgang geworden.

Ein anderer Patient mag Phasen einer ungestörten Symbiose brauchen, um überhaupt das Gefühl für eine mögliche Sicherheit in der Nähe eines mütterlichen Objektes zu erlangen. Eindrucksvoll zum Beispiel, in einem späteren Stadium von symbiotischer Nähe, der Augenblick, in dem ein Patient es zum erstenmal wagt, mit einer idealen Mutter sich flüsternd zu verständigen und so eine ihm bis dahin unbekannte Intimität zu erleben.

Ebenso sind viele Situationen der Trotz- oder, breiter ausgedrückt, der Individuationsphase szenisch darzustellen, wobei es für den Patienten erlösend sein kann, wenn ein Hilfs-Ich die bis dahin nicht artikulierbaren Inhalte eines »Nein« oder einer stummen Weigerung formuliert. Ödipale Szenen sind leicht zu phantasieren und zu inszenieren, die präzise, stimmige Formulierung allerdings muß in geduldiger Sucharbeit gefunden werden. Es gibt aber auch Momente von Größen- oder Kleinheitsphantasien, das Wiedererleben narzißtischer Verletzungen oder Phasen der Verwirrung, des Rückzugs, der Depersonalisation oder einer psychotischen Fragmentierung.

Wenn die These, die Arbeit der Pessos sei ein gruppenpsychodramatisches Äquivalent zum analytischen Verfahren, begründet ist, dann müßten die tragenden Grundbegriffe der Analyse, nämlich Übertragung und Widerstand, ebenfalls auszumachen sein. Genutzt wird auf jeden Fall die Spontanübertragung auf den Therapeuten, die sich meist zu Beginn einer Sitzung manifestiert, die sich auch während einer Struktur immer wieder neu einstellen kann. Im weiteren Verlauf jedoch wird die Übertragung zurückgeführt bzw. zurückverfolgt bis zu der ursprünglichen Szene einer realen, früheren Beziehung bzw. deren subjektivem Erleben. Die Neuinszenierung und Wiederbelebung der Affekte erfolgen dann nicht in Richtung eines therapeutischen Objektes, das sich wie der unsichtbare Analytiker aufgrund seiner Neutralität dafür anbietet, sondern die Affekte werden in die Szene aufgenommen, in der sie sich gebildet oder ihre maximale und schließlich traumatisierende oder neurotisierende Macht ausgeübt haben. Die frühen Objekte oder Teilobjekte bzw. inneren Objekte, an die die Hauptbesetzung noch immer gebunden ist, werden von den Gruppenteilnehmern simuliert; sie werden dargestellt, nach außen verlegt, notfalls in Gut und Böse polarisiert. Die Besetzung kommt also in unmittelbarerer Weise zum Vorschein als im analytischen Verfahren und dennoch analog zum Aufbau einer Übertragung auf den Analytiker. Der Übertragung entspräche also, von der Nutzung der Spontanübertragung abgesehen, die Neuinszenierung, während der Analytiker, in einem viel langsameren Erwärmungsprozeß, das verfestigte Material umzuschmelzen versucht. Die Durcharbeitungszeiten sind vermutlich ähnlich lang, da in einer Gruppe jeder Teilnehmer – er muß ja auch den andern als Akkomodierender zur Verfügung stehen – nur alle paar Wochen selbst mit einer Struktur an der Reihe ist. Er erhält eine intensivere »Erlebensdosis«, aber in längeren Zeitabständen. Indikationskriterien sollten gerade auch im Zusammenhang mit diesem speziellen Punkt der psychomotorischen Therapie gesehen werden.

Das Äquivalent des Widerstandes ist nicht leicht zu benennen. Es gibt, wie in allen Therapieformen, die mit Rollenspiel arbeiten, den sogenannten »Spiel-Widerstand«, also ein mehr oder weniger ängstliches Zögern, sich überhaupt auf eine Szene einzulassen. Der Widerstand wird auch spürbar vor jedem neuen Schritt. Überwunden wird er allerdings weniger durch geduldiges Deuten als durch ein Ermutigen zur nächsten Geste, zur nächsten Interaktion, zum nächsten Satz, der einem Mitspieler in den Mund gelegt wird. Pesso selbst nutzt seine fast charismatische Autorität für die »Verführung« zum Lebendigsein. Bei anderen Therapeuten verläuft die Ermutigung subtiler, weniger ungestüm. Eine wichtige Quelle der Ermutigung ist die Gruppe, sind die Entfaltungskräfte der Szene, die Rückfragen: Was brauchst du jetzt? Was möchtest du jetzt sagen?; aber auch die Aufforderung, kleine, noch unverstehbare Gesten oder Haltungen zu verstärken, bis sie ihren unbekannten szenischen Sinn entfalten.

Der Therapeut in seiner Rolle als Regisseur und Hilfs-Ich entfaltet eine größere, direktere Autorität in Form direkter Ermutigung, die allerdings immer eingebettet ist in die Überlegung, ob der nächste Schritt riskiert werden kann. Nach längerer Regiearbeit spürt dann auch der Patient viel besser, in welche Szene er gehen will. Schließlich bleibt auch der Leidensdruck ein mächtiger

Anreiz, die Widerstände zu überwinden; auch die allmählich wachsende Sicherheit des Patienten, daß jede Struktur das Moment des Neubeginns enthält, daß jede Struktur auf ein Stück Entfaltung hinausläuft: Die Idealfiguren bestätigen ein kleines Stück Lebenskraft, Hoffnung, Initiative, Autonomie. Vielleicht liegt hier sogar eines der Geheimnisse für den Sog, der in der Struktur entsteht: Nach durchschrittener Angst wartet jedesmal ein Ausblick, eine Hoffnung, eine Ermutigung, das ungelebte Leben zu leben.

Schwierig für die Rezeption der Pesso-Therapie kann es sein, daß Pesso, wie viele Pioniere, trotz seiner Nähe zur Psychoanalyse eine eigene Terminologie aus dem Boden gestampft hat. Das macht die beiden Bücher *Movement in Psychotherapy* (1969) und *Experience in Action* (1981) zu einer zum Teil schwierigen Lektüre und hat mich zu dieser straffenden und kommentierenden Übersetzung geführt.

Der Analytiker ist zunächst einmal mit dem Versuch der Übersetzung des Pessoschen Begriffssystems in analytische Kategorien beschäftigt, um sich damit ein Stück weit vertraut zu machen. Wenn das Fremdheitsgefühl dann schwindet, bleibt doch manchmal ein Bedauern zurück, daß hier doppelte Arbeit geleistet wurde und nicht alles, was in der Psychoanalyse als gut ausgemessenes theoretisches Terrain uns bereits bekannt ist, in Pessos Entwurf vorkommt. Andererseits findet der Analytiker Konzepte, die mir wie glückliche Raffungen mancher weit ausgefächerter psychoanalytischer Begriffe vorkommen, brauchbare, oft genug geniale Vereinfachungen, die von der klinischen Erfahrung ausgehen, vom therapeutischen Erlebnisgehalt eher als von der zergliedernden Klassifizierung.

Die Pesso-Therapie erscheint mir wie ein Geschenk aus der Welt des Tanzes und des Theaters an die Psychoanalyse. Die Zahl der legalen, halblegalen und wilden Abkömmlinge der Psychoanalyse wächst sprunghaft und mit zunehmender Geschwindigkeit. Denn die Kinder und die Bastarde selbst sind fruchtbar und mehren sich in unendlichen Abspaltungen. Aus jeder differenzierenden Abgrenzung läßt sich durch Überbetonung des Unterschieds eine neue Richtung, eine neue Schule ableiten. Fast ebenso schnell wächst dann der schulmäßige, manchmal grotesk ritualisierte Ausbildungsbetrieb nach, mit einem raschen Wuchern der Bürokratien, der Statussysteme, der Ausbildungskompetenzen.

Viele Richtungen würden sich, gelassen oder empört, dagegen verwahren, Abkömmlinge der Psychoanalyse zu sein. Sind viele doch entstanden aus Wut, Enttäuschung, Ungenügen am klassischen Couch-Setting und den Einschränkungen der meist auf sprachliche Verständigung begrenzten »talking-cure«. Von Abkömmlingen zu sprechen, verrät also den engagierten Analytiker, der über den Abspaltungen, Polemiken, den Schwaden der Verachtung, der Überheblichkeit, des Neides, des hochmütigen Ignorierens zwischen den Lagern die vielen, wenn auch oft verleugneten Gemeinsamkeiten im Auge behält.

Je mehr eigene Erfahrung man im Umgang mit den neuen Therapieformen sammelt, desto mehr möchte man die Grenzlinie zum Schädlichen dort ziehen, wo an die Stelle des geduldigen, kompetenten Durcharbeitens von Konflikten ein kathartisches Aufbrechen und Überrumpeln der Abwehr getreten ist. Und um so mehr schält sich heraus – und hier deckt sich die persönliche Erfahrung mit einem Haupttrend der Psychotherapieforschung –, daß die verantwortungsbewußte, die erfahrene und engagierte Persönlichkeit des Therapeuten der wesentliche Faktor einer fruchtbaren Therapie ist.

»Erfindet« einer eine neue Therapieform und betont das Neue oder Einzigartige daran, so kann er sicher sein, daß es aus zwanzig Ecken tönt: Aber das ist doch bei uns seit langem mehr oder weniger enthalten! Da dies halb wahr und halb falsch, für den Erfinder aber kränkend ist, betont er meist mehr als zuträglich die Differenzen und schafft geistige Arbeitsplätze für die Liebhaber der Grenzziehungsdogmatik. Wehe, wenn die Betonung der Unterschiede eindringt in das Ritual des Settings und der Ausbildungsanforderungen! Es geht immer zu Lasten des Patienten.

Der Nutzen der Pessoschen Thesen und behandlungstechnischen Vorschläge geht aber weit über das von ihm in der Ausbildung seiner Schüler penibel eingehaltene Setting hinaus. Die vorübergehende artifizielle, psychodramatische oder auch nur phantasierte Aufspaltung der frühen Objekte wie auch die Aufforderung an den Patienten, in bestimmten, ihn traumatisierenden frühen Szenen oder Phasen, die in der Therapie wieder auftauchen, nach den angemessenen sprachlichen oder gestischen Antworten idealer Elternfiguren zu suchen, erweisen sich selbst in der Einzeltherapie als unerwartet fruchtbar.

In einer ganzen Reihe der dramatisierenden Therapieformen, die das Hauptgewicht auf ein vollständiges Ausdrücken der negativen Affekte gegenüber den frühen traumatisierenden Objekten legen, fehlen oft die wichtigsten Erkenntnisse der Familientherapie und Familienanalyse der letzten Jahrzehnte, vor allem über das Ausmaß der unbewußten Loyalitätsbindungen und der subtilen Delegationsverhältnisse.

In diesen Therapieformen wird oft so getan, als gehe es einzig darum, daß ein als getrennt verstandenes Subjekt vorwiegend seinen Eltern die Last der Wut, der Enttäuschung, der Verachtung und des Mißtrauens zurückgibt, ja zurückschreit, auch in Form von mörderischen seelischen und körperlichen (in diesem Fall meist gegen Schaumstoff-Symbole gerichteten) Attacken. Wenn dabei die tiefen Loyalitätsbindungen – wie sie sich in der Psychoanalyse in der Übertragung ganz selbstverständlich an der Person des Analytikers wieder einstellen – nicht beachtet werden, richten sich die negativen Affekte auch gegen die verinnerlichten Teile der Objekte. Die Folge sind Schuldgefühle, psychosomatische Reaktionen, Gefühle von Leere und Depersonalisation, Vernichtungsängste und paranoide Reaktionen. Erst die Aufspaltung hilft erkennen, wo ein negativer Affekt tatsächlich der Abgrenzung und der Wiederherstellung der Selbstachtung dient und wo er, vergeblich und destruktiv, gegen Selbstobjekte wütet, die in der seelischen Außenwelt noch gar nicht als selbständige Objekte konturiert sind, selbst wenn sie dem Protagonisten als solche in der Szene vorgegeben werden.

Es gibt also bei den dramatisierenden Therapieformen zwei Hauptgefahren: Der Patient muß fürchten, in seiner Wut das mütterliche oder väterliche Gesamtobjekt durch magische Kraft zu zerstören, wenn er es vor der Attacke nicht aufspalten darf, und es besteht außerdem die Gefahr, daß er in der Attacke auch Selbstobjekte beschädigt, von denen er noch sehr abhängig ist und die einen Teil seiner inneren Realität ausmachen. Gruppendynamische Prozesse der Delegation führen aber oft dazu, daß der Protagonist ermuntert, wenn nicht gar aufgestachelt wird, innere Objekte anzugreifen, an die er noch tief gebunden ist und die er noch braucht; er führt einen Stellvertreterkrieg für die zuschauenden Mitpatienten, die in solchen Momenten auf das Niveau von Kinokonsumenten regredieren, die einem Gladiatorenkampf zuschauen. Denn in allen Patienten liegt latent die magische Vorstellung bereit, es sei gegenüber den frühen Objekten nur ein gordischer Knoten zu durchhauen und der schwere Weg der Individuation sei geschafft.

Diesem idealtypischen Negativ-Bild des Gladiatorenkampfes, der in vielen »Aufreißer-Therapien« immer wieder inszeniert wird, möchte ich die differenzierende Anordnung des Pessoschen Settings gegenüberstellen. Der Therapeut maßt sich hier nicht an, elterliche Gesamtobjekte zum Angriff freizugeben: Er respektiert deren weitgehend unbekannten Reichtum und wählt einzelne negative Aspekte aus, von denen er zusammen mit dem Patienten spürt, daß sie ihn bedroht und geschädigt haben. Er gibt damit auch zu erkennen, daß Individuation nicht in die erwartete Katastrophe führt, sondern daß sie ein langsamer Weg der Abgrenzung, der auswählenden Identifikation und des selektiven Neins ist. Erst so kann auch mörderische Wut wieder der Selbstfindung dienstbar gemacht werden, anstatt nur Kahlschläge zu hinterlassen oder die fortbestehenden Bindungen in die konturlosen Sümpfe psychosomatischer Beschwerden zu treiben. Denn wenn die inneren Objekte zu massiv und unfair angegriffen werden, ließe sich sagen: sie regredieren dann selbst und klammern sich in weit archaischerer Weise an den Angreifer.

Möglicherweise ist dies *eine* wichtige Erklärung für destruktive Verläufe in den undifferenzierten Formen der Primär- oder Urschrei-Therapie und deren Verwandten, in denen das Unbewußte, vereinfacht gesagt, als Gerümpelkeller gilt, den es in Gewaltaktionen zu entrümpeln gilt. Im Urväter- und Urmütterhausrat ist aber das Kostbare mit dem Schädigenden vermengt, und der Räumungsvertrag mit der kathartischen Müllabfuhr hinterläßt oft nur leere Keller und Katzenjammer.

Der Versuch, den Patienten behutsam in einzelnen Szenen an Idealobjekte heranzuführen, an denen er fühlen lernt, was er in Momenten oder Phasen der Verzweiflung als Kind gebraucht hätte, fördert die verlorengegangene Empathie für sich selbst. Das Muster ist im Rollenspiel ebenso zu realisieren wie in der Einzelanalyse auf der Couch. Die vielen Variationen zugängliche Standardfrage lautet: »Was hätten Sie Ihrer Meinung nach damals gebraucht?« Sie führt zur Phantasie von Alternativen, zu einem Bild des kindlichen Selbst, das wenigstens nachträglich fühlen darf, was ihm gefehlt hat. Ist dies ausreichend verdeutlicht, kann die Frage auf der aktuellen Übertragungsebene lauten: »Was bräuchten Sie jetzt von mir, wenn Sie das alles nacherleben?« Dann kann der Patient dem Analytiker oft wichtige Mitteilungen darüber machen, welche innere Haltung dieser einnehmen sollte. Er kann aber auch sagen: »Ich kann es noch nicht einmal spüren, geschweige denn formulieren, was ich brauche.«

Und der Therapeut kann für sich ergänzen: So eingeschüchtert, so weit von seinen wirklichen Bedürfnissen ist er noch entfernt, so weit von der Fähigkeit des Wünschens, weil er nur dadurch überleben konnte, daß er sich das Wünschen und das empathische Phantasieren abgewöhnt hatte; weil er vergessen hat, was ihm guttut. Gerade die verlorengegangene Fähigkeit des Wünschens läßt die Notwendigkeit der gemeinsamen Suche nach dem aufgegebenen Selbst oder wichtigen Teilen von ihm deutlich hervortreten. Es fördert die therapeutische Phantasie, sich das Innenleben des Patienten, vor allem des früh geschädigten, vorzustellen wie eine Bühne, auf der ein chaotischer Trupp von Schauspielern, unheimlichen Gestalten, archaischen Monstern auf schwankendem Boden durcheinandertaumelt, und er selbst steht verängstigt in der Ecke oder paktiert mit einem Monster oder fühlt sich zwischen den Gestalten hin und her gestoßen. Und doch ist sein gegenwärtiger Auftrag, Regie führen zu lernen. Es ist nicht immer gut, als Analytiker zu warten, bis sich alle drohenden und lockenden Figuren in der Übertragung konturieren, weil dann oft in ängstigender Weise der Begleiter verlorengeht. Der einzige Weg, ein Arbeitsbündnis zu erhalten, kann sein, sich als Hilfsregisseur anzubieten, die Spieler und Monster zu erklären und mit ihnen sprechen zu lernen, statt sie im geballten Ansturm der Übertragung die lebenswichtige Beziehung zum Therapeuten bedrohen zu lassen.

Anmerkungen zur Übersetzung von »Experience in Action«

A. Pesso hat sein zweites Buch *Experience in Action* (etwa: Erfahrung im Handeln) Anfang der siebziger Jahre, wie er sagt, in einem Zug niedergeschrieben und seither nicht mehr verändert. Es enthält die noch heute gültigen Grundzüge der »psychomotorischen Therapie«, aber auch viele Wiederholungen, Unklarheiten, kosmologische Erwägungen und, im Zuge der Selbstfindung der

Psychotherapie durch Handeln gegenüber der Psychoanalyse als einer *Psychotherapie durch Reden,* eine Reihe von polemischen Abgrenzungen gegenüber der klassischen Psychoanalyse. Diese vereinfachende Polemik hält Pesso heute nicht mehr aufrecht. Er sucht die Verbindung zur psychoanalytischen Entwicklungspsychologie, zur Theorie der Übertragung und des Widerstandes und sieht sich durchaus eingebettet in den »main-stream« tiefenpsychologischer Forschung. Allerdings betont er die behandlungstechnischen Unterschiede deutlicher, und die Kernpunkte des anderen Settings und des strikt interaktionellen Ansatzes werden klarer hervorgehoben.

Dramaturgie des Unbewußten ist also nicht einfach eine Übersetzung von *Experience in Action.* In dreiwöchiger Zusammenarbeit mit ihm in seinem Ausbildungszentrum »Strolling Woods Farm« in Neuengland ist teilweise ein neuer Text entstanden: Große Teile des Buches sind eine gekürzte und gestraffte Version von *Experience in Action,* bei der vor allem die kosmologischen Passagen weggelassen und einige terminologische Vereinfachungen oder Angleichungen an die psychoanalytischen Begriffe vorgenommen wurden. Das große Einführungskapitel »Was ist eine Struktur?« ist das Schlußkapitel aus Pessos erstem Buch *Movement in Psychotherapy* (1969), in dem er die Entdeckung der psychomotorischen Therapie nachzeichnet und in damals noch sehr didaktischer Form die Initial- und Einübungsphase von Pesso-Gruppen beschreibt bis zu ebendem Stadium, in dem der Leiter mit der Gruppe zur therapeutischen Arbeit mit voll entfalteten Strukturen übergeht. Es folgt dann zur Verdeutlichung die kommentierte Niederschrift einer Struktur aus dem Jahre 1975, die bisher nicht publiziert war. Schließlich hat Pesso während und nach unserer Zusammenarbeit einzelne Abschnitte aus den beiden Schlußkapiteln über Körpersprache und Körpergefühle umgeschrieben, sie sind im Text gekennzeichnet. Es wurden Abschnitte hinzugefügt, die die wichtigsten Veränderungen und Erweiterungen seines therapeutischen Denkens und Handelns beschreiben.

Während der Übersetzungs- und Redaktionsarbeit habe ich selbst noch einmal an zwei Therapie- und Fortbildungsgruppen mit A. Pesso teilgenommen und Erfahrungen gemacht, die mir von bleibendem Wert scheinen. Ich halte es nicht für übertrieben, trotz der vielen »dramatisierenden« und körperorientierten Therapieformen, die sich in den letzten Jahrzehnten entwickelt haben, von einem neuen behandlungstechnischen Paradigma zu sprechen, vergleichbar dem Schritt von der individuellen Psychoanalyse zur Familientherapie, doch in eine andere Richtung gehend: zur Kombination von Regression, Energie, Aktion, Interaktion, Aufspaltung der Objekte und Neubeginn auf der Basis einer Alternative aufgrund von idealer Akkommodation. A. Pesso ist dabei, die wichtigsten Unterschiede zu Gestalt, Bioenergetik, Psychodrama und Primärtherapie selbst zu formulieren. Nichts hielte ich für schlimmer, als neue Hierarchien, Ausgrenzungen oder Zugehörigkeitsrituale zu entwickeln. Mir scheint, daß im gesamten Bereich der Psychotherapie die Epoche der wechselseitigen Befruchtung beginnt und die der grenzziehenden Selbststilisierungen endet. Die neuen Grenzlinien werden eher zwischen integrativem Denken und dogmatisierender Abschließung verlaufen, zwischen der lern- und kooperationsbereiten Aneignung des auf vielen Feldern zu erntenden Reichtums und einer eher dynastisch denkenden Rechthaberei mit Stammbaumforschung und innerschulischen Glaubensbekenntnissen.

Tilmann Moser

1 Was ist eine Struktur? (1969)

Eine Struktur ist die motorische Rekapitulation von vergangenen realen oder phantasierten Ereignissen. In der psychomotorischen Therapie wird die Beziehung zu den früheren Objekten wiederholt, wobei deren polarisierende Aufspaltung im Rollenspiel zum Ausdruck dessen verhilft, was in der früheren Wirklichkeit vom Kind nicht ausgedrückt werden konnte. Eine genaue Rekapitulation des vergangenen Vorfalls oder der vergangenen traumatisierenden Phase würde die genaue Erinnerung mit allen Aspekten einschließen. Eine strukturierte Rekapitulation dagegen bietet ein besonderes Setting für Gefühlsimpulse, die ursprünglich ausgelöst, aber nicht in Handlung umgesetzt wurden, weil dies entweder schlimme Folgen gehabt hätte, oder weil das Kind einfach zu ohnmächtig war. Außerdem bietet die Struktur dem Patienten eine alternative Erfahrung, die ihm früher anstelle der ursprünglichen unangenehmen Erfahrung ein Maximum an Lust und Sicherheit verschafft hätte. In der Struktur findet er Katharsis, Einsicht und Erfahrung und erhält damit ein neues Reaktionsmuster für ähnliche Situationen in der Gegenwart.

Die erste Struktur, an der eine Gruppe als Übung arbeitet, ist die Kind-Eltern-Struktur. Diese Übung erlaubt den Ausdruck von Kindheitsängsten, aber in Gegenwart eines akkommodierenden Mitspielers, der die Rolle eines idealen Elternteils spielt und dem Teilnehmer, der wieder zu dem verängstigten Kind wird, das er einst war, Beruhigung, Schutz und Fürsorge bietet. Die Übung führt in die Praxis des positiven Akkommodierens ein. Die Gruppe teilt sich in zwei gleich große Untergruppen, die sich im Raum gegenübersitzen.

Die Mitglieder der einen Gruppe sollen sich nun an eine Zeit erinnern, als sie noch sehr klein und sehr verängstigt waren, aber niemanden hatten, bei dem sie Hilfe holen konnten. Sie sollen sich auf das Gefühl konzentrieren, bis die Kraft der Bilder sie zu entsprechendem Handeln treibt, also etwa Weglaufen, Sichverstekken usw. Wenn jemand sich nicht erinnern kann, soll er eine solche Situation erfinden, sich eine Szene aus einem Film oder einen Alptraum vorstellen. Die Mitglieder der anderen Gruppe spielen ideale Eltern, die dem von seinen Ängsten gepeinigten Kind zur Seite stehen. Die Elternfiguren sollen das Kind in ihre Arme schließen, es mütterlich oder väterlich halten, wenn sie gerufen werden.

Das verängstigte Kind darf den ideal Akkommodierenden als eine mächtige Figur betrachten, die es tatsächlich, ganz unabhängig vom Ausmaß der Furcht oder der Bedrohung, beschützen kann. Die Elternfigur soll in ihrer positiven Akkommodation keine Worte verwenden, es sei denn, das verängstigte Kind verlangt danach. Was immer das verängstigte Kind von der Elternfigur wissen will: ob sie zuverlässig und vertrauenswürdig ist und immerwährende Wachsamkeit bietet, die Elternfigur sollte darauf positiv antworten.

Der Leser wird sich fragen, inwieweit das positive Akkommodieren glaubhaft ist. Es wird im gleichen Sinne angeboten wie das negative Akkommodieren.* Wird die Situation so strukturiert, daß die Wut immer siegt und der negativ Akkommodierende immer verliert, dann deshalb, weil dies für das volle Ausleben der feindseligen Gefühle und für eine zunächst uneingeschränkte, volle Befriedigung notwendig ist. Zugleich ist das Setting darauf ausgerichtet, daß immer die subjektiv angemessene Reaktion auf die Gefühle zurückkommt. Man soll also in der Rückmeldung die Wirkungen der Schläge oder Schreie an der Person des negativ Akkommodierenden ablesen können. Denn durch gelungenes Akkomodieren ist mir immer wieder bestätigt worden, daß jede Gefühlsäußerung die Erwartung einer Reaktion einschließt, die zu ihr paßt wie der entsprechende Teil eines Puzzle-Spiels. Ich nenne das die »Kommunikations-Schleife«; sie verweist auf den erfolgreichen Abschluß eines solchen Prozesses.

Ganz allgemein bedeutet dies, daß auf alle Gefühlsbedürfnisse eingegangen werden kann, selbst wenn sie nicht unbedingt wört-

---

* Die Akkommodierenden sind die Interaktionspartner des Protagonisten in der Struktur. Sie müssen nicht unbedingt Elternfiguren darstellen, sondern können jeden beliebigen Teil der belebten oder unbelebten Umwelt des Protagonisten repräsentieren, der in dem entsprechenden Zusammenhang von Bedeutung ist. Wesentliches Kennzeichen des Akkommodierens ist eine extreme Polarisierung des Verhaltens: Die negativ Akkommodierenden verhalten sich dem Protagonisten gegenüber frustrierend, die positiv Akkommodierenden seinem Idealbild entsprechend, indem sie seine frühen Grundbedürfnisse vollkommen erfüllen.

lich genommen werden, sondern nur quasi symbolisch befriedigt werden können. Dies wird deutlich, wenn der Protagonist* seinem negativ Akkommodierenden sagt: »Stirb«, und dieser darauf zu Boden stürzt. Die Reaktion, die er braucht, ist die Schlaffheit und Reglosigkeit, auf die das Wort »Stirb« verweist, nicht der wirkliche Tod des Akkommodierenden. Denn das Gefühl kann wünschen oder fordern, daß dieser innerhalb von Minuten mehrere Male »stirbt«, ohne daß dies widersprüchlich oder emotional falsch wäre. Nicht das rationale Verständnis der Wirklichkeit ist das Entscheidende, sondern die Stimmigkeit auf der Ebene der psychischen Realität.

Wenn die Kind-Figur in der Struktur den positiv Akkommodierenden anfleht, für immer bei ihm zu bleiben, und dieser antwortet: »Ja, ich bleibe immer an deiner Seite«, dann entspricht das auf der Gefühlsebene der Wahrheit. Die Akkommodation wendet sich an die Gefühle, nicht an den Verstand. Erst wenn das Gefühl befriedigt wurde, kann man sich unbeschwert anderen Dingen zuwenden. Das ist der Kernpunkt des Akkommodierens und der Strukturen. Ohne Akkommodieren und Strukturen können einem affektiv bedürftigen Menschen nur vernünftige Ratschläge gegeben werden wie: »Du bist zu alt, um noch so behandelt zu werden; du mußt vergessen, verzichten oder trauern und dich anderen Dingen widmen.« Erst die Befriedigung dieser Bedürfnisse im emotionalen Handeln – bei wissentlicher Suspendierung der Realität – ermöglicht das Vergessen und erlaubt ein Fortschreiten zu etwas Neuem. Ersticken wir das Weinen des Kindes in uns in unserem Bemühen, mit der Wirklichkeit zurechtzukommen, dann töten wir die Sinne für die Außenwelt ab, während gleichzeitig die Beschäftigung mit unserem Innern überhandnimmt und zu verzerrten Formen der Realitätswahrnehmung führt.

Wie lange muß man sich an die eigene Kindheit klammern und an seine idealen Eltern? In jedem Wachstums- und Reifungsprozeß ist ein Ablösungsvorgang enthalten. Die Ablösung kommt teils von innen, teils von außen. Unsinnig wäre es anzunehmen, daß einem die Reifung nur durch die Außenwelt auferlegt werde. Vielmehr

---

* Der englische Ausdruck »enactor« wird hier mit dem aus dem Psychodrama geläufigen »Protagonist« übersetzt, obwohl Pesso dessen Rolle und die Interaktionsformen mit der Gruppe etwas anders definiert. T. M.

sollte man versuchen, die Reifung als eine Entfaltung innerer Anlagen zu verstehen. Auch ein Baum wird nicht durch Ermahnungen zum Wachsen gezwungen und durch Drohungen zum Tragen von Früchten. Der positiv Akkommodierende in einer Struktur ist einem Gärtner vergleichbar: Er stellt zur Verfügung, was die frühere Umwelt vielleicht nicht zu geben vermochte, und zwar so, wie es von dem Betreffenden verlangt und gebraucht wird.

Akkommodation und Strukturen dienen auf diese Weise der Befriedigung ursprünglicher organischer emotionaler Bedürfnisse. Was beinhaltet nun der Ablösungsprozeß eigentlich? Ein Organismus von der Komplexität des Menschen muß durch viele Stufen des Wachstums gehen, wo Dinge, die für das eine Stadium bedeutsam waren, zurückgelassen werden, und solche, die für das nächste Stadium wichtig sind, neu aufgenommen werden müssen. Die Befriedigungen der vorangehenden Stufe müssen ausreichend gewesen sein, bevor sich der Mensch in seiner Entwicklung auf die Anforderungen der nächsten Stufe einlassen kann.

Gibt es einen inneren Drang, der den Organismus zur Vollendung seines Potentials veranlaßt? Mir scheint ein subtiles Wechselspiel zwischen den inneren und den äußeren Kräften für einen erfolgreichen Übergang von der einen Stufe zur nächsten nötig zu sein. Physische oder psychische Störungen können einen komplexen Organismus veranlassen, zu einer niedrigeren, weniger komplexen Organisationsstufe zurückzukehren. Die Fürsorge, die zur Gesundheit zurückführt, muß, zusammen mit der Hilfe beim Übergang, zur Befriedigung jener inneren, unbefriedigt gebliebenen Bedürfnisse beitragen, wenn sie wieder in Erscheinung treten.

Jeder Mensch pendelt zwischen zwei Bezugsformen hin und her: Einerseits ist er auf die Unterstützung und Hilfsbereitschaft anderer angewiesen, andererseits verläßt er sich auf seine eigenen Kräfte. Der positiv Akkommodierende muß dementsprechend zwei verschiedene Positionen einnehmen können: Er muß fähig sein, auf die drängenden inneren Bedürfnisse des Protagonisten einzugehen und ihm Unterstützung zu gewähren, andererseits dessen Vertrauen in seine eigenen Fähigkeiten stärken. In Abhängigkeit von der jeweiligen Bezugsform des Protagonisten muß also der Akkomodierende aus der entsprechenden Position heraus reagieren. Das kann zum Beispiel dann geschehen, wenn der Protagonist es nicht schafft, in einem einzigen Schritt dieses Vertrauen in seine eigenen Kräfte zu gewinnen, und immer wieder die Unterstützung des Akkomodierenden in Anspruch nehmen muß.

Kehren wir zu unserem Kind-Patienten zurück, der in der Übungsstruktur eine gewisse Angst entwickelt haben mag. Manche Gruppenmitglieder können sich direkt auf die Welt ihrer inneren Bilder einlassen und rennen in Panik zu ihren Elternfiguren. Sie halten sich an ihnen fest als ginge es um ihr Leben, schluchzen und wollen beschützt werden und geborgen sein.

In welchem Zustand befindet sich der positiv Akkommodierende an diesem Punkt? Er kann von dem Wunsch überwältigt werden, diesen Menschen zu beschützen und zu halten, mit einer Gefühlsintensität, die ihn selbst überrascht; und er kann in der Tat in einer Weise beschützend und beruhigend einwirken, wie er es vorher nie bei sich erlebt hat. Er kann über den Zustand des Kindes erschrocken sein und sich mit ihm so identifizieren, daß er selbst Angst bekommt und am liebsten weinen möchte. Dies würde bedeuten, daß er selbst noch viel Angst hat und nicht wirklich auf die schützende Rolle vorbereitet ist. Er kann den Gefühlen des Kindes gegenüber auch gleichgültig bleiben und es einfach so halten, wie es ihm gezeigt wurde. Aber am Druck der Arme wird das Kind diese Gleichgültigkeit bemerken, und es kann seiner tiefen Bedürftigkeit nicht völlig nachgeben. Denn der Beschützende ist offensichtlich nicht in der Lage zu geben, was nötig ist. In diesem Fall wird das Kind vielleicht aufhören zu weinen und zu einer Identifikation mit der Elternfigur Zuflucht nehmen, oder aber es wechselt abrupt hinüber zu einer Stufe, auf der es das Bedürfnis nicht mehr wahrnimmt.

Einige Kind-Figuren fallen vor Angst zu Boden; sie haben vor ihrer Angst kapituliert und die Hoffnung auf Hilfe aufgegeben. Dann sollte der als Elternteil positiv Akkommodierende dem Kind rasch zu Hilfe eilen und ihm soviel Körperkontakt wie möglich bieten. Das wird mit Erleichterung, wenn auch noch voller Angst und Zweifel, wahrgenommen werden. Er sollte das Kind fest umarmen, so daß dessen Arme auch ihn umschlingen und seine Brust die Brust des Akkommodierenden berührt. Diese Haltung scheint in einer Angstsituation die größte Beruhigung und Befriedigung zu vermitteln. Nimmt das Kind ihn schließlich an – und dies läßt sich an der Art der Umarmung und des Körperkontakts ablesen –, dann zeigt es damit seine Bereitschaft, Trost anzunehmen und etwas optimistischer zu sein, was die Möglichkeit von Befriedigung und Halt überhaupt betrifft.

Manche Menschen können ihre Angst nicht einmal mehr offen ausdrücken und bleiben wie versteinert stehen. Sie können sich in gar keine Richtung bewegen: Sie können weder in Panik zu ihrem positiv Akkomodierenden hinflüchten, noch ihre Kapitulation dadurch zum Ausdruck bringen, daß sie sich zu Boden fallen lassen. Möglicherweise willigen sie zwar ein, zu halten oder gehalten zu werden, aber es ist deutlich gespielt, und beide Seiten bleiben emotional unbeteiligt.

Es gibt aber auch Menschen, die sich angsterregende Situationen nicht vorstellen und auf die Bilderwelt der Angst gar nicht reagieren können. Sie beobachten die aktiveren Mitglieder in der Gruppe mit einer Mischung aus Neid und Verachtung. Sie fragen sich, ob diese wirklich fühlen, was sie zu fühlen scheinen. Andere sehen geringschätzig auf die herab, deren Gefühle außer Kontrolle geraten, und beglückwünschen sich zu ihrer größeren Nüchternheit und Würde. Manche sind auch schockiert von einem solchen Gefühlsausbruch und sehen ihn als ein abschreckendes Beispiel für einen möglichen eigenen Kontrollverlust an.

Selbst diejenigen, die in Tränen ausbrechen und sich wie verrückt an ihre positiv Akkommodierenden klammern, können sich solche Sorgen machen. Ein Teil ihrer selbst kontrolliert die Situation und ist wach geblieben für den Blick aufs Ganze. Ihr Entschluß, ihren Gefühlen zu folgen, bringt sie emotional nicht außer Kontrolle, weil sie wissen, daß sie sich noch jederzeit bremsen können. Ihre wache und realitätsgerechte Wahrnehmung läßt sie nicht vergessen, daß es sich um eine Struktur handelt, daß sie die ängstigenden Bilder selbst gewählt haben, sich bewußt auf sie konzentrierten und sie sich auch bewußt aussuchten, um in affektives Handeln hineinzugeraten.

Die Ausbildung dieser Fähigkeit, eine Situation zu überblicken, ist eines der wichtigsten Ziele der Vorübungen in der psychomotorischen Arbeit in den Gruppen und eines der wichtigsten Elemente der Einübung in die psychomotorische Therapie; fehlt sie, sollte man gar nicht an Tiefen-Strukturen gehen.* Aus diesem Grund

* Diese Übungen geben Aufschluß über die Fähigkeit zur »Ichspaltung«. T. M.

versuchen wir auch keine Tiefen-Strukturen mit hospitalisierten Patienten. Wer nicht zwischen Realität und bewußt gewählter Struktur unterscheiden kann, sollte nicht in Gefühlsstrukturen gehen, denn er würde an die Wirklichkeit der Struktur glauben, wie er an die Wirklichkeit seines Wahns oder seiner Halluzinationen glaubt. Es würde sich nicht um eine bewußte Entscheidung zur Regression auf ein Kindergefühl handeln, sondern um einen unbewußten Drang, wirklich wieder ein Kind zu werden – auf der seelischen und möglicherweise auch physiologischen Ebene.

Mit manchen Gruppen von Psychotikern gerät die Situation leicht außer Kontrolle. Es ist, als ob der Drang der ungelebten Gefühle so groß wäre, daß er dazu führt, die ganze Lebensstruktur an die Vergangenheit zu fesseln. Es gibt Möglichkeiten, sich auf solche Menschen therapeutisch im Rahmen ihres wahnhaften Systems zu beziehen; aber es braucht große Vorsicht und Sensibilität, sie so zu führen, daß sie wahrnehmen, was geschieht, ohne ihre pathologische Realitätsverzerrung zu verstärken.

Wir haben psychomotorische Therapie bei in sich zurückgezogenen, passiven Patienten angewandt, die ihre Gefühle nicht offen ausdrücken konnten, die aber nicht zu manischen Gegenreaktionen neigten. In anderen Gruppen, die mit einer psychomotorischen Therapie erfolgreich behandelt wurden, waren auch autistische und stark regredierte Patienten. In diesen Fällen haben wir den Nachdruck weniger auf das emotionale Ausagieren gelegt (außer in stark strukturierter und modifizierter Form) und statt dessen der willentlich gesteuerten Bewegung und der sensorischen, insbesondere der taktilen Übung größeres Gewicht beigemessen.

Zum Zeitpunkt dieser Kind-Eltern-Übung sollte der größte Teil der Gruppe bereits in gewissem Umfang fähig sein, Handeln und Fühlen zu koordinieren. Die, die am weitesten gekommen sind, werden vielleicht weinen können. Werden sie beruhigt und gehalten, dann läßt das Weinen nach, der Atemrhythmus verändert sich, die Spannung in den Armen und im Körper verringert sich. Schließlich stellen sich Entspannung und friedliche Ruhe ein. Sogar euphorische Gefühle werden wach, verbunden mit einem Gefühl von Trost und Frieden, die von den idealen Elternfiguren auf sie überzugehen scheinen.

Diejenigen, die bei der Übung am weitesten gingen, sagen oft, sie hätten sich an eine Situation erinnert, in der sie sehr verängstigt waren. Als sie zu ihren Eltern liefen, hätten diese sich geweigert, sie zu trösten, und verlangt, sie sollten wieder in ihr Zimmer gehen und sie nicht stören. Sie sagen dann auch, solche Ängste hätten sie seither oft erlebt, verbunden mit dem ursprünglichen Gefühl der Einsamkeit. Nach der befriedigenden Erfahrung in der Übung fühlen sie sich nicht mehr so verängstigt wie vorher und glauben auch, daß diese besondere Angst nicht mehr die gleiche Macht beibehalten werde.

Bemerkenswert ist der die wiedergefundene innere Ruhe verkündende Gesichtsausdruck bei denen, die ihre Angst am offensten zeigen und die Hilfen der positiv Akkommodierenden annehmen konnten. Dies macht den passiv gebliebenen Teilnehmern auch sehr konkret deutlich, daß in den anderen etwas geschehen sein muß. Sie fragen sich, ob sie etwas versäumt haben, und fühlen sich nicht mehr so wohl in ihrer Nüchternheit und Würde, und es motiviert sie, sich bei nächster Gelegenheit weniger zu beherrschen.

Diejenigen, die einen idealen Elternteil spielten und den weinenden Menschen mit starker gefühlsmäßiger Anteilnahme begegnet waren, fühlen sich ebenfalls bereichert. Sie zeigen sich überrascht angesichts der Art und Stärke ihres affektiven Wunsches zu helfen. Dann sprechen sie über das zunächst aufkommende Gefühl der Hilflosigkeit, als sie die Kind-Figuren trösten sollten. Schließlich äußern sie ihr Erstaunen, daß ihre hauptsächlich körperliche Zuwendung anscheinend doch so wirkungsvoll war.

Manche Akkommodierenden neigen beim erstenmal dazu, zu dem Weinenden zu sagen: »Ach, wein doch nicht. Es wird schon alles wieder gut.« Doch die positiv Akkommodierenden sollen das Weinen einfach zulassen und akzeptieren und sich als schützendes, warmes und liebevolles Objekt zur Verfügung stellen. Manche suggerieren schon allein durch die Art ihres Haltens, die Kind-Figur möge aufhören zu weinen. Dies sollte geklärt werden, ohne dabei die Akkomodierenden zu beschämen.

Wenn die ganze erste Gruppe die Kind-Eltern-Übung beendet hat, tauschen die Übungspaare die Rollen. So können die, die das Kind gespielt haben, sich in die Elternrolle einfühlen, und umgekehrt. Nicht so sehr der Leiter als vielmehr die Gruppe selbst wird so zum eigentlichen Motor der Therapie.

Weil die Gruppe nach dem ersten Versuch bereits einige Erfahrung hat, braucht die zweite Gruppe der Kind-Figuren nicht mehr so lange, bis sich ihre Gefühle bis zur Schwelle des Handelns verstärken. Wenn sie sich gemäß dem Inhalt ihrer Angst bewegen, wissen die positiv Akkommodierenden schon besser, was sie tun, da sie selbst erfahren haben, was in der Kindrolle als Trost und zur Beruhigung gebraucht wird. Das positive Akkommodieren geht beim zweitenmal ebenfalls besser, und die allgemeine Bereitschaft zur Arbeit mit Strukturen wird deutlich. Das Vertrauen innerhalb der Gruppe wächst, denn wenn tiefe Ängste einmal gezeigt, Tränen vergossen und starke Gefühle besänftigt wurden, ist die Gruppe auf dem besten Weg zur sorgsamen und regelmäßigen Überprüfung all jener Lebenssituationen und Übergänge, die nie erfolgreich gemeistert und durchlaufen wurden.

Die erste Struktur

Die Erfahrungen in der Kind-Eltern-Übung können zur Entfaltung der ersten Struktur führen. Es gibt einen bemerkenswerten Unterschied zwischen einer Struktur und der Kind-Eltern-Übung. Letztere erlaubt der ganzen Gruppe, gleichzeitig zu reagieren, und lenkt die Aufmerksamkeit weg vom einzelnen. Eine Struktur dagegen ist zentriert auf einen einzigen Menschen, der seine Gefühle ausdrückt. Der Leiter sollte in der Lage sein zu beurteilen, wer zuerst mit Erfolg in eine Struktur gehen könnte.

Meistens ist es in der Praxis völlig klar, wer der dafür geeignete Protagonist sein wird. Er hat die Möglichkeiten der affektiven Bewegungen, des Akkommodierens und einer Struktur verstanden und ist in Kontakt mit einer Situation in seinem Leben, die er emotional ausloten will. Es kann sein, daß er Hilfe braucht bei der Polarisierung seiner Objekte. Dafür sollte der Leiter zur Verfügung stehen.

Gehört zu der Struktur eine Elternfigur, so sollte man sich zunächst ganz auf deren negative Aspekte konzentrieren. Der Protagonist sollte sich an das Handeln beziehungsweise Nichthandeln des Elternteils erinnern, das ihm Schmerz und Frustration bereitet hat, und in der Lage sein, in die Erfahrung von Schmerz und Wut einzutauchen und sie zu einer Handlung werden zu lassen.

Man könnte fragen: »Wird in Strukturen Gruppenteilnehmern erlaubt, ihre Eltern umzubringen?« Die Antwort lautet »ja«, soweit es die negativen Aspekte angeht. »Aber was ist mit den Schuldgefühlen?« mag gefragt werden. Zum einen weiß man ja, daß es sich nicht um ein wirkliches, sondern nur um ein emotional-symbolisches Töten handelt, was es leichter macht, mit den aufkommenden Schuldgefühlen fertigzuwerden. Zum andern kann man sich auf seine ideale Elternfigur verlassen, die einen hält und annimmt, während man die von den negativen Eltern hervorgerufene Qual und Wut zum Ausdruck bringt.

Weder die idealen noch die negativen Elternfiguren entsprechen den realen Eltern. Beides sind Polarisierungen, doch in den negativen können viele reale Momente enthalten sein. Die idealen Eltern sollten weitgehend erfunden sein und alles bieten, was man gefühlsmäßig von ihnen verlangt: Liebe und Halt ohne Bedingungen, Verständnis, Zustimmung und den Glauben an das Kind.

»Warum müssen alle wütenden Gefühle zum Tod führen? Kann jemand in der psychomotorischen Therapie nicht wütend werden, ohne zu töten?« Meine Antwort: Nein. Wut in der primitiven, umfassenden und unmodifizierten Form, mit der wir psychomotorisch umgehen, erfordert die emotionale Wirklichkeit des Todes. Wenn dies so ist, dann ist auch leichter verständlich, warum Menschen im normalen Leben so viele Gefühle nicht ausdrücken. Wie sollten sie den affektiven Todeswunsch gegenüber dem frustrierenden Elternteil ausdrücken? Träume erlauben dies, und psychomotorische Übungsstrukturen gleichen in ihrem Inhalt dem Traummaterial, sind aber weniger symbolisch und weniger zensiert. Traumanalysen zeigen, daß die meisten Menschen geliebten Personen gegenüber Todeswünsche haben; es sollte uns also nicht allzu sehr überraschen, wenn der direkte emotionale Ausdruck von Wut den Tod des negativ Akkommodierenden will.

Kehren wir zu dem Patienten zurück, der zu einer Struktur bereit ist und sie wünscht. Er erinnert sich vielleicht daran, wie er als Kind vor dem Vater Angst hatte, wenn dieser betrunken nach Hause kam und drohte, ihn oder die Mutter umzubringen. Das Kind konnte sich vor dem bedrohlichen Vater nur durch die Flucht retten und sich aus seinem Versteck erst wieder hervorwagen, als dieser schließlich umgefallen und, volltrunken wie er war, eingeschlafen war. Man kann annehmen, daß sich viele solche Situationen abgespielt haben und diese eine für alle anderen steht. Wie geht man damit in einer Struktur um? Man stellt negativ Akkommodierende für die negativen Momente der Situation zur Verfügung und positive für die Darstellung dessen, was sich in einer idealen Situation ereignet bzw. was den inneren Bedürfnissen und Erwartungen eines Kindes genau entsprochen hätte.

Der Protagonist teilt den negativ Akkommodierenden mit, wo sie stehen, wie sie handeln und welche Gesten sie machen müssen. Er versucht die Situation so zu gestalten, daß sie wirklich provozierend ist und eine starke emotionale Wirkung auf ihn hat. Er kann auf dem Boden knien, um die Perspektive des Kindes nachempfinden zu können. Bedroht nun der negativ Akkommodierende ihn oder seine Mutter, dann kann der Protagonist mit Angst und Panik reagieren und vielleicht zu seiner negativen Mutter rennen. Aber dort ist er – wie damals in der realen Situation – keineswegs in Sicherheit. Die drohende negative Vaterfigur verfolgt ihn, von der Mutter begleitet, vielleicht weiter. Dann wendet er sich wütend gegen den Vater und greift diesen in wachsendem Haß und wilder Wut an.

Der Angriff kann einige Minuten dauern, während denen der negativ Akkommodierende über den Boden rollt und so auf die sich wild häufenden Hiebe und Tritte reagiert und damit zeigt, wie sich der Kontrollverlust auf ihn auswirkt. Ist die Wut auf den Vater schließlich gestillt und dieser vielleicht mit seiner eigenen Whiskyflasche symbolisch erschlagen, dann mag sich der Protagonist seinen Gefühlen gegenüber der negativen Mutter zuwenden. War sie in Wirklichkeit brutal und bot sie wenig Schutz, dann wirft er ihr all die Frustrationen an den Kopf, denen er wegen ihrer mangelnden Fürsorge ausgesetzt war. Oder er kann einfach auch wütend auf sie sein, daß sie einen so schrecklichen Vater geheiratet hat.

Je nachdem, wieviel Liebe und Wärme sie in Wirklichkeit dennoch bot, wird er aber auch zögern, sie anzugreifen, und darüber nachdenken, ob es nicht vielleicht doch falsch wäre, wenn sie auch noch den ihr eigentlich zustehenden Teil der Wut abbekommen würde. Denn der Augenblick, in dem auch sie »umgebracht« würde, wäre entsetzlich für ihn. Er würde plötzlich überschwemmt von Verlust- und Einsamkeitsgefühlen und müßte dann dem Schmerz all der elenden Jahre freien Lauf lassen und hilflos schluchzen.

Dies verweist uns auf das Bedürfnis nach positiv Akkommodierenden. Denn wenn jemand seinem Haß freien Lauf ließe, würde dies dann nicht die einzige Quelle der Fürsorge und des Schutzes, nämlich die eigenen Eltern, mit zerstören? Nicht umsonst halten Menschen ihre Gefühle im Zaum, denn niemand kann die auch noch so schlimmen Eltern ersetzen.

Die positiv Akkommodierenden setzen sich neben die weinende Person, legen die Arme um sie und halten sie vorsichtig und sanft, bis sie aufhört. Auf die Frage: »Ihr würdet mich nicht schlagen, oder?«, kommt die Antwort: »Natürlich nicht.« Dieser Dialog kann weitergehen, oder die ganze Szene vollzieht sich schweigend, während der Protagonist erlebt, wie es mit idealen Eltern gewesen wäre. Er will vielleicht sehen, wie die idealen Eltern sich umarmen, als ob sie einander wirklich liebten. Oder sie sollen ihm beide ihre Arme entgegenstrecken, um ihn fest an sich zu drücken. Was immer er erleben möchte, sie verhalten sich seinen Wünschen gemäß.

Hat er genug, kann ihn der Leiter fragen, ob er noch etwas anderes tun möchte. Das ist ein wichtiger Augenblick, der mehr averbal als sprachlich erfaßt werden sollte. Denn der Leiter wird allmählich vertraut mit einer deutlich veränderten Atmosphäre gegen Ende einer gut verlaufenden Struktur. Die Hinweise darauf sind subtil, aber erkennbar, und bald wissen auch die Teilnehmer, ob eine Struktur »beendet« ist oder nicht.

Darauf verweist etwa die offensichtliche Entspannung. Die Verkrampfung in Mimik und Gestik läßt nach, und die Arme hängen locker herab. Die Entspannung läßt sich auch an den positiv Akkommodierenden ablesen. Kann der Protagonist ihre Wärme ruhig und zufrieden annehmen? Lächelt er? Oft hört der Leiter ein Gluckern in dessen Bauch als physiologisches Signal einer emotionalen Veränderung in genau dem Augenblick, in dem dieser davon spricht, daß er sich besser fühlt. Auch wenn es scheint, daß die Struktur zu Ende ist, sollte man auf folgendes achten: Sieht der Protagonist um die Augen noch angestrengt aus? Macht er rasche und abrupte Handbewegungen, obwohl er sagt, er sei fertig? Sind eine oder beide Hände noch zu Fäusten geballt oder vergräbt sich die eine in die andere? Reibt er seine Augen noch so, als ob er weinen wollte? Gehen seine Hände unwillkürlich zum Mund? Beißt er sich auf die Lippen? Das sind einige Zeichen, die der Leiter wahrzunehmen lernt.

Wenn ihn genügend Hinweise überzeugen, daß die Struktur

nicht beendet ist und ein Rest nicht ausgedrückter Gefühle virulent bleibt, deutet der Leiter dem Protagonisten an, daß er vielleicht einige Gefühle noch nicht in vollem Umfang gezeigt hat, und fragt, ob er noch einmal darangehen wolle. Wenn ja, dann stehen die negativ Akkommodierenden vom Boden auf, wo sie bis zum Ende der Struktur gelegen haben, gehen wieder auf ihre Positionen zurück und nehmen ihre Rollen noch einmal auf, die ihnen vorher zugewiesen worden waren.

Inmitten seiner Gefühlsausbrüche hat sich der Protagonist vielleicht noch deutlicher an bestimmte Vorkommnisse aus der gleichen oder einer ähnlichen Situation erinnert, und sie erregen ihn nun von neuem. Die negativ Akkommodierenden können ihn noch einmal provozieren; seine Gefühle können beim zweitenmal stärker oder schwächer sein, je nach der Größe des verbliebenen Rests und dem Anteil an positiven und negativen Gefühlen. Überwiegen jetzt die positiven Gefühle und wurde der größte Teil der Wut bereits im ersten Durchgang erledigt, dann kann der Protagonist auf die positiv Akkommodierenden erleichterter und mit größerer Ruhe reagieren. Wenn sich der zweite Versuch als immer noch nicht ausreichend erwiesen hat, versucht er es ein drittes Mal. Der Leiter sollte in der Lage sein zu bestimmen, ob der Protagonist getan hat, was möglich war, ohne ihn zu drängen oder gar Druck auszuüben. Reicht auch ein dritter Versuch nicht aus, so kann der Leiter den Protagonisten auch von der ganzen Gruppe liebevoll umarmen und ihn einige Zeit halten lassen, bis seine Spannung nachläßt.

Da jedoch der Leiter die allererste vollständige Struktur ohnehin nur zuläßt, wenn ein nicht zu schwieriges Strukturieren vorauszusehen ist, ist es unwahrscheinlich, daß der Protagonist auch nach drei Versuchen noch angespannt und unglücklich ist. Derart tiefgreifende und schwer zu lösende Situationen entstehen im allgemeinen ohnehin nicht so früh. Nicht nur der Therapeut, auch die Patienten haben oft ein Gefühl dafür, welcher der Teilnehmer bereit ist, sich einer Struktur zu stellen, so daß durch diese Art unbewußter Auswahl die Strukturen in der richtigen Reihenfolge geordnet werden. Denn selten springt jemand in tiefes Wasser, wenn er noch nicht richtig schwimmen kann. Sollte dennoch eine solche Situation auftreten, dann müßte ihn der Leiter so lange zurückhalten, bis er wirklich dazu fähig ist.

Normalerweise endet die erste Struktur befriedigend, und der Protagonist ist einigermaßen erschöpft. Häufig sitzt jemand aus der Gruppe nach der Struktur noch eine Weile bei ihm. Nach einer erfolgreichen Struktur scheint der Protagonist oft in einem Zustand zu sein, in dem die Wahrnehmung der Außenwelt ausgeblendet und Gefühle aus der gerade durchlaufenen Situation noch einmal ganz neu erlebt werden. Diese Zeitspanne wird meist nicht mit bewußtem Denken ausgefüllt, sondern durch ein entspanntes Gewahrwerden neuer Perspektiven und ein Gefühl der Neuordnung von Denken und Handeln. Der Protagonist scheint entspannt, die Gesichtsmuskulatur ist locker, die Augen sind offen, aber nicht auf das gerichtet, was sie sehen; kurz, er ist in einem Zustand des »Gaffens«. Damit meine ich nicht, daß er während dieser Zeit zu normalen Interaktionen unfähig sei, die Erfahrung zeigt vielmehr, daß hier ein innerer Prozeß der Neuordnung in Gang gekommen ist, der nicht gestört werden sollte. Diese Zeit des »Gaffens« kann von einer bis zehn Minuten dauern, während der die Gruppe schon mit anderen Strukturen fortfahren kann.

Die Reaktion der Gruppe auf die erste Struktur ist zweifellos sehr unterschiedlich. Manche haben einen Widerhall in sich gehört, wenn sie früher in ähnlicher Weise behandelt wurden. Deshalb haben auch sie sehr starke Gefühle, empfinden aber nicht die gleiche Gelöstheit wie der Protagonist. Manche sind aber auch schokkiert von den Gefühlen und Handlungen, ohne daß sie sie mit etwas Besonderem in ihrem Leben in Verbindung bringen können. Wieder andere bleiben ganz unberührt von dem, was sie sahen. Meistens gehören sie zu denen, die überhaupt Schwierigkeiten haben, ihre Gefühle wahrzunehmen und zu äußern.

Die Bereitschaft des Protagonisten, starke und sehr persönliche Gefühle zu zeigen, bedeutet für die Teilnehmer sehr viel. Die erste Struktur fügt einen weiteren Baustein zum Gebäude des Vertrauens in der Gruppe hinzu. Hoffnungslosigkeit, in einer Verzweiflung gründend, die nicht ausgedrückt werden kann, verwandelt sich langsam in die Hoffnung, man könne sich einmal wirklich auf jemanden beziehen und sich anderen öffnen.

Der Leiter kann denen, die am stärksten reagiert haben, die nächsten Strukturen anbieten. Jemandem kommt beim Beobachten der ersten Struktur ein besonderes Ereignis in den Sinn. Er mag sich daran erinnern, wie er als Kind etwas Verbotenes tat und der Vater nach Hause kam, ihm mit seinem Lederriemen drohte und ihn dann auch damit schlug. Er erinnert sich an seine Wut auf die Mutter, weil sie nicht für ihn eintrat, obwohl in seinen Augen die Missetat, für die er geschlagen wurde, wirklich nicht so schlimm war. Die Strukturierung kann im wesentlichen die gleiche sein wie beim erstenmal. Werden Worte gebraucht, so sollten es nur genau die sein, die der Protagonist wünscht, also zum Beispiel: »He, komm hierher, ich geb dir, was du verdienst«, und zwar werden sie so wiederholt, wie er es vorsagt.

Die Provokation zu einer genauen Wiederholung der früheren Wirklichkeit zu machen, ist unmöglich. Was wir versuchen, ist die Rekonstruktion der entscheidenden Elemente, so wie sie auf der Gefühlsebene erlebt wurden, denn nur auf sie wird reagiert. Die Überprüfung der auslösenden Faktoren auf der Ebene der genauen Wirklichkeit ist nicht das Ziel der Struktur. Die vollständige Neuinszenierung aller damaligen Umstände würde vermutlich ebenso zu einer Lähmung führen wie früher. Man würde vielleicht sogar sagen: »Ich nehme an, mein Vater hatte recht, mich zu strafen, ich vermute, ich war schlimm, also sollte ich nicht wütend auf ihn sein.« Dies ist Vernunft-Wirklichkeit, und man muß mit ihr leben. Die affektive Wirklichkeit aber ist die, daß man bombardiert wurde mit emotionalen Impulsen, auf die man nie handelnd reagieren konnte. An diesem Punkt setzt die Struktur an.

Sie bietet einen Ort, an dem sich all diese Impulse mit voller Kraft entfalten können und wo die Gesetze der Realität für eine wohlüberlegt gewählte Zeitspanne außer Kraft gesetzt sind. Für eine wirkungsvolle Freisetzung der unmittelbaren Gefühle ist eine Polarisierung der Objekte notwendig, und genau das erlaubt die negative Akkommodation. Nach einem erfolgreichen Ablauf einer solchen Struktur kann der Protagonist dann auch sagen, daß der Vater wahrscheinlich recht hatte mit seiner Strafe, denn die mit dieser Situation verbundenen Gefühle und die Übermacht des Vaters werden jetzt nicht mehr als so bedrohlich empfunden, und man kann die ganze Angelegenheit neutraler und angemessener beurteilen.

Sind die negativ Akkommodierenden instruiert und die positiven bereit, dann kann der Protagonist sich auf seine Empfindungen konzentrieren, die von seinen Erinnerungen emporgetragen wurden. Wenn die negativ Akkommodierenden sich nun so verhalten, wie es ihnen gesagt wurde, steigen Gefühle in ihm hoch: Er reagiert vielleicht in diesem Fall besonders stark auf den Gürtel des Vaters. Vielen Teilnehmern fiel auf, wie stark sie auf Gegenstände reagierten, die in emotional besonders aufgeladenen Situationen eine Rolle spielten. Der Protagonist mag zunächst Schrekken und Angst als Reaktion auf den Vater und den Riemen spüren, dann rasende Wut, wenn der Riemen herabsaust – nicht auf ihn, sondern neben ihn auf den Boden, aber nahe genug, um ihn an den stechenden Schmerz der Schläge von damals zu erinnern.

Der Übergang von der Angst zur Wut ist wichtig, obwohl er bei der ersten Struktur nicht besonders betont wurde. Manche glauben, diesen Übergang gar nicht zustande zu bringen, und bleiben erstarrt und hilflos vor Angst. Sie sagen, sie könnten unmöglich gegen den Vater, oder wer immer ihr Gegenspieler ist, ankämpfen. Ihn anzugreifen, selbst wenn sie wissen, daß sie mit Recht wütend sind, würde nicht ihren gesamten Gefühlen entsprechen. Wut steht geschwächten Menschen einfach nicht direkt zur Verfügung; Angst zu empfinden, paßt besser zu ihrem Wesen.

Falls unser Protagonist sich also nicht gegen den Vater wenden kann, dann ist die Alternative die, daß er einen Verbündeten sucht. Wir begründen dies so: Es könnte jemanden geben, der das Unrecht dieser Bestrafung sieht und dem Protagonisten zu Hilfe kommt: die positiv Akkommodierenden. Auf dem Höhepunkt der Züchtigung, wenn der Geschlagene voll Schmerz und Angst ist, mag der männliche positiv Akkommodierende nach dem Gürtel greifen und nun seinerseits den negativen Vater im Namen des Protagonisten schlagen. Das gibt ihm Hoffnung und Sicherheit. Er mag zur idealen Mutter laufen und sagen: »Du hättest nicht zugelassen, daß er mich schlägt, oder?«, und sie sagt: »Natürlich nicht.« Wenn der Protagonist es will, werden nicht einmal Worte gewechselt, er kann einfach voller Freude miterleben und erleichtert zusehen, wie der einst unbesiegbare Vater geschlagen und besiegt wird.

Der Protagonist mag Schuldgefühle haben oder wütend werden, weil der positiv Akkommodierende seinen Vater schlägt. In diesem Fall sollte er nur verlangen, den Vater einzuschüchtern und ihn ohne Prügel aus dem Raum zu schicken. Derartige Gesichtspunkte sollten vom Leiter sorgfältig beachtet werden, damit die Struktur nicht Handlungen und Gefühle beim Protagonisten hervorruft, die das Gegenteil dessen sind, was wir anstreben. Man sollte nicht einfach einer Grundform der Struktur in der Überlegung folgen, sie sei für alle Teilnehmer passend und richtig. Die Gefühle des Protagonisten sind so, wie er sie aufrichtig und direkt erlebt, die Richtschnur, und sie sollten die Struktur letztlich leiten.

Macht ein Verbündeter den Protagonisten nicht zu einem passiven und abhängigen Menschen? Das kämpferische Eintreten des positiv Akkommodierenden hat erstaunliche Folgen: Der Protagonist ist nämlich bald selbst imstande, sich gegen den Vater zu wenden, denn er fühlt sich nun dazu berechtigt und hat ein Beispiel vor Augen. Nehmen wir an, der Protagonist geht nach der ersten Version der Struktur zu seinen positiv Akkommodierenden. Er erlebt in ihnen ideale Eltern, die ihn nicht zur Strafe schlagen würden und die ihre Liebe nicht an Bedingungen knüpfen. Nach der an ihn gerichteten Frage: »Bist du fertig, oder möchtest du noch etwas anderes tun?« kann er andeuten, er wolle die Struktur noch einmal in Angriff nehmen.

Mit dem, was von seinen Gefühlen noch unerledigt geblieben ist, kann er zum gleichen entscheidenden Moment gelangen, wo der negative Vater ihn schlägt, aber er ist jetzt in einer anderen inneren Verfassung. Er hatte die Hilfe eines Verbündeten; er erlebte die Sicherheit und die tragende Beziehung zu anderen Elternfiguren, die ihn nicht so schändlich behandeln würden; er erlebte einen ganz anderen Rahmen, er erfuhr, wie es ist, wenn man ihn seinen Bedürfnissen gemäß behandelt. Die volle Wucht seiner Reaktion auf Schmerz und Ungerechtigkeit mag noch einmal über ihn kommen. Aber er wendet sich jetzt selber gegen den Vater, nimmt ihm den Lederriemen ab und wird – so empfindet er es – wie von einer Woge der Kraft getragen, die ihn überrascht und beglückt. Er greift den Vater an und erfindet die verschiedensten Qualen, die er ihm mit seinem eigenen Gürtel zufügt. Er kann ihn vernichten und die negative Mutter dafür bestrafen, daß sie ihn nicht verteidigt hat. Er mag sie sogar schlagen, was davon abhängt, wie heftig seine ursprünglichen Gefühle waren, und dann zu seinen idealen Eltern zurückkehren. Er wird sich jetzt stärker, wertvoller und mächtiger fühlen. Während der daran anschließenden Zeit des »Gaffens« wird ihm klar, daß sein Selbstwertgefühl durch die vielen Schläge geschrumpft ist, aber daß es jetzt wiederhergestellt wurde.

Die Beispiele aus den ersten beiden Strukturen sollten nicht als feste Muster verstanden werden. Jede Struktur hat ihre eigene Formel, ihre eigene Ordnung. Der Leiter hilft beim Zustandekommen der Struktur, aber er sollte sich von den Gefühlen des Protagonisten leiten lassen, so wie er sie verbalisiert und so wie sie sich in der Körpersprache des Protagonisten zeigen.

Das intellektuelle Verständnis der Wirklichkeit stellt sich erst nach einer Struktur ein, es geht ihr nicht voraus. Nach der Phase des Staunens und einige Zeit nach dem Ende der Struktur faßt der Protagonist von sich aus in Worte, wie er in einer ganz neuen Weise auf vergangene Ereignisse seines Lebens zurückschauen kann. Die Einsicht folgt dem Handeln, nicht umgekehrt. Aber der so gewonnenen Einsicht kann ein verändertes Handeln folgen. Obwohl die Wirklichkeit im Verlauf einer Struktur vorübergehend aufgehoben ist, vollzieht sich die Rückkehr zu ihr auf einer höheren Ebene und nicht, wie man es angesichts eines so primitiven Verhaltens befürchten könnte, auf einer niedrigeren.

In der ersten Sitzung mit Strukturen ist es sehr wahrscheinlich, daß ein oder mehrere Teilnehmer auf gar nichts stoßen, was sie neu erfahren, überprüfen oder auf der motorischen Ebene ausdrücken möchten. Trotzdem sollte man ihnen die Benutzung der Gruppe zum experimentierenden Umgang mit ihren Gefühlen anbieten.

Gelegentlich kann eine Struktur einfach daraus entstehen, daß man negativ oder positiv Akkommodierende aufstellt, während der potentielle Protagonist locker zwischen ihnen steht. Dies kann zu einer Situation führen, die es ermöglicht, das Umgehen des Patienten mit Verboten zu überprüfen. Man legt dem Protagonisten nahe, sich auf Gefühle zu konzentrieren, die er erlebte, als er von etwas, das er tun wollte, abgehalten wurde; nachdem die negativen Eltern ihn provoziert haben, gehen sie auf ihn zu, halten seine Arme fest und hindern ihn an jeder Bewegung. Dies kann sehr heftige Reaktionen hervorrufen und einen ganz plötzlich zu Situationen zurückführen, in denen man sich real oder symbolisch eingeschränkt fühlte.*

War die Einschränkung mehr verbaler Art, dann versuchen wir den Reiz konkreter zu machen. Wenn die Mutter beispielsweise dem Kind sagt, es dürfe nicht hinausgehen, bevor die Schularbeiten gemacht seien, oder ein ähnlich harmloses und einfaches Verbot ausspricht, dann kann die negative Mutter den Protagonisten entweder mit Worten oder mit physischer Gewalt am Verlassen eines bestimmten, ihm zugewiesenen Bereichs hindern. Versucht er, diesen zu verlassen, dann zwingt der negativ Akkommodierende ihn zum Gehorsam, es sei denn, der Protagonist lehnte sich aggressiv und mit körperlicher Gewalt auf. Gefühle sind nie abstrakt, sondern immer konkret. Selbst wenn es scheint, daß auch eine rein sprachlich strukturierte oder symbolische Situation affektive Reaktionen hervorruft, so beherrscht doch letztlich das in der Abstraktion enthaltene Verhalten die Gefühle. Das mag übertrieben vereinfacht klingen, aber die Erfahrung zeigt, daß Gefühle und gefühlsbedingtes Verhalten wirklich so funktionieren.

Was ebenfalls zu Strukturen führen kann, sind nicht Verbote, sondern Anordnungen, also nicht die Einschränkung eines Handlungswunsches, sondern die Gefühle, die entstehen, wenn man von einem anderen gezwungen wird, das zu tun, was er will. Eine solche Anordnung kann bildlich oder affektiv wie ein Einbruch durch die Außenhaut (membrane) des Selbst erlebt werden. Der Zwang, sich in bestimmter Weise verhalten zu müssen, wird als Überflutung erlebt, die dem Durchbrechen der Schutzhaut folgt. Die auf einen solchen Reiz folgenden Äußerungen enthalten Hin-

* Dies wurde 1969 geschrieben. Pesso betont heute, daß er sich inzwischen ganz auf die Entzifferung der Körpersprache verläßt und auf das Nachspielen früherer Situationen verzichtet. Für Gruppenleiter, die damit noch weniger vertraut oder in Ausbildung sind, hält er aber den Rückgriff auf solche Inszenierungen nach wie vor für sinnvoll. Ein weiter Bereich dieser »einschränkenden« Erlebnisse wird heute nicht mehr so direkt mit den negativen Eltern abgehandelt, sondern dort, wo diese Einschränkungen bereits verinnerlicht und zu »inneren Stimmen« geworden sind. Dies wird in Kapitel 7 weiter ausgeführt. Damit soll auch der Gefahr vorgebeugt werden, daß die physische »Einschränkung« mit der später entwickelten Strukturform der »positiven Eingrenzung« der Allmachtsphantasien (vgl. Kapitel 6) verwechselt wird. T. M.

weise auf das Gefühl von Kapitulation und Ausgeliefertsein, was wiederum Wut und Hilflosigkeit hervorruft. Unsere frühe Geschichte ist oft überhäuft mit aufgezwungenen Geboten: Man wurde als Kind zum Essen und Schlucken gezwungen oder hatte Einläufe über sich ergehen zu lassen, wenn ein Elternteil das für nötig hielt. Diese Anordnungen erzeugen real wie auch in der Struktur, die ja die frühere Wirklichkeit emotional widerspiegelt, eine primitive, im Physiologischen wurzelnde Wut.

Alle Gruppenmitglieder müssen sich früher oder später mit der Qualität ihrer frühen Versorgung auseinandersetzen. Sie erleben von neuem die Bedürfnisse des Kleinkindes nach Versorgung, früher Pflege und Kontakt zu einer idealen Mutter. Aus diesem Kontakt erwächst in jedem Menschen ein Gefühl von Sicherheit und Selbstwert. Findet jemand nicht die Fürsorge, nach der er sich sehnt, dann verfestigt sich in ihm fast zwangsläufig die Vorstellung, nicht mehr zu verdienen, weil er nicht lieb genug war. Jede Geste und jede Handlung aus der Umwelt wird vom Kind als Zeichen für den eigenen Wert verstanden. Geht die Mutterfigur in Wirklichkeit oder in einer Struktur weg, so ist die organische und allem Nachdenken vorausgehende Reaktion die: »Sie mag mich nicht und verläßt mich.« Wenn ein Elternteil stirbt, wird dessen Tod als Verlassen oder als Strafe für das eigene Bösesein erlebt, oder der Tod scheint die Folge des eigenen Verhaltens zu sein. Strukturen über den Kummer spiegeln auch die Wut, die man über das Verschwinden empfindet und die in die Worte gefaßt werden könnte: »Ich brauche dich, wie kannst du mich nur verlassen. Ich hasse dich, weil du mich verläßt. Ich verlasse dich erst recht.«

Manche Teilnehmer wollen noch einmal geboren werden, von der Gruppe oder von idealen Eltern, da sie, wie sie sich erinnern, immer zu hören bekamen, sie seien auf Grund eines Mißgeschicks gezeugt worden und gar nicht gewollt gewesen. Sie brauchen einen Neubeginn. Eine Struktur, in der sie die Lage eines Fötus einnehmen und die Eltern über ihre ersehnte Ankunft in der Welt sprechen hören, ist für sie äußerst befriedigend. Diese Art Struktur materialisiert Phantasien, die man als Gegenmittel gegen den Schmerz des realen Lebens entwickelt hat. Diese Menschen haben oft ein sehr starkes Bedürfnis, sich buchstäblich wie ein Kleinstkind durch die Gruppe zu winden, um schließlich von einer liebevollen Mutter gehalten und gestillt zu werden.

Der Protagonist nimmt nicht die Brust der idealen Mutter in den Mund, sondern legt seine Wange an die bekleidete Brust der positiv Akkommodierenden und macht saugende Bewegungen mit dem Mund. Manche Teilnehmer müssen beim Saugen etwas im Mund spüren; dafür eignen sich die Finger oder die weichen Teile der Hand. Während des Stillens zeigen sich auch Spuren realen säuglingshaften Handelns: Das Saugen wird reflexhaft, der Atemrhythmus ändert sich, und die Hände drücken ähnlich wie bei trinkenden Säuglingen. Teilnehmer, die das erlebt haben, berichten über kleinkindhafte Gefühle, die sie überkamen, und auch über den großen Unterschied der Hand- und Mundbewegungen zu den sonst üblichen. Diese Bewegungen kommen ganz von innen. Wahrscheinlich können spurenhafte Reflexbewegungen bei entsprechender Stimulierung abgerufen werden.

Psychomotorische Therapie kann dem einzelnen helfen, seine grundlegenden Gefühle, ebenso wie die Objekte dieser Emotionen, zu entwirren oder zu klären. Die Erfahrung zeigt, wie viele Menschen Angst mit Wut verwechselten, Wut mit Sexualität, Sexualität mit Fürsorge und Fürsorge mit allgemeiner Sympathie.

Die Objekte der Gefühle unterliegen ebenso der Verwirrung und mangelnden Klarheit, und wir versuchen, Mütter von Vätern, Eltern von Altersgenossen und Liebespartnern, Geschwister von Eltern zu unterscheiden. Das bringt uns zur Frage nach der Abfolge der Strukturen und der Reifung der beteiligten Personen. Das Ziel besteht generell darin, die Vermischung und Verwirrung aufzulösen. Dazu muß man eine Antwort geben auf die frühesten affektiven Bedürfnisse und Beziehungen.

Wo immer man mit dem Prozeß beginnt, in der unmittelbaren Gegenwart mit ganz realen Fragen und Problemen oder mit lebensgeschichtlichen Strukturen, stets müssen die zentralen und grundlegenden Gefühle und Beziehungen neu überprüft werden. Das geschieht nicht unbedingt in einer vorher festgelegten, standardisierten Reihenfolge, sondern orientiert sich an dem Material oder den Gefühlen, die dem Betreffenden gerade zur Verfügung stehen. Der Leiter sollte das ganze Panorama der Geschichte und der Gegenwart des Patienten im Auge behalten und bei der Einordnung der Teile ins Gesamtbild helfen, je nachdem, wie das Schwergewicht sich von Sitzung zu Sitzung quer durch die verschiedenen Altersstufen und affektiven Zustände verschiebt. Ein körperlich zwar erwachsener, aber seelisch nur teilweise reifer Mensch mag die Lösung für ein den Bereich der Fürsorge und Zärtlichkeit betreffendes, offensichtlich frühkindliches Problem auf der sexuellen Ebene suchen, und durch diese Verwechslung verschärft er sein Problem noch. Deshalb reagiert jemand, der einen für ihn folgenschweren Verlust einer versorgenden Person im Säuglings- oder Kindesalter erlitten hat, auf eine sexuelle Zurückweisung, als sei sein Überleben bedroht. Er empfindet dieselbe Angst, die er als Kleinkind beim ursprünglichen Verlust seines undifferenzierten Objekts, der Mutter, erlebt hatte.

Menschen tragen die Spuren dieses undifferenzierten Gefühls mit sich und übertragen es auf die undifferenzierten Objekte ihres realen Lebens. Die Reaktionen mancher Menschen nach dem Verlust etwa einer Stellung oder eines Freundes, der sie extrem erschüttert und ängstigt, sind hierfür ein Beispiel. Man kann diese Reaktionen als Folge eines früheren und wirklich erdbebenartigen Verlustes während der frühen Kindheit interpretieren. Es ist überraschend, wie leicht Menschen ihre Gefühle in jedes verfügbare Objekt projizieren – in der Realität oder in einer Struktur. Diese leichte Verschiebbarkeit zeigt sich am Phänomen der Übertragung in der Psychoanalyse. In den Strukturen versuchen wir, die Übertragung zu streuen, und benützen dafür die Akkommodierenden, denen wir die Rollen von idealen oder negativen Eltern usw. geben.

Gefühle und Objekte

Ich möchte einige der Techniken, die wir für die Trennung von Gefühl und Objekt verwenden, anhand hypothetischer Situationen erläutern. Nehmen wir an, eine Frau stellt zu Beginn einer Gruppensitzung fest, es käme ihr so vor, als ob sie in ihren Knien einknicken würde und hinfallen müßte. In der psychomotorischen Therapie verstehen wir dies oft als einen unbewußten oder körperlichen Wunsch nach Halt. Der Leiter kann ihr ideale Eltern anbieten, die sie vollkommen stützen und halten. Sie kann wünschen, daß nur der ideale Vater sie halten soll, da ihre wirkliche Mutter schwach war und sie ihr nicht traute. Würde ihr nur ein Vater zur Seite gestellt, wäre das eine Bekräftigung ihrer Erfahrung, daß Mütter schwach sind, und der Frau würde erlaubt, den Vater ohne Mutterfigur ganz für sich zu haben. Wir regen an, sie solle versuchen, sich von beiden Eltern auffangen zu lassen, weil ja doch nichts dagegen spricht, sowohl über einen idealen Vater als auch eine ideale Mutter zu verfügen.

Knickt sie daraufhin ein und wird vom idealen Elternpaar aufgefangen, dann erlebt sie vielleicht, wie sich in ihr eine Spannung aufbaut und sie auf die Mutterfigur wütend wird. Eine negative Mutterfigur kann hinzukommen, die zu wanken beginnt, wenn das Kind einknickt und Halt sucht. Bietet die negative Mutter keinen Halt, so kann es sein, daß die Patientin weinend zu Boden sinkt; die idealen Eltern sollten dann sofort zu ihr hingehen und ihr behilflich sein; es kann aber auch sein, daß sie in Wut auf ihre negative Mutter ausbricht und ihrem rasenden Zorn freien Lauf läßt. Waren Tränen und Hilflosigkeit die Reaktion auf die strauchelnde Mutter, dann ist das ein Hinweis darauf, daß sie die Hilfestellung der idealen Eltern annehmen kann. Sie ist dann wirklich fähig zu berichten, daß sie als Kind nie Sicherheit und Glück gekannt und auch niemals Halt an einer Mutter erlebt hatte. Diese Erinnerung, die in krassem Gegensatz steht zu der durch die ideale Mutter vermittelten Erfahrung, gehalten und beschützt zu werden, kann erneut empörte Wut auf die negative Mutter auslösen; oft kommt es in einem solchen Fall vor, daß die Protagonistin aufsteht, schreit und nach der Mutter schlägt und dann entspannter zu den idealen Eltern zurückkehrt.

Nach der Entladung der Wut wird sie vielleicht versuchen, der idealen Mutter Vertrauen entgegenzubringen und sich von ihr und dem Vater zusammen auffangen zu lassen. Der zweite Versuch kann befriedigender sein als der erste, und doch mag sie erklären: »Aber Papi mag ich am liebsten«, und ihm kokett zulächeln. Dieses Lächeln würden wir als ödipal betrachten, also als ein Lächeln, das in Strukturen auftaucht, wenn jemand bewußt oder unbewußt die Beziehungen zu Elternfiguren erotisiert. Diese Situation ist sehr verwickelt und komplex, und ich will versuchen, einige ihrer Aspekte aufzuzeigen.

Ödipale Muster

Kommt es zu einer ödipalen Situation, so ist die Standardantwort der positiven Elternfigur: »Ich bin dein Vater, und ich werde mich dir nie sexuell nähern. Es ist in Ordnung, wenn du sexuelle Gefühle mir gegenüber hast, aber ich liebe deine Mutter und werde nur mit ihr schlafen, nie mit dir. Ich liebe dich als Tochter und nicht als Ehefrau.« Es ist wichtig, daß die Elternfiguren ihre Arme umeinander geschlungen haben und nicht eine Handbreit voneinander entfernt sind.

Jeder räumliche Abstand zwischen Elternfiguren wirkt auf die Kindfigur wie ein Magnet: Diese will den abwesenden Elternteil ersetzen, ohne Rücksicht auf das Geschlecht des weiter weg stehenden oder fehlenden Elternteils. In einer Scheidungssituation, bei der die Tochter in der Obhut der Mutter bleibt, kann das Kind phantasieren, es sei nun der Vater, und es beschäftigt sich bewußt oder unbewußt mit sexuellen Wünschen der Mutter. Wenn man dieser umgekehrten ödipalen Situation nicht die gebührende Beachtung schenkt, kann sie Verwirrung und Rätsel über die Gefühle stiften. Aber es ist auch möglich, daß das Kind gegen die sexuelle Stimulierung ankämpft, indem es auf die anziehende und allzu verfügbare Elternfigur wütend wird und sie haßt.

Je nach seiner affektiven Reife kann die Kindfigur ganz verschieden auf die Aussage der Elternfigur reagieren, die die Liebesbeziehung klärt. Sie kann bestreiten, daß sie überhaupt solche Gefühle gegenüber dem Vater hat, und behaupten, in Wirklichkeit hasse sie ihn und finde ihn abscheulich, obwohl er immer da war, wenn sie ihn brauchte. Wenn der Haß auf den Vater mit sexuellen Gefühlen durchtränkt ist, kann die Protagonistin diese Wut nie loswerden, gleichgültig, wie lange sie mit dem wütenden Handeln fortfährt. Sie kann sich erschöpft an den Leiter wenden und sagen: »Ich bin noch immer wütend, anscheinend kann ich nicht genug kriegen und bin jetzt fix und fertig.« Eine lange Erfahrung mit dieser Art nicht endender Wut hat uns gezeigt, daß sie in ihrer Substanz sexuell ist. Wir nennen dieses nicht enden wollende Agieren gegenüber dem negativen Vater eine »negative Hochzeit«.

Eine Möglichkeit des Patienten, auf die von den Elternfiguren gesetzten Grenzen zu reagieren, besteht darin, die Situation ins Komische zu ziehen. In einem solchen Fall kann man vermuten, daß das Problem seiner Lösung schon recht nahe ist. So könnte die Kind-Figur etwa sagen: »Warum gehst du nicht mit mir ins Bett, was stimmt nicht mit mir? Ich bin viel attraktiver als diese alte Schnepfe. Und du weißt, daß du mich lieber magst als sie.« Es folgt oft ein wildes, kämpferisches Gezerre, mit dem das Kind den

Vater buchstäblich von der Mutter wegzuziehen versucht. Dabei ist das weder geplant noch zielgerichtet. Der Protagonist wird einfach von einer solchen Stimmung überkommen, und einen Augenblick lang löst sich alles in überschäumender Heiterkeit und grotesken Reaktionen auf.

Wird der Vater einmal wirklich mit Erfolg von der Mutter weggezerrt, dann kommt es eher zu einer ablehnenden Reaktion. Denn nur wenn das Kind sicher sein kann, daß es ihm nicht gelingt, erlaubt es sich, solchen Wünschen bewußt nachzugeben. Wenn das Kind allerdings im wirklichen Leben imstande war, den Vater zu erobern und der Mutter zu entziehen, dann kann man sicher sein, daß es als erwachsene Frau lange Zeit Probleme haben wird, in eine Liebesbeziehung mit jemandem ihres Alters einzuwilligen oder überhaupt eine befriedigende sexuelle Beziehung einzugehen.

Wenn die Mutter kaum in der Lage war, das Kind zu versorgen, und es schon in sehr frühem Alter lernen mußte, sich an den Vater als Quelle der Liebe zu wenden, kann diese fehlgeleitete Liebe, die eigentlich nach oraler Zuwendung sucht, Aspekte genitaler Sexualität in sich aufnehmen. Das Kind erlebt das Aufgeben des Vaters als Liebesobjekt dann ähnlich wie ein Säugling den Verlust der Mutterbrust. So können auch Penis und Brust als lebenspendende Organe und Mund und Vagina als Organe des Empfangens verwechselt werden.

War die Mutter lieblos und bestand außerdem ein wirklicher Bruch zwischen den Eltern, während der Vater der Tochter unbewußt Avancen machte, dann wird die Situation noch viel schwieriger. Dann bindet sich die Tochter sehr stark an den Vater, und zwar mit einer Kraft, die Furcht einflößen kann. Stirbt der Vater, bevor das Mädchen erwachsen ist, dann kommt es zu Wünschen, sich mit dem Vater im Himmel zu vereinigen, und bewußten suizidalen Neigungen. Solche Mädchen sehen ihren Vater in einem religiösen oder magischen Licht und glauben, ihr Leben könnte ohne ihn nicht weitergehen.

Die Vaterbindung kann nur aufgelöst werden, wenn die Tochter fähig wird, auf einer Kleinkind-Ebene einer idealen Mutterfigur zu vertrauen und von ihr Liebe zu empfangen. Das vollzieht sich manchmal in dramatischen Formen, wenn die Frau nach vielen Strukturen buchstäblich vom Vater entwöhnt wurde, aber immer noch kein altersentsprechendes Liebesobjekt akzeptieren kann und sich schließlich der idealen Mutter zuwendet, um gestillt oder gefüttert zu werden. Dann können wir auch eine Phase des Kummers erwarten, in der sie den Verlust des Vaters betrauert. Ein ähnlich gearteter Kummer trat auf, als eine Frau, die immer phantasierte, ihrem toten Vater im Jenseits wiederzubegegnen, diesen Wunsch schließlich aufgab und sich an die ideale Mutter oder an das altersentsprechende Liebesobjekt wandte. Manchmal brach der Kummer ganz unerwartet nach einer Umarmung mit dem Freund aus, und zwar in einer Struktur, die keinerlei überstarke Bindung an den Vater aufwies. Eine überwältigende Traurigkeit, die nicht aus einer bestimmten Richtung zu stammen schien, überkam sie, obwohl die Anwesenheit eines Liebespartners so angenehm war. Dies erklärt vielleicht auch das Weinen, das manchmal auf einen besonders intensiven sexuellen Verkehr folgt. Läßt man sich emotional wirklich mit einem altersentsprechenden Partner ein, dann verliert man auch die Phantasiebindung an die Eltern.

Gelegentlich erschrickt auch ein Vater unbewußt über seine erotischen Gefühle gegenüber seiner Tochter und wird wütend, schlägt oder verprügelt sie. Diese physische Gewalttätigkeit wird von der Tochter auf einer bestimmten Ebene erotisiert erlebt. Sie läßt sich, grob ausgedrückt, als »Fick-Wut« verstehen und ist in mancher Hinsicht mit einer Vergewaltigung zu vergleichen. Selbst wenn der Vater diese Wut nicht körperlich zeigt, so kann doch sein Brüten und seine möglicherweise aggressive Stimmung in ihrer Gegenwart ausreichen, um diese Wirkung zu haben. Wenn Väter ihre Söhne schlagen, kann das Ergebnis ähnlich sein, denn wie die Erfahrung zeigt, haben solche Jungen später Onaniephantasien, in denen sie von starken Männern überwältigt werden.

Den Teilnehmern unserer Gruppen wird sehr bald klar, wie wichtig es für ein Kind ist, in einer Familie aufzuwachsen, in denen die Grenzen eindeutig festgelegt sind. Es braucht aus verschiedenen Gründen Vater *und* Mutter, und beide Elternteile sollten darauf achten, das Kind nicht zu verführen. Es gibt auch subtilere Formen der Verführung: Man kann das Kind wie einen Altersgenossen behandeln; mit ihm über Probleme sprechen, als sei es selbst ein Elternteil; ihm erzählen, wie schwierig es mit dem eigenen Partner ist; den Partner vor dem Kind entwerten oder dem Kind zu verstehen geben, daß man es mehr als den eigenen Partner liebt.

Eine Form des therapeutischen Umgangs mit dieser Verwirrung zwischen Sexualität und Wut ist die, daß man der Frau erlaubt oder sie sogar ermutigt, mit ihrem Freund regelrecht zu ringen – mit dem Ziel, durch diesen heftigen Körperkontakt bewußt und gefahrlos sexuelle Wünsche zu wecken, in diesem Fall aber mit der angemessenen Person. Solche Frauen finden es schwierig, wenn nicht unmöglich, sich kräftigen Männern hinzugeben, obwohl sie gerade von ihnen angezogen werden, weil sie sie zu sehr an den verhaßten und doch heimlich begehrten Vater erinnern. Solche Ringkämpfe lassen die verschütteten erotischen Gefühle aufsteigen, und sie können dann auch mit dem Partner erlebt werden, denn er ist jetzt eindeutig nicht der Vater. In solchen Strukturen können sehr starke sexuelle Gefühle wach werden, und der Leiter sollte den Teilnehmern raten, sie nach Hause, in ihr wirkliches Leben zu tragen und sie nicht mit anderen Teilnehmern außerhalb der Sitzungen auszuagieren. Nicht Promiskuität und Liebesaffären sind das Ziel der Strukturen, sondern stabile sexuelle Beziehungen mit wichtigen und dauerhaften Partnern. Dabei sollten die idealen Eltern unbedingt danebenstehen und sich umarmt halten, so daß die Protagonistin deutlich sehen kann, daß ihr altersentsprechender Partner nicht ihr Vater ist.

Die Behauptung scheint zu einfach, daß schon dieser sichtbare Unterschied zwischen Partner und Vater bedeutungsvoll sein könnte, aber nach unserer Erfahrung ist er es in der Tat. Frauen, die in ihrer Vorstellung bisher alle Männer durcheinandergebracht und in einen Topf geworfen haben, so daß alle gleichermaßen unerreichbar waren, weil sie alle zu Vaterfiguren geworden waren, können in folgende Situation gebracht werden: Zwei Männer, der eine als Altersgenosse, der andere als Vater, stehen hintereinander. Frauen, die diese Struktur durchgespielt haben, sprechen von einer unheimlichen inneren Reaktion, wenn sie sehen, wie ein männliches Gesicht dem andern über die Schulter schaut. Trennt man die beiden Männer voneinander, und der eine legt seinen Arm um die ideale Mutter und verweist damit darauf, daß er der Vater ist, und der andere streckt liebevoll seine Arme nach der Protagonistin aus, dann kann das der Wendepunkt dieses wichtigen Prozesses der Klarstellung sein.

Die magische Ehe*

Eine magische Ehe entsteht durch eine besondere, affektive Bindung zwischen Eltern und Kind oder auch zwischen Geschwistern. Diese Bindung ist in der Regel nicht bewußt und kann sogar durch offene Feindseligkeit verschleiert werden. Die Treue und Beständigkeit in diesen Ehen sind bemerkenswert – kein anderer, so scheint es, kann je den besonderen Platz des magischen Partners einnehmen. Kein anderer wird auch je so gehaßt oder geliebt. Der magische Ehepartner trägt für den, der an ihn gebunden ist, einen besonderen Glanz und eine energetische Aufladung. Nur Tiefentherapie kann die magische Verbindung enthüllen und den beteiligten Personen helfen, ihre Anziehung aufeinander und ihre Bindung zu lockern, wodurch die Möglichkeit geschaffen wird, ein anderes, nicht-inzestuöses Objekt zu besetzen und zu lieben.

Unter welchen Bedingungen entsteht nun eine solche magische Ehe? Sie kann zustande kommen durch Tod oder Abwesenheit eines Elternteils. Wendet sich der überlebende Elternteil an eines oder mehrere Kinder, wodurch die Funktionen des verstorbenen Partners nach dessen Tod ersetzt werden sollen, dann stellt sich sehr leicht eine magische Verbindung her. Das Kind, auf diese Weise in eine Partnerrolle hineingezogen, wird durch den Zuwachs an Aufmerksamkeit und forcierter Reifung energetisch so aufgeladen, daß im Vergleich dazu Beziehungen auf der altersentsprechenden Ebene blaß erscheinen. Die Kraft für die libidinöse Bindung an Objekte außerhalb der Familie wird von der Außenwelt abgezogen und unerbittlich auf diesen einen Elternteil gerichtet. Gelingt es dennoch, Liebesbeziehungen einzugehen oder zu heiraten, so spürt der Partner doch immer, wer im Herzen des Mannes oder der Frau den ersten Platz einnimmt. Die unbewußte sexuelle Energie wird zum Leim oder gar Zement der magischen Ehen. Dem Kind, das einem Elternteil magisch verbunden ist, fehlt die eingrenzende Gegenwart des abwesenden Elternteils, sei es Vater oder Mutter. Während der normalen sexuellen Entwicklung und Identitätsfindung werden in der Beziehung zu den Eltern stets auch die gleichgeschlechtlichen Anteile der konstitutionellen Bisexualität des Kindes aktiviert. Kinder heiraten gleichsam symbo-

* Ergänzung von 1984.

lisch beide Elternteile und erproben daran ihre männlichen und weiblichen Anteile und Energien. Bleibt die Verbindung zwischen den Eltern bestehen und ist sie lebendig und für das Kind gut erkennbar, dann entwickelt sich die Verinnerlichung der affektiven und sexuellen Energien – so in den Bereichen Aktivität–Passivität, Zielstrebigkeit–Rezeptivität usw. – normal. Das affektiv-erotische Band und die Identifikation mit beiden Elternteilen ermöglichen es dem Kind, sich allmählich und ungestört alle Aspekte seines Selbst anzueignen und schließlich die männlichen und weiblichen Anteile in das erwachsene Paarungs- und Fortpflanzungsverhalten zu integrieren. Das Mädchen internalisiert ihren symbolischen Penis: Aktivität und Zielstrebigkeit, und ihre symbolische Vagina: Empfänglichkeit und Passivität, in ihre weibliche Identifikation mit ihrer wirklichen Vagina. Der Junge internalisiert ebenso seinen symbolischen Penis, Aktivität und Zielstrebigkeit, und seine symbolische »Rezeptivitäts- und Passivitätsvagina« in seine männliche Identifikation mit seinem wirklichen Penis.

Bei einem Mädchen, das mit einer verwitweten Mutter eine magische Ehe eingeht, wird der symbolische Phallus nicht länger begrenzt und als symbolisch definiert, weil der wirkliche Vater fehlt, der bei dieser Aufgabe der Definition helfen sollte. In dieser Familie fehlt also der reale Mann mit der realen phallischen Kraft, an der das Mädchen sich messen könnte, um ihre eigene Kraft zu erproben und diese phallische Stärke dennoch in ein Konzept von Weiblichkeit zu integrieren. Die symbolische sexuelle Verbindung mit der Mutter verschiebt sich von der symbolischen zu einer magischen Ebene. Der Vater kann nicht länger zeigen, daß er der wirkliche sexuelle Partner der Mutter ist. Das Kind phantasiert, daß seine eigene Männlichkeit nicht mehr nur symbolisch, sondern real sei, weil es nun real den Platz des Vaters in der Fürsorge für die Mutter übernommen hat. Der symbolische Phallus oder Penis ist im Unbewußten des Mädchens in einen magischen Penis verwandelt worden. Die Aktivität und Zielstrebigkeit des Kindes sind nun, je nach den besonderen Umständen, vielleicht der einzige Halt der Familie. Denn wendet sich nicht die Mutter an ihre Tochter, um Unterstützung und liebevolle Zuwendung zu finden? Die energetische Aufladung stimuliert die Bindung und reichert sie an; sie ist besonders dann nicht leicht wieder aufzugeben, wenn sie über Jahre dadurch verstärkt wird, daß die Tochter im gleichen

Zimmer oder gar im Bett mit der Mutter schläft, sie in vielen Fragen sozialer Beziehungen berät oder solche Beziehungen gar ersetzt. Gerät ein Junge in die gleiche Situation, dann verläuft die Dynamik fast identisch. Auch er verwandelt den symbolischen in einen magischen Phallus, wobei sein wirklicher Penis energetisch aufgeladen oder überbesetzt werden kann. Er muß Wege finden, seine sexuelle Energie abzuführen, aber wieviel er auch davon mit Freundinnen oder Frauen verbraucht, emotional bleibt er an seine Mutter gebunden. In manchen Fällen mag die reale sexuelle Stimulierung durch die Mutter so bedrohlich werden, daß er unbewußt seine reale männliche Identifikation sozusagen abdreht und sich zu seiner weiblichen Seite wendet, um der Gefahr einer realen inzestuösen Beziehung mit der Mutter zu entgehen: Er kann weiblicher werden als seine Mutter, um die übermäßige Stimulierung seiner Männlichkeit, ausgelöst durch die Abwesenheit des Vaters und die übermächtige Präsenz der Mutter, zu dämpfen.

Eine magische Ehe kann sich ebenso zwischen Geschwistern vollziehen, wenn sie über Jahre hinweg ausschließlich miteinander beschäftigt waren. In ihren nächtlichen Träumen und in bewußten oder unbewußten Phantasien sehen sich sich als ein Paar. Das ältere Kind neigt gewöhnlich eher zur Rolle des Mannes, das jüngere eher zu der der Frau. Ich glaube, es gibt auf vielen Altersstufen eine spontane, angeborene Neigung zur Paarbildung und Eheschließung, und wenn Geschwister eng zusammenleben und andere gleichaltrige Freunde fehlen – denn eigentlich sollten die Bindungen zwischen dem Kind und seinen Altersgenossen erprobt werden –, dann vollzieht sich die Paarbildung zwischen den Geschwistern, gleichgültig, ob sie beide männlich, weiblich oder verschiedenen Geschlechts sind. Finden Bruder oder Schwester, erwachsen geworden, einen Ehepartner, so nimmt trotzdem bewußt oder unbewußt in ihrem Herzen derjenige einen ganz besonderen Platz ein, mit dem sie für lange Zeit eng zusammengelebt haben.

Diese magische Ehe kann noch intensiver werden, wenn einer der beiden stärker ist als der andere, insbesondere, wenn der Stärkere den Schwächeren oder Jüngeren immer wieder in Kämpfen besiegt. Denn die Rolle des Opfers verstärkt Empfänglichkeit, Passivität und unbewußte weibliche Erotisierung und deshalb beim Jüngeren, beim Opfer, die unbewußte Identifikation mit der Position der »Ehefrau«.

Die sexuelle Energie, die die Geschwister zusammenkittet, kann ihr unbewußtes Stadium hinter sich lassen und bewußt werden, ja sogar aktiv gelebt werden. Wenn sie in ausgedehnten Doktorspielen einander erforschen oder miteinander sexuelle Erlebnisse teilen, können sie es später sehr schwer haben, einen ähnlichen Grad sexueller Erregung mit anderen Partnern zu finden, und müssen möglicherweise, um mit jemand anderem überhaupt zu einem Orgasmus zu gelangen, in der Phantasie mit dem Bruder oder der Schwester schlafen.

Eine magische Ehe kann sich auch dann ergeben, wenn die Gegenwart eines Elternteils zu übermächtig ist, ohne daß der andere fehlt. Diese Situation kann entstehen, wenn ein Vater oder eine Mutter ein Kind mißbraucht und es wiederholt und regelmäßig schlägt. Die Intensität und Energie des Mißbrauchs und des zugefügten Schmerzes drängen das Kind in die Position des Opfers; selbst wenn es den aggressiven oder schlagenden Elternteil haßt, verstärkt die unbewußte emotionale Wirkung der Schläge und der sie begleitenden psychologischen Demütigung doch den Prozeß der sexuellen Bindung. Die erotische Feminisierung des Opfers – sei es ein Junge oder ein Mädchen – führt dazu, daß das Kind später jemanden heiratet, der dem Elternteil gleicht, von dem es mißbraucht wurde, wodurch die Beziehung zu dem gehaßten Elternteil auf einer unbewußten Ebene fortgesetzt wird.

Sicherheit und Hoffnung*

Der Darstellung der Struktur von 1969 möchte ich einiges hinzufügen, was die Maßnahmen betrifft, die den Prozeß in einer Struktur erst möglich und für den Patienten sicher machen. Aus einigen Beispielen im Text wird verständlich, warum es notwendig ist, daß die anderen Teilnehmer während der Sitzung nicht herumgehen, Kommentare abgeben oder Reaktionen ausführen, die weder voraussehbar noch erwünscht sind, und daß die Akkomodierenden nur das sagen, worum sie gebeten werden. Der Patient in der Struktur ist nicht nur im Gruppenraum; er ist auch im Kartenraum seiner Seele. Er muß diese alten Landkarten in Ruhe und Sicherheit entrollen können. Oft weiß er noch nicht einmal, daß er in seinem

* Ergänzung von 1979

Leben die Himmelsrichtung eingeschlagen hat, die sich auf ihnen eingezeichnet findet.

Eine meiner Aufgaben als Leiter ist die des Regisseurs, der den Teilnehmern hilft, die Bilder in ihrem Innern zu externalisieren, zu konkretisieren und erkennbar zu machen. Ich muß sicherstellen, daß die Akkommodierenden nur Dinge sagen und tun, die zu diesen Bildern passen. Entfernt sich deren Darstellung allzu weit von den Bildern, dann verringern sich die affektive Beteiligung und der Glaube an die neue Erfahrung, oder sie werden gar zerstört.

Der Leiter sollte sich mit der manchmal nur noch schwachen Stimme der Hoffnung im Patienten verbünden und sie zu verstärken suchen. Er ist darüber hinaus derjenige, der den Überblick behält, die Karten liest und hilft, neue Karten anzulegen, indem er der Linie folgt, auf der am meisten lebendige Aktivität und Befriedigung erkennbar sind.

Immer sehen wir in einer Struktur die gleiche Abfolge: Zuerst wird die alte Landkarte beleuchtet; dann können noch nie geäußerte oder teilweise befriedigte Gefühle erlebt und in motorisches oder körperliches Handeln umgesetzt werden; drittens kommt es zu neuen Erfahrungen mit idealen Figuren, was zur Bildung neuer, befriedigenderer Bilder und seelischer Landkarten führt. Diese neuen Bilder werden dort eingesetzt, wo die alten Bilder ihren Ort innerhalb der Psyche hatten, und mit ihnen verknüpft. Jedesmal, wenn die alten Bilder in der Erinnerung auftauchen, werden auch die neuen aktiviert. Der Patient kann nun wählen. Außerdem verringert sich der Schmerz allmählich, der von den alten Bildern ausgeht, weil die unaufgelösten Gefühle endlich ausgedrückt werden können. Deshalb verlieren auch die alten Bilder einiges von ihrer Kraft und werden nicht länger zur Orientierung benötigt.

Einige mit dem Psychodrama vertraute Leser werden sich fragen, was eigentlich den Unterschied einer psychomotorischen Struktur von einer Psychodrama-Sitzung ausmacht. Gewiß gibt es Ähnlichkeiten. Beide arbeiten mit szenischem Spiel in Verbindung mit der persönlichen Vergangenheit, und in beiden Fällen verkörpern andere Gruppenmitglieder die Personen aus der Lebensgeschichte des Patienten. Aber es gibt wichtige Unterschiede. In einer Psychodrama-Sitzung haben die Mitspieler viel Freiheit bei der Ausgestaltung ihrer Rollen und werden sogar ermutigt, viel von ihrer eigenen Persönlichkeit und ihren Ideen einfließen zu lassen. In einer Struktur weicht das Rollenspiel durch das Akkommodieren erheblich davon ab. Während im wirklichen Leben die Möglichkeiten zur Befriedigung eher zufällig streuen, oft aber mit Enttäuschungen und Schmerzen verbunden, ja sogar gar nicht vorhanden sind, stellen wir in einer Struktur die genau passenden Reaktionen augenblicklich zur Verfügung, so daß die auftauchenden Gefühle nie gebremst oder gar abgewürgt werden. Das Akkommodieren hält den Fluß der Affekte in Gang.

Die Akkommodierenden können alle Personen und Dinge spielen, die gebraucht werden. Sie können Väter und Mütter, Schwestern und Brüder, Onkel und Tanten sein, Lehrer, Priester usw., kurz, alle Personen, die je in jemandes Leben wichtig waren. Und wenn es nicht Menschen waren, die im Leben des Betreffenden eine zentrale Rolle spielten, dann stellen sie Katzen, Hunde, Pferde, Puppen, Stofftiere dar, aber auch Bäume, Felsen, Wasser, Himmel, Sonnenlicht, Luft, Dunkelheit oder Gott. Was einen Namen hat, kann auch dargestellt und gespielt werden.

Unsere Seele ist in der Lage, an Bilder und Symbole zu glauben und auf sie zu reagieren, wenn wir sie auf die Akkommodierenden projizieren. Anders kann ich die Kraft der Gefühle und des Handelns in einer Struktur weder verstehen noch erklären. Es wäre denkbar, die starken Reaktionen der realen Persönlichkeit der Rollenspieler zuzuschreiben. Aber wie ist das möglich, wenn eine Struktur auch mit einer unbekannten Gruppe tief erlebt werden kann, wenn die Zeit nicht reichte, die Teilnehmer wirklich kennenzulernen?

Stehen einem Patienten die inneren Bilder und Symbole zur Verfügung und kann er zu ihrer Darstellung und zum Akkommodieren Menschen aussuchen, die zu Trägern dieser Bilder, Rollen und Übertragungspotentiale werden, dann macht er eine starke und bedeutungsvolle Erfahrung. Ohne die Macht der Bilder und Symbole und ohne unsere Kraft, an sie zu glauben, könnten wir nur im Augenblick leben und nicht affektiv auf die Erinnerungen reagieren.

Exkurs: Transkript einer Struktur von Albert Pesso aus dem Jahr 1975

Der Patient, zum Zeitpunkt der Struktur 34 Jahre alt, hatte einen Alkoholiker zum Vater. Als der Junge 3 Jahre alt war, wurde der Vater zur Armee einberufen. Der Junge wurde von seiner Mutter und seiner Großmutter großgezogen. Als der Vater aus dem Krieg zurückkam, war der Junge 7. Bis zu diesem Zeitpunkt hatte es in seiner Umgebung keine bedeutsame männliche Figur gegeben. Der Vater fand nach seiner Rückkehr ein Jahr lang keinen Arbeitsplatz und verbrachte die meiste Zeit zu Hause; oft betrunken und manchmal fast komatös. Der Junge mußte der Mutter helfen, den Vater vom Boden aufzuheben und ihn ins Bett zu tragen, wenn er hingefallen war. Schließlich fand der Vater einige schlecht bezahlte Jobs am Fließband, wo er aber immer wieder nach wenigen Wochen entlassen wurde.

Einige Jahre später ließen sich die Eltern scheiden. Die Mutter heiratete erst wieder, als der Junge 12 war. Er war inzwischen zu einem großen, starken Jungen geworden, der überall im Hause half. Er entwickelte feindselige Gefühle dem Stiefvater gegenüber, weil dieser seine väterliche Rolle ernst zu nehmen versuchte und dem Jungen seine Autorität aufzwingen wollte. Durch den Stiefvater wurde seine Beziehung zu seiner Mutter verändert, und zwar hauptsächlich, weil der Stiefvater einen großen Teil der Zeit der Mutter beanspruchte, wodurch die Aufmerksamkeit der Mutter, an die der Junge gewöhnt war, sehr geschmälert wurde.

Während er heranwuchs, ließ er nie zu, daß der Stiefvater wirklich eine bedeutsame Rolle in seinem Leben spielte. Als er 18 war, schlug er den Vater nach einem Streit zusammen und verließ das Haus.

Mit 34, als er zur Therapie kommt, ist er ein ziemlich erfolgreicher Manager. Aber seine Lebensgeschichte ist durchzogen von Schwierigkeiten mit Vorgesetzten. In den Firmen, wo er gearbeitet hat, war allgemein bekannt, daß es mit ihm immer wieder zum Teil erhebliche Schwierigkeiten gab; fast könnte man sagen, er galt als aufsässig oder gar als Störenfried.

Er hat zu vielen Frauen Beziehungen aufgenommen, war aber nie imstande, eine längerdauernde Bindung mit einer von ihnen zu gestalten. Er wünscht sich, eines Tages zu heiraten, eine Familie zu gründen, aber er hat, wie er sagt, nie die richtige Frau gefunden. In der Schule war er aktiv im Ringen und im Football und galt in beiden Sportarten als As.

Zur Aufnahme einer Therapie entschloß er sich, weil er mit seinem Leben unzufrieden war. Er sehnt sich nach einer für ihn bedeutungsvollen Beziehung und leidet an dem Gefühl, daß er an seinem Arbeitsplatz von den »Oberen« immer »eins reingedrückt bekommt«, ohne zu verstehen, wie und warum ihm das passiert. Er hat Schlafstörungen; manchmal treibt es ihn in bekannte Homosexuellen-Treffpunkte, weshalb er sich fragt, ob irgend etwas mit ihm nicht in Ordnung sei.

Es handelt sich bei dieser Anamnese wohlgemerkt nicht um eine reale Person, sondern um eine aus einer Reihe ähnlicher Patienten zusammengesetzte Gestalt. Sie repräsentiert in klassischer Weise den Persönlichkeitstypus, der niemals einen wirklichen Vater gefunden hat und dem es sehr schwerfällt, sein volles Potential sowohl in seinem Beruf als auch als Mann in der Beziehung zu einer Frau zu verwirklichen. Es kommt oft vor, daß ein solcher Patient eine Struktur machen möchte, die seine Wut über seinen Stiefvater betrifft, der ihm die Zuwendung seiner Mutter weggenommen hatte und seine anscheinend sehr glückliche Beziehung zu ihr zerstörte. Aber was wären die Folgen einer solchen Struktur? Er hat ja längst sich und seinem Stiefvater bewiesen, daß dieser nicht wirklich Macht über ihn hat, ja, man könnte sagen, daß er das Bild des Stiefvaters und seiner Macht bereits zerstört hat, indem er ihn wirklich verprügelte. Was er von seiner Mutter will, kann nicht in seinem eigentlichen Interesse liegen, denn eine »Beziehung auf gleicher Ebene« hatte er längst in überreichem Maße ausgekostet. Würde ich ihm also erlauben, wütend zu werden und einen negativen Stiefvater deswegen umzubringen, weil er ihm seine Mutter wegnahm, so würde ich nur seine Vaterlosigkeit und seine in der Phantasie bereits eroberte Macht verstärken und ihn noch tiefer in eine quasi inzestuöse Beziehung mit der Mutter verstricken.

Was kann man also mit seiner Wut auf den Stiefvater tun? Er hegt eine berechtigte Feindseligkeit, die wir ihm auch gar nicht ausreden können. Es gilt hier zunächst einmal fundamentale Vorarbeit zu leisten. Dabei gibt es verschiedene Möglichkeiten: Wir könnten seinem Körpergefühl folgen, ihn eines der Gruppenmitglieder auswählen lassen, das für ihn den Stiefvater spielt. Er wählt einen Mann aus der Gruppe aus und sagt ihm, wo er sich hinstellen soll. Dann sucht er eine Frau aus, die seine Mutter spielt, und läßt sie direkt neben seinem Stiefvater stehen.

Wenn er sie so zusammenstehen sieht, wird er wütend, und er wartet nur darauf, bis sich eine Gelegenheit ergibt, den Stiefvater hinauszuwerfen, weil er in sein Leben eindrang und Aufmerksamkeit und Zuneigung der Mutter absorbierte. Nach meinem Verständnis – und wenn ich an das wirklich tiefe Interesse des Patienten denke – halte ich ein solches Vorgehen nicht für sinnvoll. Trotzdem entscheide ich mich, den im Körper entstehenden Gefühlen des Patienten zu folgen, weil ich weiß, daß ihm die Nutzlosigkeit dieser Entscheidung viel klarer wird, wenn er die Konsequenzen seines Handelns vor Augen sieht.

Sein Ärger wächst, je länger er auf das Paar schaut. Er läßt den Stiefvater zu ihm sagen: »Du tust, was ich sage!« Das steigert seine Wut; er geht auf den Stiefvater zu, als wolle er ihn packen und hinauswerfen. Hier kann ich dazwischentreten und vorschlagen, daß die Person durch einen Sandsack oder eine Matratze ersetzt wird. Er packt das Ding und schmeißt es fort, während die Person, die den Stiefvater spielt, durch Schreien und schmerzverzerrte Gebärden so tut, als träfe ihn die Wut des Patienten. Der Patient drischt auf den Sack ein, wobei sich seine Wut auf den Stiefvater noch steigert. Der Akkommodierende, der nun auf dem Boden liegt, schreit und strampelt unter den Schlägen. Der Patient drischt lange auf den Sack ein und sagt schließlich: »Die Wut hört überhaupt nicht auf. Ich glaube, ich könnte stundenlang so weiterschlagen.« Das überrascht mich überhaupt nicht, denn was er wirklich braucht, ist meiner Meinung nach eine Eingrenzung der Wut und nicht fortlaufende Akkommodation im Sinne eines Erfolges seines Wütens. Aber von dieser Einsicht ist er noch weit entfernt, weshalb ich auch noch nicht darüber spreche.

Schließlich lenke ich seine Aufmerksamkeit auf die Mutter und sage: »Was fühlst du jetzt, wo er nicht mehr in ihrer Nähe steht?« Er sagt: »Ich fühle mich wohler. Ich möchte näher bei ihr stehen.« Er stellt sich neben sie, legt seine Arme um ihre Taille und sagt: »Das ist besser! Jetzt kann sie wieder mehr Zeit und Aufmerksamkeit für mich haben.« Nach einigen Minuten, in denen er sie stehend so gehalten hat, sagt er: »Jetzt verwirren sich meine Gefühle. Sie gleicht jetzt mehr einer meiner Freundinnen. Vielleicht sollte ich ihre Rolle verändern und sie eine meiner Freundinnen spielen lassen.« Ich schlage ihm vor, daß jemand anders die Rolle übernimmt, so daß sich die Unklarheit vielleicht auflöst, wenn er den Unterschied zwischen den beiden bemerkt. Er beharrt aber: »Ich möchte niemand anderen wählen; sie kann es sehr gut tun.« Ich sage: »Wenn du diese Person, die damit begann, deine Mutter zu spielen, in eine Person veränderst, die jetzt eine deiner Freundinnen spielt, gibt es dann noch irgendeinen Unterschied zwischen deiner Mutter und deinen Freundinnen?« Darauf sagt er: »Ach so, du hast recht. Ja, ja, ich habe mir immer Freundinnen gesucht, die nicht nur so aussahen wie meine Mutter, sondern die sogar den gleichen Vornamen hatten. Ich sollte vielleicht doch lieber jemand anderen wählen.«

Er wählt also eine andere Frau aus der Gruppe, die nun seine Freundin Sandy spielt. Er führt sie an einen anderen Platz im Raum. Er schaut zunächst zu ihr, dann hinüber zu seiner Mutter und sagt, indem er auf seine Mutter zeigt: »Die mag ich lieber.« Was soll ich jetzt tun? Jeder Schritt führt ihn weiter hinein in die inzestuöse Bindung an seine Mutter. Die reale Konstellation seiner Kindheit brachte ihn genau in die Schwierigkeiten, an denen er gegenwärtig leidet, in seiner Beziehung zu Frauen und zu Autoritätspersonen. Er möchte überhaupt nicht, daß irgend jemand sein Vorgesetzter, das heißt: sein Vater oder Stiefvater ist, der ihm seinen Aufstieg am Arbeitsplatz streitig macht. Und ebensowenig begehrt er eine andere Frau als seine Mutter: Genau aus diesem Grunde stellen wir ideale Elternfiguren zur Verfügung als eine Alternative, die die Wirklichkeit nie geboten hat.

Er braucht eine mütterliche Gestalt, die sagt: »Ich bin deine Mutter und nicht deine Freundin! Ich bin die Frau und Geliebte deines Vaters.« Seine wirkliche Mutter konnte dies nie sagen. Sie hatte seinem Vater und seinem Stiefvater gegenüber möglicherweise selbst eine starke Ambivalenz. Stellen wir diese ideale Mutter nicht zur Verfügung, dann kann er nie die Worte hören, die er braucht, um von ihr freizukommen. Ich erkläre ihm auch, daß die idealen Elternfiguren ihm deshalb angeboten werden, damit er die Alternativen erproben kann, die er gebraucht hätte. Er geht bereitwillig darauf ein, wählt eine andere Frau aus der Gruppe, die seine ideale Mutter spielt. Ich sage: »Suche dir also noch jemand, der den idealen Vater spielt, dann ist die Familie komplett.« Womöglich sagt er darauf: »Ich brauche keinen idealen Vater. Mein Vater war ein totaler Versager.« »Ja, das ist gerade der Punkt. Suche dir einen idealen Vater, der definitionsgemäß kein Versager ist.« Ich erkläre ihm, daß der ideale Vater überhaupt nichts zu tun hat mit dem Bild seines realen Vaters oder Stiefvaters und daß er völlig andere Eigenschaften haben kann als dieser, die sogar genau das Gegenteil des Vertrauten beinhalten können.

Widerwillig stimmt er zu und wählt einen Mann aus der Gruppe, der den idealen Vater spielt. Er sagt: »Meine ideale Mutter soll gleich hier neben mir sein, der andere kann drüben auf der anderen Seite des Raumes stehen.« Er geht ebenso unbekümmert, wie er vorher zu seiner realen Mutter ging, zu seiner idealen Mutter, legt ihr den Arm um die Hüfte und meint: »Wenn ich sie so anfasse, ist das genauso wie bei meiner Freundin.« Darauf sage ich: »Dann sollte ich dir vielleicht sagen, wer sie ist und wessen Freundin, Geliebte und Frau.« Ich lasse die ideale Mutter zu ihm sagen, daß sie seine Mutter ist und nicht seine Freundin, daß sie Partnerin und Frau seines Vaters ist. Er stimmt zu, und die ideale Mutter wiederholt diese Sätze, wobei der Patient lacht: »Ich kann mir überhaupt nicht vorstellen, daß meine wirkliche Mutter so etwas hätte sagen können. Sie nannte mich doch immer ›ihren kleinen Mann‹, schon als ich ein Kind war. Und ich wußte, daß sie mich meinem Vater und meinem Stiefvater vorzog. Er war ein Nichts.« Ich sage: »Nun, dann wollen wir schauen, wie du dich fühlst, wenn du deine wirkliche Mutter sagen hörst, daß du ihr kleiner Mann bist und daß sie dich deinem Vater und deinem Stiefvater vorzieht.« Die Rollenspielerin der idealen Mutter sagt also: »Ja, du bist mein kleiner Gemahl, und ich ziehe dich deinem Vater und dem Stiefvater vor.« Der Patient lacht laut, errötet und sagt: »Das wußte ich. Es wird Zeit, daß du es endlich zugibst.« Er haut sich auf die Schenkel und lacht immer lauter. »Das war wirklich gut«, sagt er und wird ruhig und nachdenklich. »Ach, jetzt, nachdem sie es gesagt hat, kommt es mir nicht mehr so gut vor. Was soll ich mit alldem anfangen? Das ist irgendwie wirklich komisch. Es ist, wie wenn sie mich früher mit Liebkosungen überschüttet hat, als ich klein war. Ich fühlte mich wie erstickt.« Ich schlage ihm vor, daß die ideale Mutter noch einmal ihre »richtigen« Sätze sagt. Er stimmt zu: »Es kann ja nichts schaden.« Sie spricht: »Ich bin deine Mutter und nicht deine Freundin. Ich bin Frau und Partnerin deines Vaters.« Der Patient sagt: »Oh, das klingt besser. Ich möchte jetzt zu Sandy hinübergehen, und du bleibst beim idealen Vater.« Die ideale Mutter geht zum idealen Vater und stellt sich neben ihn. Der Patient schaut sie an und meint: »Ich mag das gar nicht, sie so nah beieinander zu sehen! Mir ist danach, den dummen Kerl rauszuwerfen.« Ich erinnere ihn daran, daß es nicht sein Stiefvater ist, der neben seiner idealen Mutter steht, sondern sein idealer Vater. »Ach so, richtig, das habe ich vergessen. Und trotzdem mag ich's nicht. Es juckt mich in den Armen, als ob ich die beiden auseinanderreißen möchte.« »Dann versuch's doch«, schlage ich vor.

Ich erkläre den idealen Elternfiguren, daß sie sich so eng umschlungen halten sollen, daß er sie nicht trennen kann. »Halt, halt«, sagt der Klient, »du machst die Aufgabe zu schwer.« »Ja«, sage ich, »denn ich glaube, daß du auf keinen Fall in der Lage sein solltest, die idealen Eltern zu trennen. Wenn du sie auseinanderreißen könntest, dann wäre das ja das gleiche wie bei deiner wirklichen Mutter und deinem Vater, oder?« Das ist ein kritischer Augenblick. Bisher war er immer in der Lage, die männliche Figur in der Familie auszubooten. Jetzt befand er sich in einer Situation, wo zu erwarten stand, daß er verlieren würde, denn die idealen Eltern sind so definiert, daß sie als Paar zusammenleben und ihn als Sohn definieren und nicht als Partner der Mutter. Ich war der Verbündete seiner positiven inneren Stimme, die ihm das wohl auch sagte, aber diese Stimme war in seinem Fall nicht zu hören gewesen. Da er nun zum ersten Mal wirklich verstanden und erfahren hat, und zwar auf sehr klare Weise, was der dauernde Sieg über den wirklichen Vater ihm tatsächlich im Leben einbrachte, war er eher geneigt, auf diese innere Stimme, die ich für ihn verstärkte, zu hören.

Er geht also hinüber zu den idealen Eltern, die ihre Arme einander fest um die Hüften geschlungen haben. Er versucht, seine Hände dazwischenzuschieben und sie auseinanderzureißen. Das gelingt ihm auch ein kleines Stück weit, so daß ich den Prozeß für einen kurzen Augenblick anhalte und andere Teilnehmer auffordere, als Erweiterung der idealen Eltern zu figurieren, die ihnen helfen, so daß sie sicher zusammenbleiben und von ihm nicht getrennt werden können. Falls nötig, würde ich die ganze Gruppe dafür benutzen, um die Anstrengung des Patienten zum Scheitern zu bringen, denn er darf bei diesem Versuch absolut keinen Erfolg haben, auch wenn er es mit seiner ganzen Kraft versucht. Und mit voller Kraft versucht er es nun auch, er strengt sich an, hält den Atem an und zerrt und stößt, so gut er kann. Wenn Gefahr besteht, daß er in seinem Kampf die idealen Elternfiguren verletzen könnte, dann polstere ich sie mit Kissen an den Stellen, wo sein Druck am größten ist.

Er beginnt sogar zu schreien: »Du Hurensohn, verschwinde! Ich hasse dich, du Bastard! Ich werfe dich raus.« Er schwitzt, keucht und kämpft nach Leibeskräften. Aber das Paar bleibt vereint. Ich erinnere ihn noch einmal daran, daß vor ihm sein idealer Vater steht, seine Worte sich aber noch immer gegen seinen wirklichen Vater oder seinen Stiefvater richten. Er nickt und erkennt diesen Unterschied, wenn auch stöhnend, an. Er setzt von neuem an, noch gewalttätiger. Wir brauchen die ganze Gruppe, um die idealen Eltern zusammenzuhalten. Seine Körperkraft, die er als Ringer und Footballspieler erworben hat, kommt voll zur Geltung. Alle geraten ins Schwitzen und Keuchen. Er holt tief Atem und schreit: »Ich werde es schaffen, ich werde es schaffen«, und stürzt sich mit aller Kraft dorthin, wo er noch eine Bresche für sich zu schlagen hofft. Dann atmet er tief aus und verharrt keuchend, mit flackernden Augen und erschöpft vor seinem idealen Vater. Dabei lehnt er sich gegen den idealen Vater und spricht leise zu ihm: »Ich konnte mich in meinem ganzen Leben nie an einen Mann anlehnen.« Er schnappt nach Luft und fängt plötzlich an zu weinen. Zuerst ist es ein Schluchzen, dann wird daraus ein tiefer Weinkrampf. Er schlingt seine Arme um Hals und Brust des idealen Vaters und wird von diesem aufgefangen und gehalten, als seine Knie weich werden und er ihm an die Brust sinkt. Daraufhin halten ihn Vater und Mutter eng umschlungen.

»Ich habe ihn gehaßt, ich habe ihn gehaßt«, bricht es aus ihm heraus, »er war so schwach. Ich mußte ihn vom Boden aufheben. Es war so schrecklich. Er war kein Vater. Er war ein nichtsnutziger Trunkenbold.« Mit diesen Worten gerät er erneut in Wut bei der Erinnerung an den wirklichen Vater. Ich fordere ihn auf, einen aus der Gruppe zu wählen, der die negativen Aspekte des Vaters darstellt. Er stellt ihn ziemlich in der Nähe auf und möchte diesen negativen Vater in seinem Zorn angreifen. Zuerst lasse ich den negativen Vater akkommodieren, also unter seinen Worten und Drohungen stöhnen oder aufschreien. Es wird aber bald klar, daß seine Wut endlos ist. »Ich bringe ihn um, ich bringe ihn um«, schreit er und schlägt auf eine Matratze, die ich neben dem negativen Vater aufgestellt habe.

Er hatte in seinem ganzen Leben nie Probleme, seine Wut gegenüber seinem Vater auszudrücken. Es handelte sich also nicht um unterdrückte oder gehemmte Wut. Viel wichtiger war für ihn also die Erfahrung, daß selbst unter seinem Haß der Vater weder sterben noch ihn verlassen würde, so wie der wirkliche Vater es im dritten Lebensjahr des Patienten und später erneut getan hatte. Ich schlage ihm also vor, daß er seine Wut gegen den idealen Vater richtet, während der negative Vater die akkommodierenden Laute von sich gibt. Aber jetzt halten der ideale Vater und die Personen, die die Erweiterungen des idealen Vaters spielen, seine Arme und Beine fest, während er seine Wut herausläßt; sie erlauben ihm also den vollen Ausdruck seiner Wut, grenzen nur seine körperlichen Aktionen ein. Mit voller Kraft will er sich auf den idealen Vater stürzen. Die längst vergessenen Gefühle, die er empfand, als er verlassen wurde, steigen in ihm empor. Während er kämpft und wütet, schreit er: »Warum bist du weggegangen? Warum hast du mich verlassen? Was habe ich dir getan?«

In den Strukturen machen die idealen Elternfiguren genau das Gegenteil von dem, was die ursprünglichen negativen Figuren taten und was so schmerzhaft war. Deshalb frage ich ihn: »Möchtest du von deinem idealen Vater hören, daß er niemals von dir weggegangen wäre?« Unter Schluchzen stimmt er dem zu. Er weint und umarmt innig seinen idealen Vater. Dieser sagt: »Ich würde dich nie, nie verlassen.« Und in Übereinstimmung mit diesem Gesichtspunkt lasse ich ihn auch sagen: »Nichts, was du tun könntest, brächte mich dazu, dich zu verlassen.«

Der Leser wird sich fragen, wie man das aufrichtig sagen kann. Wäre nicht der ideale Vater auch zur Armee eingezogen worden, genau wie der wirkliche? Meine Überlegung ist, daß die Einberufung ein schmerzliches Ereignis seines Lebens war, daß aber nicht jedes Kind die Erfahrung der Abwesenheit des Vaters machen muß. Warum sollte ich ihn also nicht diese ganz normale menschliche Erfahrung machen lassen, einen Vater zu haben, der in den frühen Jahren zu Hause ist? Mit der gleichen Überlegung würde ich den idealen Vater sagen lassen, daß er nicht dumm und auch kein Alkoholiker ist, und dem Patienten eine vollkommen andere

Skala von Möglichkeiten bieten, die viel positiver und optimistischer sind als jene Atmosphäre der Verzweiflung und des Elends, in der er ursprünglich leben mußte. Diese Alternative heißt nicht, daß er nicht echte Trauer wegen seiner wirklichen Beziehung zu seinem Vater empfinden müßte.

Nach einer Weile kehrt die Wut des Patienten gegen seinen ursprünglichen Vater zurück, und er kämpft wiederum mit dem idealen Vater, wobei seine mörderischen Gefühle erneut zum Vorschein kommen. Mit großer Anstrengung grenzen der ideale Vater und seine Erweiterungen seine Angriffe ein. Wieder sagt er, als er für einen Augenblick keuchend innehält und den idealen Vater anschaut: »Mann, alter Knabe, du bist wirklich stark. Du kannst mich ja wirklich halten. Das hat bisher keiner geschafft.« Er birgt sein Gesicht in den Armen des Vaters und sagt: »Das ist wirklich ein gutes Gefühl, die Wärme und Kraft in deinem Arm. Ich fühle mich so sicher.« Dann füllen sich seine Augen mit Tränen. »Ich habe mir immer gewünscht, einem Mann so nahe zu sein, aber ich fürchtete bisher, es zu tun, weil ich dachte, es sei homosexuell. Jetzt merke ich, daß ich ja etwas ganz anderes wollte.«

Er schließt seine Augen und verharrt eine Weile in dieser Position, sein Atem wird allmählich ruhiger. Er öffnet die Augen und sagt: »Ich fühle mich sehr viel besser, aber ich habe immer noch dieses schwere Gefühl in der Brust nahe bei meinem Herzen.« Ich frage ihn, ob der ideale Vater nicht seine Hand auf diese Stelle seiner Brust legen könnte. Er stimmt zu, und der ideale Vater tut es. Er schließt von neuem die Augen und sagt kurz darauf: »Ich spüre, wie die Wärme direkt zu meinem Herzen geht. Es war dort so leer vorher.« Dann beginnt er zu weinen. Sein Weinen geht in tiefes Schluchzen über. Er streckt die Arme nach dem Vater aus, zieht ihn näher zu sich heran, um seinen Kopf an die Brust des Vaters zu legen. Nach einigen Minuten geht sein Atem ruhiger, wird aber immer wieder von kurzem Schluchzen unterbrochen. Dann sagt er: »Ich möchte, daß beide, Vater und Mutter, mich halten.« Die Mutter legt ihren Arm um seine Schultern, jetzt halten ihn beide. Aber immer noch ist seine Aufmerksamkeit hauptsächlich auf den Vater gerichtet. »Es ist ein so gutes Gefühl«, sagt er, »das Leben wäre anders verlaufen, wenn ich schon immer so einen Vater gehabt hätte.« Er ruht mit geschlossenen Augen aus und läßt das Gefühl in sich einströmen. Dann öffnet er die Augen und schaut im Raum umher, betrachtet die Gruppe und alle Personen, die mitgespielt haben und die noch immer vor Anstrengung schweißnaß sind. »Ihr seht aus, als hättet ihr wirklich schwer gearbeitet«, sagt er. Dann wandern seine Augen zu Sandy, der er ein Kompliment macht: »Du siehst gut aus.« Und dann fragt er die ideale Mutter, ob sie zustimme. Ich frage ihn, was er von ihr hören möchte. »Ja, sie soll natürlich sagen, daß Sandy echt gut aussieht.« Die ideale Mutter entspricht seinem Wunsch, dabei richtet er sich auf und meint, er könne die Struktur bald beenden. »Ich will am Schluß bei Sandy sitzen und sehen, wie sich das anfühlt.« Er geht zu ihr hinüber, legt den Arm um ihre Hüfte, blickt sie an, schaut dann zu den idealen Eltern, die jetzt ebenfalls so umschlungen nebeneinander stehen. »Zwei Paare«, sagt er, und sie wiederholen: »Ja, zwei Paare.« »Entschuldige mich kurz, Sandy«, sagt er, »ich möchte hinübergehen und meiner Familie einen kurzen Besuch abstatten.« Er geht hinüber, legt seine Arme um beide und lehnt sich mit seinem Körper an sie an. »Ihr seid meine Eltern«, sagt er, »und ich kann nach Hause kommen und euch so halten, wann immer ich es will.« »Klar«, ist die Antwort. So steht er eine Weile mit geschlossenen Augen, die Arme um die Schultern der idealen Eltern. Er atmet tief, streckt sich schließlich und sagt: »Ich muß jetzt gehen, ich will wieder bei Sandy sein.« Damit geht er zu ihr zurück und sagt: »Auf Wiedersehen, Vater und Mutter.« Dann schaut er zu mir herüber und sagt: »Ich glaube, ich kann jetzt aufhören.«

2 Psychomotorische Sitzungen als Lernfeld für Therapeut und Klient

Psychomotorische Therapiesitzungen haben uns ein wertvolles Feld für die Beobachtung von emotionalen Phänomenen und Verhaltensweisen eröffnet. Menschen kamen in Therapie, es ging ihnen besser, und sie fühlten sich am Ende wohler. Unter ihrer Führung lernten wir die Bedürfnisse von Kindern neu kennen. Wir haben sie nicht gedrängt, sich so zu bewegen, wie sie es taten. Es »geschah« einfach. Wir haben ihnen ein dafür geeignetes Setting geboten. Die fundamentale Aufgabe des Therapeuten in der psychomotorischen Therapie ist es, bei der Entwicklung eines Milieus zu helfen, das auf jede Handlung reagiert. So vollzieht sich das Handeln nicht im leeren Raum, sondern immer in einer Beziehung oder einem Geflecht – dies ist mein Hauptargument gegenüber jeder Therapie, die sich hauptsächlich mit innerseelischen Vorgängen befaßt. Alles Verhalten spielt sich in einem zwischenmenschlichen Bereich ab. Es gibt immer Figur und Grund. Ist die intrapsychische Energie blockiert, dann führt dies zu einer Körperpanzerung, die den Bereich der Blockierung verrät, aber der Block entstand in einer zwischenmenschlichen Konstellation, und wir können ihn nicht wegmanipulieren, ohne den zwischenmenschlichen Aspekt einzubeziehen.

Psychomotorische Therapie versucht, zu den Mustern der Vergangenheit zurückzukehren, aber nicht nur über verbale Symbole, subjektive seelische Zustände und einige körperliche Reaktionen wie in der Analyse, sondern durch konkretes senso-motorisches Verhalten und Reagieren, durch das die Vergangenheit »wiederholt« wird. Diesem Ansatz liegt die Annahme zugrunde, daß solch konkretes senso-motorisches Verhalten in der ursprünglichen Situation eigentlich nahegelegen hätte, aber behindert oder ganz unterdrückt wurde und daher nicht befriedigend ausgedrückt werden konnte. Diese Therapie versucht also, dem Patienten zu solchen Erfahrungen und Beziehungserlebnissen zu verhelfen, wie sie eine selbständige Person mit den entsprechenden Fähigkeiten, einem gewissen Maß von Selbstachtung und einem sicheren Gefühl für die eigene Identität gehabt hätte. Wir glauben, daß man jemandem kindheitsähnliche Erfahrungen anbieten kann, auf die so reagiert wird, als spiele sich alles in der Vergangenheit ab und sei Teil der Geschichte des Patienten, aber einer Geschichte, die ihn für sein gegenwärtiges Leben besser vorbereitet hätte. Das nenne ich »Reparatur der Vergangenheit«.

Dem psychomotorischen Prozeß liegt die Hypothese zugrunde, daß Gefühle zu Handlung werden wollen und daß Handlung in eine stimmige und befriedigende Interaktion einmünden will. Man lehrt die Mitglieder psychomotorischer Gruppen, sich für die Beziehung zwischen Fühlen und Handeln zu sensibilisieren, so daß sie sich den Impulsen, die sie in ihrem Körper entdecken, direkt zuwenden können. Der psychomotorischen Theorie zufolge werden viele Gefühle gar nicht erlebt, Handlungen nicht ausgeführt, weil die Familienstruktur oder die Umstände, in denen diese Gefühle aufkamen, kein ausreichendes Akkomodieren oder Zusammenfügen von Fühlen und Verhalten vermittelt haben. Sobald man dieses Akkomodieren anbietet, zapft der psychomotorische Prozeß das Reservoir der verdrängten, unterdrückten und unbewußten Gefühle an und verschafft diesen noch zu entdeckenden Anteilen Ausdruck und hoffentlich auch Integration ins Leben.

Der besondere Prozeß in einer psychomotorischen Gruppe, in dem dies stattfindet, heißt *Struktur*. In einer Struktur erlebt ein Gruppenmitglied Erinnerungen und Gefühle wieder, und die Spannungen und körperlichen Veränderungen, die es während dieser Struktur spürt, werden Anreiz zum Handeln. Der Patient wird ermutigt, sich immer so zu bewegen, wie es ihm die Körperspannungen nahezulegen scheinen. Fühlt er die Spannungen zum Beispiel in der Hand, so wird er veranlaßt, die Hand so zu bewegen, daß die Spannung entweder verringert oder nutzbar gemacht wird. Das Ziel ist nicht, die Spannung einfach loszuwerden, wie man ein unangenehmes Gefühl loswerden will, sondern sich in die Richtung der Spannung zu bewegen, die dadurch zur eindeutigen Handlung werden kann.

Wenn der Protagonist überlegt, was er von den ihm Akkommodierenden braucht, dann wird er eine Reaktion verlangen, die ihm in der Phantasie befriedigend erscheint, aber sobald er sie erlebt, kann sie ihm vage, unangenehm oder unerwünscht vorkommen. Bittet er den Akkommodierenden um andere Reaktionen, so kann er die genau passende finden, oder eine, auf die er gewartet hat, vielleicht sogar ohne es zu wissen. Das gleiche gilt für sein eigenes Verhalten. Bewegt er sich so, wie sein Körper es nahezulegen scheint, dann kann er die befriedigende oder passende Reaktion gar nicht verfehlen.

Dem Patienten wird in einer Struktur Zeit zur Erforschung seines eigenen emotionalen Zustands eingeräumt, und er entwickelt daraus eine zwischenmenschliche Beziehung, bei der er andere Teilnehmer als Akkommodierende benutzt. Nach der psychomotorischen Theorie sind die Hauptbedürfnisse in der Entwicklung: 1. *Ernährung und Fürsorge* (nurturance), 2. *Halt und Unterstützung* (support), 3. *Schutz* (protection) und 4. *Grenzen* (limits). Die idealen Elternfiguren schließen die Lücken in der realen oder phantasierten Vergangenheit eines Menschen. Wir nehmen an, daß der weitere Prozeß, nämlich zu seinem eigenen kreativen Selbst zu finden, mit mehr Kraft und weniger Verwirrung angegangen werden kann, wenn diesen Bedürfnissen entsprochen worden ist.

Dennoch gibt es Patienten, die Struktur um Struktur absolvieren, anscheinend mit starken Gefühlen in ihren Bewegungen und Handlungen reagieren und auch zu neuen, befriedigenden Ergebnissen gelangen, jedoch trotzdem in der gleichen bedrückenden Lage bleiben, die sie zur Teilnahme an einer Therapie veranlaßt hatte. Natürlich ist psychomotorische Therapie nicht immer erfolgreich, aber wir müssen auch sehen, daß einige von ihnen in einem anderen Bezugsrahmen leben, der ihre Wirklichkeit ist und den sie durch die Therapie nicht in Frage stellen lassen wollen. In diesen Fällen muß der persönliche Bezugsrahmen anerkannt werden; die in den zwischenmenschlichen interaktionellen Energien gebundenen persönlichen Symbole können dann deutlicher erlebt und die bisher verborgenen Aspekte in Beziehung zu anderen gebracht werden. Mit solchen Patienten habe ich neue Techniken zu entwickeln versucht. Der Patient in einer Struktur wird entweder mit der realen Person konfrontiert, die in das Problem verwickelt ist, oder mit jemandem, der die reale Person und nicht deren polarisierte Aspekte spielt. Dadurch gleicht die Struktur eher einer psychodramatischen als einer psychomotorischen Technik; sie gibt dem Patienten aber die Möglichkeit, das Verhalten, das er in der Realität nicht schafft, direkt zu erproben. Wenn während der psychodrama-artigen Struktur ein altes, mit der Vergangenheit verknüpftes Muster erscheint, kann man sofort umschalten auf akkommodierende oder polarisierende Strukturen und das Problem mit psychomotorischen Mitteln angehen und dann wieder zum Real-Setting zurückkehren.

Manchmal kommt es in einer Gruppe zu einer direkten Interaktion zwischen einzelnen Teilnehmern oder zwischen einem Gruppenmitglied und dem Therapeuten. Das ist sehr wertvoll, weil es dann nicht, wie bei anderen Gelegenheiten, fraglich ist, ob der Patient nur spielt oder so tut, als ob er emotional beteiligt wäre. Man läßt in einem solchen Fall die Beziehung auf dieser Realitätsebene in Gang kommen, und oft wird deutlich, daß massive Projektionen aus der Vergangenheit mitspielen; dies kann gerade bei jenen zu einer sehr bedeutsamen und tief erlebten Struktur führen, die die meisten früheren Strukturen als oberflächlich empfunden hatten. Zwischenfälle solcher Art verweisen sehr dramatisch auf die Verbindung von Gegenwart und Vergangenheit und ermöglichen es dem Patienten, an aktuellen Problemen innerhalb der Gruppe mit denselben Teilnehmern zu arbeiten, mit denen er auch seine vergangenheitsgebundenen Probleme angeht. Manche Patienten stehen so sehr unter dem Druck ihrer unmittelbaren Lebensprobleme, daß sie kein Interesse daran haben, nach Lösungen, die sie so dringend bräuchten, überhaupt in ihrer Vergangenheit zu suchen.

Man kann sich vorstellen, daß eine psychomotorische Therapie jemanden in Konflikte mit seiner Religion oder Kultur bringen könnte; der Therapeut muß mit diesem Patienten natürlich so arbeiten, daß die erweiterten oder geförderten Verhaltensweisen dessen Platz in seiner kulturellen Gemeinschaft nicht gefährden. Ebenso ist vorstellbar, daß der Klient seine Kultur, in die er hineingewachsen ist, als seiner »wahren« Natur fremd erlebt; dann kann ihm die psychomotorische Therapie helfen, den noch im Verborgenen schlummernden Teil seines Selbst zu finden, den seine Kultur nicht angesprochen hat, und seinen Platz in einer umfassenderen Welt zu entdecken. Eine andere Möglichkeit wäre, einen Menschen bei der Selbstwerdung zu unterstützen und ihm zu helfen, jene Grundlagen seiner Kultur zu erschließen und für sich fruchtbar zu machen, die sein Wachstum fördern.

Es kann auch vorkommen, daß ein Patient meint, er müsse gegen seine Familie oder seine Kultur rebellieren, weil er sie als

Feinde erlebt und annimmt, sie würden ihn »umbringen«. Vielleicht kann man ihm dann klarmachen, daß gerade die Dinge, gegen die er rebellierte, sich in nützlicher Weise in seine Weltanschauung und sein Selbstbild integrieren lassen.

Erinnern und Lernen

Neuere Experimente haben gezeigt, daß auch der Fötus im Uterus äußerer Beeinflussung bereits zugänglich ist. Bis an welchen Punkt können wir Lern- und Gedächtnisfähigkeit also zurückverfolgen?

Es gibt bewußtes und unbewußtes Wissen. Dient Therapie nicht dazu, diese beiden Wissen zusammenzubringen? Falls es Erinnerungsspuren aus unseren vorgeburtlichen Selbst-Kernen gibt, dann scheint es mir wenig wahrscheinlich, daß sie in unseren bewußten Seelenanteilen zu Hause sind, die ja zu diesem Zeitpunkt noch nicht existieren, sondern in unserem Organismus oder in der *Leib-Seele*. Die Suche nach »Daten« aus unserer Leib-Seele und der Versuch, sie in einem Setting zusammenzubringen, wo alles Lernen und alle Informationen aus den elterlichen Genen ausreifen können, sind das zentrale Prinzip der psychomotorischen Therapie.

Menschen unter Streß scheinen zu einer früheren, weniger komplexen und befriedigenderen Vergangenheit zurückzukehren. Manchmal finden sich Klienten während einer Struktur in einer fötalen Lage wieder, möchten vollkommen eingehüllt werden und Druck von menschlichen Körpern oder Händen oder Kissen um sie herum spüren. In einer Struktur über Versorgung hingegen will der Patient in den Armen der Mutter gehalten und gestillt werden, wobei der Vater mit seinen Armen beide umfängt, um ihnen Unterstützung und Schutz zu gewähren. Diese spätere Struktur verweist auf eine höhere Ebene des Vertrauens.

Die fötale Struktur bedeutet eine Rückkehr zu einer anderen Ebene von Vertrauen oder Nicht-Vertrauen. In ihr kann der Klient sein Gefühl in Worte fassen, daß seine Eltern nicht wußten, wie sie für ihn sorgen sollten. Er kann das Leben für zu schmerzlich und unmöglich halten; er kann sagen, daß er überhaupt nicht weiß, wie er leben soll; daß seine Eltern ihm nie wirklich Aufmerksamkeit schenkten, ihn nie verstanden oder auf ihn eingingen; daß die Welt zu verrückt, unsicher oder durcheinander ist, um in ihr zu leben; daß seine Eltern ihn nie wollten, usw. Der Klient ist sichtlich gar nicht in der Lage, andern Menschen Vertrauen entgegenzubringen. Trotzdem kann es ihm gelingen, auf bestimmte natürliche Vorgänge zu vertrauen. Man kann ihm sagen, daß der Uterus der Mutter ihn »erkannte« und »verstand« und auf ihn »einging«; daß Leben möglich ist, daß es einfach »geschieht«; und daß, obwohl seine Eltern vielleicht nicht recht zu leben oder gar ihn zu erziehen wußten, wenigstens seine rein körperlichen Funktionen sehr wohl »zu leben wissen«.

Es genügt nicht, dies dem Patienten einfach mitzuteilen. Er muß dazu die Wärme und die Sicherheit der fötalen Lage spüren können. Durch die Wärme des Therapeuten und anderer Gruppenmitglieder kann er die Anfänge von Vertrauen in andere Menschen lernen, aber er muß zunächst auf einen grundlegenden Vorgang stoßen, der das Leben nicht nur möglich, sondern auch entspannend und lustvoll macht. Kann er die Erfahrungswelt des gut versorgten Fötus begreifen, so findet er vielleicht die Basis, auf der sein Leben weitergeht; dann kann er lernen, Menschen zu vertrauen und selbst ein Mensch zu werden, statt ein bewußtloser Träger seiner eigenen Lebenskräfte zu bleiben. Viele »Normale« leben ohne Vertrauen in andere Menschen. Irgendwie erhalten sie eine Existenz aufrecht, die, wenn sie auch wenig befriedigend ist, in manchen Milieus doch als durchschnittlich gelten mag. Ernstlich kranke Menschen aber kommen an einen Punkt, wo das bloße Dasein kaum noch zu ertragen ist wegen des Mangels an bewußten oder unbewußten Lebenserfahrungen, die auch nur ihre geringsten Bedürfnisse befriedigen konnten. Die Struktur einer erneuten Geburt bietet die Möglichkeit, mit der Behandlung all derjenigen einzusetzen, die überhaupt keine Hoffnung mehr haben, daß andere ihnen im Elend ihrer schmerzlichen Existenz helfen können, und die jenseits menschlicher Anteilnahme etwas brauchen, worauf sie einen Neubeginn gründen können. Durch seine synchrone Beziehung aber vermittelt der Akkommodierende dem Klienten die Erfahrung, daß er angenommen wird und daß man sich auf ihn bezieht. Da nun das Sich-Beziehen auch Lernprozesse in Gang setzt, kann das Akkomodieren eine wertvolle Hilfe für weitere Lernerfahrungen sein, weil es dieses Sich-Beziehen verstärkt und vervollständigt.

Was immer der wachsende Fötus braucht, das verschafft ihm bedingungslos und in vollkommener Weise der Uterus. Dies führte uns in der psychomotorischen Therapie zu dem Glauben an das allein schon durch die Empfängnis gesicherte, ureigene Recht alles Lebendigen auf Versorgung: Ein befruchtetes Ei muß nichts hervorbringen und nichts leisten. Es hat sein Lebensrecht, einfach weil es es selbst ist und existiert. Patienten, die das Grundgefühl haben, sie könnten nicht leben, weil sie nichts Wertvolles getan hätten, weil sie etwas nicht gut gemacht haben oder weil sie gescheitert sind, kann man daran erinnern, daß das Leben in seiner ursprünglichsten Form keine solchen Anforderungen stellt. Erst später, auf der komplexeren Ebene der Interaktion mit den Eltern und dem gesellschaftlichen Umfeld, hängt das Überleben von Leistung ab.

Das Grundwerkzeug in der psychoanalytischen Therapie ist die Übertragung. In der psychomotorischen Therapie gehen wir von einem modifizierten Konzept der Übertragung aus. Hier erwartet der Patient, daß der Therapeut ihm ein Beziehungsangebot macht. Beginnt der Patient in der psychomotorischen Therapie auf den Therapeuten zu übertragen, so befindet er sich in einer Position, die es ihm ermöglicht, eine Beziehung zu etablieren, an der er wachsen und lernen kann. In der traditionellen Psychotherapie wird der Nutzen der Übertragung meiner Meinung nach dadurch begrenzt, daß der Therapeut in der analytischen Zweierbeziehung gar keine Möglichkeit hat, dem Patienten zu akkommodieren. Durch das Akkommodieren und die Spaltung der Objekte in positive und negative ist der Therapeut in der Lage, dem Patienten die passenden Reaktionen anzubieten, die dieser ersehnt oder fürchtet. Der traditionelle Therapeut akkomodiert weder positiv noch negativ, und das Lernen erwächst eher aus dem, was der Therapeut nicht tut, als aus dem, was er tut. Durch das Akkommodieren, positiv wie negativ, wird die Beziehung zum Therapeuten wie zum Rest der Gruppe erheblich intensiviert. Durch diese Beziehungen wie durch den sicheren Rahmen, den die psychomotorische Therapie bietet, kann die Übertragung nicht nur auf manchen Ebenen verstärkt werden, indem der Energiefluß sowohl vom Patienten zum Therapeuten als auch vom Therapeuten und von anderen Gruppenmitgliedern zum Patienten strömen kann, sondern sie läßt sich auf andere Ebenen ausweiten, insofern als die Wucht und die Ambivalenz vom Therapeuten abgezogen und auf den Rest der Gruppe verteilt wird.

Der Therapeut muß dem Patienten helfen, eine aus seelischen oder Gedächtnisinhalten bestehende regressive Szenerie zu schaffen, so daß die Interaktion in einem entsprechenden Setting und der entsprechenden Zeit abläuft. Die Teilnehmer, die – wie in dem obigen Beispiel – Kissen, Decken und ihre eigenen Körper um den Patienten gelegt haben, können symbolisch den Uterus darstellen, während die Hand einer Teilnehmerin, die sie möglichst auf den Bauch über den Nabel legt, die Nabelschnur darstellt. Der Therapeut schlägt dem Patienten vor, er möge sich vorstellen, ein Embryo zu sein, und sich dieser Phantasie überlassen. Der Therapeut macht deutlich, daß der Patient im Augenblick sein erwachsenes Selbstbild aufgeben und die symbolische und phantasierte Erfahrung eines intrauterinen Lebens genießen darf.

All dies könnte sich natürlich ausschließlich in der Phantasie vollziehen, aber es ist wichtig, der Phantasie reale sinnliche und motorische Elemente hinzuzufügen, damit eine überzeugendere und wirksamere Erfahrung zustande kommt.

Das früheste Lernen profitiert sehr stark von senso-motorischen Anteilen. Erst nach solchen grundlegenden konkreten Ereignissen geht man selbstsicher und zuversichtlich weiter zu abstrakteren Formen des Lernens und erlebt sie als wirklich. Vielleicht haben Patienten, die nur wenig im Leben als wirklich erfahren, in den ersten Tagen, Monaten oder Jahren an einem Mangel an wirklich befriedigenden konkreten Beziehungen gelitten. Dies ist ein Hinweis auf den Wert von psychomotorischer oder einer anderen Form von Therapie, die senso-motorische Techniken bei schwerkranken, hospitalisierten Patienten anwendet.

Welchen Sinn kann es haben, wenn ein erwachsener Mensch durch eine Struktur geht, die sein fötales Dasein in einem aus Kissen und Decken bestehenden Uterus darstellt? Was könnte der therapeutische Nutzen sein? Oder der erzieherische? Warum sollte der Patient sich nicht lieber auf seine aktuellen Probleme konzentrieren statt sich in eine so weit zurückliegende, nur ungewiß erinnerte und vermutlich weitgehend phantasierte Vergangenheit zu vertiefen?

Man könnte die Frage mit einer anderen Frage beantworten: Welchen Einfluß hat die Vergangenheit, ob als erinnerte oder als phantasierte, auf die Gegenwart? Was ist überhaupt Erinnerung? Warum sind manche Erinnerungen so mächtig und lebendig und manche so schwach? Was unterscheidet Erinnerung von Wissen? Wissen, wie wir es bisher verstanden haben, setzt eine gegenwärtige, fortbestehende Beziehung oder einen Austausch von Energie voraus, so wie es zwischen dem Embryo und der Gebärmutterwand der Fall ist. Betrachten wir die Bedeutung dessen, was der Erinnerung vorausgeht, einmal näher und fragen uns, woraus sie besteht. Erinnerung entwickelt sich aus eben diesem Energieaustausch, dessen Auswirkungen sie festhält. Der sich beständig entwickelnde Embryo ist in jedem Augenblick die Verkörperung all der Veränderungen, die durch diesen Energieaustausch zustande kommen. Die Gegenwart ist also eine Aufzeichnung des Vergangenen, und Lernen oder Wissen setzt Veränderung voraus.

Das, woraus der neue Organismus besteht, wenn er ins Leben eintritt, ist nichts anderes als die gleichsam in einen Keim eingeschlossene Geschichte seiner biologischen Vergangenheit. Sie trägt (über die Gene) die gesamte Kenntnis über das Leben, die sich in der Art angesammelt hat, in seine eigene Zukunft, und zwar ohne die zusätzliche Last der Erinnerung an die besonderen Ereignisse, die von jedem Individuum dieser Art durchlebt werden.

Betrachten wir den menschlichen Säugling. Ohne Zweifel hat er die Fähigkeit zur genetischen Speicherung und Erinnerung. Man kann nachweisen, daß er durch Konditionierung, aber auch durch Nachahmung und Identifikation, lernt und sich erinnert. Der Mensch und vielleicht einige der höheren Tierarten scheinen zusätzlich zum Nervensystem etwas zu besitzen, das ihnen eine andere Art von Flexibilität und Anpassung erlaubt als den niederen Lebewesen. Ich schließe daraus, daß alle die Organismen, die mit Wahrnehmungs- und Speicherungsmechanismen ausgestattet sind, auch über sich daran anschließende Aktions- oder Reaktionsmechanismen verfügen. So ist zum Beispiel die genetische Speicherung offensichtlich mit der Zellstruktur und dem Instinktverhalten verknüpft; Speicherung durch Konditionierung ruft ein Verhalten hervor, das die ursprüngliche Erfahrung wiederholt, und modellorientierte Speicherung zeigt die lebendige Fähigkeit mancher Tiere, das zu reproduzieren, was ihnen vorgemacht wurde. Der Fähigkeit des Menschen, Erfahrungen in anderen als genetischen, konditionierten oder modellorientierten Formen zu speichern sowie denjenigen Verhaltensmöglichkeiten, die in der Antwort auf solche Speicherungen bestehen, müssen wir eine Fähigkeit hinzufügen, die dieser neuen Form der Speicherung und des Lernens korrespondiert. Diese Verhaltensform ist die zweckgerichtete und kontrollierte Handlung und die Speicherungsform die der erinnernden Darstellung aller Erlebnisse auf einem immer wieder bespielbaren »Bildschirm« des Bewußtseins. Genauer: als Menschen verfügen wir nicht nur über alle tierischen Fähigkeiten der Speicherung der Gegenwart in unseren lebenden Zellen und Strukturen, sondern wir haben ein neuartiges neurologisches Bewußtsein, vergleichbar einem inneren Videoband, das wir zurückspulen und an dem wir herumbasteln können.

Daraus folgt unter anderem, daß wir Menschen uns, nachdem wir etwas erlebt haben, gleichsam zurücklehnen können, das Ereignis in aller Muße zurückspielen und das aus ihm lernen, wozu wir beim ersten Mal keine Gelegenheit hatten. Als Menschen können wir lernen, während wir nichts anderes tun als nachdenken.

Durch das Benutzen von Wortsymbolen und vielleicht auch durch andere, noch gar nicht entdeckte Vorgänge unseres Geistes können wir Menschen ein Handeln innerlich rekonstruieren, bewußt erkennen, erinnern und sogar einige Gefühle aus dieser Erfahrung wiedererleben. Man kann es vielleicht Konditionieren nennen, aber ein Konditionieren durch das Symbol des äußeren Reizes und nicht durch seine körperlich greifbare, konkrete Präsenz. Symbole können also vom Menschen so wahrgenommen werden, als wäre das Symbolisierte wirklich vorhanden.

Das Bewußtsein des Menschen und das mit ihm verbundene Bewegungssystem ermöglichen überhaupt erst den freien Willen. Die menschliche Fähigkeit, Verhaltensmuster zu entwickeln, die nicht mit der genetischen Erinnerung (noch mit Konditionierung, Imitation und Identifikation; T. M.) verknüpft sind, schließt die Fähigkeit zur Hemmung des genetisch determinierten Verhaltens ein. Nicht immer sind wir mit unserer Hemmung ganz erfolgreich, denn wir alle erinnern uns an Situationen, in denen wir ganz anders handelten, als wir uns rational vorgenommen hatten.

Wir sehen, wie viele Formen des Lernens und der Speicherung von Information dem Menschen zur Verfügung stehen. Er vermag genetisch, über Konditionierung (Lernen durch Versuch und Irrtum ist eine Form des Konditionierungslernens) und mimetisch zu lernen, er kann sich aber auch bewußt erinnern und so über die Erinnerung lernen. Ziel einer psychomotorischen Struktur ist es, die menschliche Fähigkeit zur Erinnerung freizusetzen, und zwar nicht nur verbal, sondern, was viel wichtiger ist, motorisch. Hierbei werden alle Erlebnisse und Interaktionen, die weder Befriedigung noch Lust noch Reifung bewirkt haben, neu erlebt und erneut durchgespielt. Dabei können der bewußte, rationale Verstand des Patienten wie des Therapeuten neue Formen von Lernen, Haltungen, Konditionierungen und Mustern aus dem Nachspielen herausholen, während in einem sicheren therapeutischen Umfeld der Ausdruck von Energien und Verhaltensmustern ermöglicht wird, die beim ursprünglichen Erlebnis nicht ausgedrückt wurden; den Erinnerungen werden positive Beziehungen und Erfahrungen beigegeben, die beim ursprünglichen Ereignis fehlten. Das ist neues Lernen.

Das Problem liegt in der Gegenwart und darin, wie man mit der Zukunft umgehen soll. Offensichtlich bestimmt vergangenes Lernen die Gegenwart und in gewissem Sinne auch die Zukunft, wenn man nicht die Muster zu fassen bekommt, die das Selbst geformt haben, und sie zu ändern versucht. Vielleicht kann der Mensch bestimmte Milieuschäden überwinden, weil er Symbole als wirklich erleben kann. Menschen können Versorgung aus anderen Quellen als von der Mutter beziehen dank ihrer Fähigkeit, ihre genetisch determinierten Lebensvorgänge zu hemmen und zu steuern und diese Versorgung durch selbsterschaffene Symbole zu ersetzen, und damit wenigstens teilweise den Schaden beheben. Früher oder später taucht freilich die Gefahr auf, daß ein Mensch sein inneres symbolisches Leben mit der konkreten äußeren Welt verwechselt. Aber wie lange bleibt der menschliche Organismus, der auf die für sein Wachstum notwendigen Erfahrungen wartet, empfänglich für die neuen symbolischen Botschaften aus psychomotorischen Strukturen? Ich glaube an die Möglichkeit – wenn man die menschliche Fähigkeit der Erinnerung nutzt –, diese Gefühlszustände, Affekte und Vorstellungen, die man als Kind hatte, neu zusammenzusetzen und die neue, teilweise symbolische und teilweise konkrete Erfahrung so neben sie zu stellen, als habe die neue Erfahrung in der Vergangenheit stattgefunden.

Konditionieren wir einen Patienten, wenn wir ihn in einer

Struktur beobachten, nur darauf, die Wärme der Menschen im Jetzt und in der Zukunft zu erleben? Nehmen wir nicht auch auf seine Vergangenheit Einfluß? Wenn das Vergangene überhaupt nicht wiedererlebt werden könnte, wie kommt es dann, daß der Patient seinen Körper anders erlebt, zurückfindet zu einer Gefühlsqualität, die er mit seinem Kindsein verbindet, daß er weint wie ein Baby oder unerwartet einen Teil von sich findet, der nicht sprechen und sich nur wie ein hilfloser Säugling bewegen kann, der saugen und sich mit den Fingern anklammern will?

Wie kommt es, daß der Patient die Gefühle und Handlungen als Säugling im Jetzt erinnern und so bildhaft reproduzieren kann? Vielleicht weil Menschen das, was schiefging, im Gedächtnis behalten und die gelungenen Dinge vergessen. So behalten wir zum Beispiel jene Fragen aus einer Prüfung besser, die wir nicht recht beantworten konnten, als die, bei denen alles glatt lief. Wenn etwas nicht klappt, sind wir frustriert. Und das macht uns wütend. Finden wir einen Ausdruck für Frustration und Wut, so bleibt immer noch die frustrierende Erfahrung zu verarbeiten. Wir sitzen in der Falle, wenn wir weder die frustrierenden Erfahrungen verarbeiten noch Frustration und Wut angemessen ausdrücken können. Aber wir Menschen sind, wie schon erwähnt, fähig, genetische oder andere Formen von Gedächtnis und Lernen zu hemmen und uns zu erinnern. In der psychomotorischen Therapie nutzen wir dieses Erinnerungsvermögen dadurch, daß wir gehemmten oder auch fehlgeleiteten Energien einen direkteren Bewegungsausdruck verschaffen, der dann eine vernünftigere Wahl erlaubt. Wir nehmen an, daß ohne diesen neuen Ausdruck die fehlgeleiteten emotionalen Energien die sinnvollen Kräfte entstellen und behindern.

Sicher müssen auch Tiere einen Bewußtseinsfilm haben, der seelisch gespeichert ist. Tiere behalten, was ihr und was eines anderen Territorium ist. Die Frage ist, wieviel von dieser Fähigkeit zur inneren Repräsentation einer symbolischen Form angeboren ist. Von den Bienen weiß man, daß sie anderen Bienen den Standort von Pollen mitteilen können. Geschieht dies nicht durch Symbole und den Umgang mit Symbolen für Ziele in der Zukunft? Aber hat sich die Biene dazu entschlossen? Ist sie nicht vielmehr eingeschlossen in ihrer instinkthaften Ausstattung, die sie nur begrenzt zu symbolischem Ausdruck befähigt, und zwar nur in bezug auf das Sammeln von Blütenstaub? Am besten wäre zu sagen: Tiere und Insekten zeigen rudimentäre Formen der Bildung und Nutzung von Symbolen, während der Mensch in viel breiterem Ausmaß über sie verfügt.

Träume

Ich habe meinen Schäferhund oft in einem Zustand gesehen, in dem er wie ein Mensch zu träumen schien. Er macht dann Bewegungen, die ans Laufen erinnern, sein Atem wird rasch, und er kläfft leise. Erstreckt sich die Fähigkeit seines Bewegungssystems einfach auch in den Bereich des Schlafs, ohne daß sie von der Vorstellung einer Situation begleitet wird, die Rennen und Kläffen einschließt? Ich glaube, er träumt und muß also in der Lage sein, Ereignisse zu symbolisieren und sich an sie wenigstens beim Träumen zu erinnern. Dann allerdings hätten auch Hunde und andere Tiere, die träumen, jenen inneren, »zurückspulbaren« symbolischen Film, den wir nur beim Menschen voraussetzen. Es muß also zwei Arten von Filmen geben: den des Traums als automatischem oder nicht vom Bewußtsein gelenktem Vorgang und den des Denkens und Planens als bewußtem und zukunftsorientiertem Vorgang. Ich nehme an, daß Träumen ein »körperloser« Zustand ist, bei dem innere symbolische Bilder der Wirklichkeit von automatischen Vorgängen im Gehirn zur Bewältigung von inneren Kräften und äußeren Ereignissen benutzt werden. Mit dem Ausdruck »körperlos« meine ich, daß Tiere auf affektive Ereignisse in der Regel mit beobachtbarem Verhalten reagieren, daß im Traum aber diese neuralen Impulse und sekretorischen Entladungen auf ein anderes Feld verschoben werden können, das im wesentlichen körperlos ist, in dem dennoch kleine motorische Entladungen vor sich gehen (wie es das Stöhnen und Wimmern beweist, das wir alle schon bei uns selbst oder bei anderen erlebt haben). Wie die REM-Studien zeigen, ist auch das Wahrnehmungssystem weiterhin tätig, denn die Augen scheinen den im Traum »gesehenen« Bewegungen zu folgen. Ist der Traumzustand also die ursprüngliche neurologische Form der Bildung und Verwendung von Symbolen, die im bewußten Denken zum Tragen kommt? Die Vorstufe zum symbolischen Denken könnte zunächst eine senso-motorische Erfahrung sein, dann die symbolische Vorstellung oder die automatische Erinnerung senso-motorischer Inhalte im Traum und schließlich die bewußte Verwendung dieser Symbole ohne (oder mit nur sehr wenig) senso-motorischer Beteiligung.

In Träumen können mikroskopisch und unbedeutend erscheinende, vielleicht zufällige Symbolverwendungen neue Möglichkeiten in der makroskopischen Welt der realen Ereignisse aufzeigen. Träume wären somit für die Menschen von zweierlei Nutzen: Einmal können sich jene Gefühle, die während des Tages in der Wirklichkeit nicht ausgedrückt werden konnten, im »körperlosen« Traumzustand Ausdruck verschaffen; zum anderen lassen sich aus der Zufallsmanipulation der Symbole der Tagesereignisse neue Verhaltens- und Reaktionsmöglichkeiten lernen. Wahrscheinlich vollziehen sich beide Vorgänge gleichzeitig, was sowohl das Gefühl der Vertrautheit wie auch die Originalität von Träumen erklären würde.

Was ich zu beschreiben versuche, ist die Fähigkeit des Menschen, seelisch und in seinem Verhalten mit der inneren und der äußeren Welt auf drei Ebenen zu verkehren: der Ebene des probeweisen Umgangs mit der konkreten Wirklichkeit, der des Träumens und jener des symbolischen Denkens. Seelische und geistige Erkrankungen ließen sich auf eine falsche Verwendung von Energien zurückführen, welche eigentlich in die Interaktion mit der konkreten Wirklichkeit eingehen sollten, statt dessen aber in Vorgängen verausgabt werden, die dem inneren Film für symbolische Erfahrung und Gestaltung der konkreten Wirklichkeit angehören. Anders ausgedrückt, können solche Erkrankungen die Verwechslung oder das Ineinanderfließen der oben erwähnten drei Ebenen sein, wobei der Patient versucht, sich auf seine inneren Prozesse zu beziehen, als ob sie äußere Realität wären. Dies würde die körperliche Erscheinung und das Verhalten bestimmter psychiatrischer Patienten erklären, die an charakteristischen Bewegungsstörungen leiden: Die Energie, die ihr Körper für die konkrete, interaktive oder instinktive Reaktion auf die Umgebung mobilisieren könnte, wird in einer Weise »körperlos«, symbolisch verbraucht, wie es für das Träumen und das Denken beschrieben wurde. Schizoid würde also bedeuten: vom Körper und seinen normalen Interaktionen mit anderen Körpern abgespalten. Und das »konkrete« Denken solcher Patienten könnte verstanden werden als ein Umgang mit und eine Erfahrung von gedanklichen Symbolen und Traumzuständen, als ob sie die konkrete Wirklichkeit wären. Die Gleichung scheint die Möglichkeit einer einfachen Umkehrung mit einzuschließen. Innere Symbolvorgänge werden als konkrete Interaktionen erlebt und konkrete Interaktionen als inneres Denken und symbolische Vorgänge. In der psychomotorischen Therapie dieser Patienten versuchen wir, die interaktive Energie zu finden, sie wieder auf Menschen zu richten (d. h. zunächst auf die Akkommodierenden) und sie abzuziehen von ihrer Verwendung für die symbolbildenden Vorgänge.

Man kann eine Struktur als eine imaginäre Bühne betrachten, die das menschliche Vermögen erschließt, aus der Verwendung von Traummaterial und Material aus dem bewußten Denken zu lernen, indem man die senso-motorische Erinnerung und Verstärkung ebenso nutzt wie instinkthafte und interaktionelle Beziehungsformen; auch Qualitäten des Spiels, bei dem bestimmte Rollen erprobt und erlebt werden können, macht sich die psychomotorische Therapie dienstbar. Psychomotorische Strukturen bieten also – anders als das bloße Ausagieren von Körperimpulsen – ein sehr weites Feld für Lernen, Wachstum und Klärung.

3 Die Grundbedürfnisse des werdenden Menschen

Was gibt die Gebärmutter dem befruchteten Ei? Alles, was es zu dieser Zeit von der Außenwelt braucht. Das Ei enthält genetische Informationen, die die Nährflüssigkeit aus der Placenta für das eigene Wachstum nutzbar machen.

Der Fötus wird vom Uterus versorgt und getragen und braucht der Schwerkraft nicht entgegenzuarbeiten. Die Wände der Gebärmutter beschützen ihn – auch mit Hilfe der abfedernden Wirkung des Fruchtwassers. Sie bieten flexible, aber eingrenzende Barrieren für seine Bewegungen und seine Kräfte. Wenn der Fötus sich im Uterus streckt und bewegt, kommt er in Kontakt mit den Grenzen, die ihm dessen Größe setzt, und er »lernt«, daß es Dinge gibt, die er nicht kann.

Versorgung, Halt, Schutz und Grenzen halten wir in der psychomotorischen Therapie für die wesentlichen Funktionen der Gebärmutter. In diesen vier konkreten Beziehungen zum Fötus ist implizit eine fünfte, abstrakte – die der Achtung – enthalten. Metaphorisch könnte man sagen, der Uterus achte den Fötus, indem er auf ihn reagiert und alle für sein Überleben notwendigen Dinge zur Verfügung stellt. Wenn ich den Ausdruck »Achtung« gebrauche, will ich damit den Uterus nicht personalisieren, sondern zu der Idee hinführen, daß die vier Grundfunktionen des Uterus der Beziehungsform gleichen, die die Mutter (und später der Vater) nach der Geburt zum Kind haben. Von der Mutter kann man sagen, sie achte das Kind, wenn sie seinen Bedürfnissen nach Versorgung, Halt, Schutz und Grenzen nachkommt. Das Kind, das zur erwachsenen, selbständigen Person geworden ist, die sich selbst versorgen, Halt geben, schützen und eingrenzen kann, besitzt Selbst-Achtung. Offensichtlich gibt es also drei Ebenen oder Stadien, die auf dem Weg vom Konkreten und Physiologischen zum Abstrakten und Psychologischen durchlaufen werden müssen. Die Bewegungen und Beziehungsformen müssen sich so vollziehen, daß sie optimal zu den Bedürfnissen des wachsenden Organismus passen, ohne seine künftigen Bedürfnisse und seine Fähigkeit zu untergraben, ein solches Einpassen seiner Bedürfnisse selbst in die Hand zu nehmen. Der Erwachsene sollte imstande sein, diese Reise vom Konkreten zum Abstrakten zu wiederholen und nachzuerleben, ohne die Fähigkeit zu Erfahrungen im konkreten und physiologischen Bereich zu verlieren. Sein Wachstum sollte ihn nicht in die zweifelhafte Lage bringen, *nur* noch auf der symbolischen und abstrakten Ebene leben zu können. Das Leben strebt nach einer möglichst breiten Skala von Interaktionen und Gefühlen und erfordert ein ausgewogenes Verhältnis aller menschlichen Fähigkeiten.

Normalerweise treten auf der ersten, intrauterinen Ebene kaum Schwierigkeiten auf; aber ich habe doch eine Reihe von Patienten gesehen, deren Aktionen und Reaktionen in einer Struktur mich staunen ließen über die vielfältigen und unterschiedlichen Milieus, die Mütter auf Grund ihrer körperlichen Gegebenheiten oder ihrer seelischen Haltung dem wachsenden Fötus bieten. Ich frage mich, ob manche Föten sich wegen der einengenden Form des mütterlichen Körpers unwohl fühlen; oder wegen unangenehmer Bewegungen der Mutter; oder weil das Kind Stöße fühlt, wenn die Mutter hinfällt oder geschlagen wird; oder weil die Stimme der Mutter schrill ist; oder wegen ihres sehr unterschiedlichen Herzschlags; oder wegen einer möglicherweise unangenehmen chemischen Zusammensetzung ihres Fruchtwassers.

Autismus oder Autonomie: Die Folgen von Frustration oder Befriedigung der Grundbedürfnisse

Das Ziel des wachsenden Organismus ist es, ein autonomes Individuum zu werden. Damit dies geschehen kann, braucht er genügend konkrete Erfahrungen mit Mutter und Vater, die verinnerlicht und innerlich symbolisiert werden können und ihm als Information oder Lernstoff zur Verfügung stehen, von denen er selbständig für sich Gebrauch machen kann. Er benötigt das Stadium einer konkreten abhängigen Beziehung, bevor Autonomie möglich wird und Unabhängigkeit von anderen auf sie folgt. Wenn während der notwendigen Abhängigkeitsphase das intrauterine oder das familiäre Milieu nicht die notwendigen konkreten Erfahrungen bietet, hat das Kind die Alternative, sich selbst zu verschaffen, was es braucht. Diese allzu frühe Hinwendung zum eigenen Selbst zur Erfüllung der Grundbedürfnisse kann als eher autistische denn als autonome Überlebenslösung verstanden werden. Kommt es zu dieser autistischen Lösung, dann orientieren sich die interaktiven Energien, die eigentlich partnerorientiert sind, an Bestandteilen des eigenen Selbst; das Individuum wendet sich von der Beziehung zur äußeren Welt gerade in den Phasen ab, wo es diese Beziehung für seine normale Entwicklung am meisten braucht.

Fehlen die konkreten Verhaltensinteraktionen mit der Mutter, so kann sich das Kind einerseits auf bestimmte Symbole in ihm selbst oder in der Welt des Unbelebten beziehen statt auf konkrete Objekte. Andererseits lernt es, statt die äußere Wirklichkeit zu nutzen und zu beherrschen, die innere Welt zu erobern, verwechselt es die symbolische mit der äußeren Realität und wird Individuum *und* Welt zugleich, ohne daß es lernt, den Schritt vom Allgemeinen zum Individuellen zu machen.

Man sagt ja oft, daß autistische Kinder hohe intellektuelle Fähigkeiten haben. Vielleicht haben sich durch einen genetischen Unglücksfall die symbolbildenden Fähigkeiten dieser Kinder zu rasch entwickelt, wodurch Interesse und interaktive Energie zu rasch von der handhabbaren wirklichen Welt abgezogen werden.

Das Bedürfnis nach Ernährung und Fürsorge

Versagt die Mutter im Bereich der Versorgung, dann ist das Kind gezwungen, die Entwicklung aufzuschieben, die aus den oralen und taktilen Zuflüssen erwachsen sollte, und andere Personen und Mittel zur Bedürfnisbefriedigung zu suchen. Solches Versagen der Mutter hat verheerende Folgen. Natürlich ist ausreichend Milch in irgendeiner Art notwendig, um das Kind physiologisch am Leben zu erhalten, aber Milch ist nicht genug. Es muß genügend Gelegenheiten zum Saugen als solchem geben und genügend Berührung und Zärtlichkeit. Fehlen diese neuralen Zuflüsse im Bereich des Mundes und der Körperoberfläche, so werden sie durch andere ersetzt. Sobald der Ersatz einmal in die Lebensvorgänge des Kindes integriert ist, bekommt er denselben Überlebenswert wie Füttern und Schmusen und ist schwer zu verändern. Dies trägt zum Stil der Interaktion bei, den das Kind sein Leben lang beibehält, es sei denn, es gäbe einen Einschnitt durch Therapie oder intensive Erziehungseinwirkung.

Auf Grund der Flexibilität des menschlichen Seelenlebens, der menschlichen Fähigkeit, Symbole als wirklich anzusehen, und der Fähigkeit des Menschen, seinen eigenen Körper und seine Bewegungen symbolisch zu erleben – im menschlichen Innern gibt es sowohl symbolische Handlungen wie symbolische Worte –, kann er Gurrlaute oder Musik mit der gleichen Zuneigung in sich aufnehmen wie Milch und Zärtlichkeit und verleiht ihnen die gleiche Bedeutung. In gewissem Sinn kann also das Ohr mit dem Mund als Organ für versorgenden Zufluß vertauscht werden. Das Ohr verschmilzt symbolisch mit dem Mund.

Der Primärprozeß wird in diesem Fall nicht nur zu einem primitiven Strom vom Individuellen zurück zum Universellen in dem Sinne, daß alle Organe für das Unbewußte austauschbar sind, sondern auch Ausdruck der höheren Fähigkeiten des Menschen zum Symbolisieren. Dies bedeutet, daß nicht nur das Denken, sondern auch der Körper und das Handeln symbolisch genutzt werden.

Im Gegensatz zu dem Durcheinander, das die Mutter anrichtet, wenn sie übermäßig mit dem kindlichen Anus beschäftigt ist, erweist sich die Verwechslung von Ohr und Mund als relativ harmlos. Wir haben Beispiele gesehen, bei denen der Patient regelmäßig von der ersten Lebenswoche an und während des größten Teils seiner Kindheit Einläufe bekam. Ist es eher der Vater als die Mutter, der über Flaschenfüttern und zärtlichen Kontakt die Versorgung übernimmt, so kann es Folgen haben, wenn das spendende Organ verwechselt wird und sich von der mütterlichen Brust zum väterlichen Penis verschiebt. Diese Verschiebung hat sich in der Therapie sehr oft gezeigt.

Negative Versorgung

Manchmal wird ein Kind während seiner Säuglingszeit überhaupt nicht versorgt und geherzt, sondern seelisch und körperlich mißhandelt und abgelehnt. Entsprechend lernt das Kind dann gerade mit diesem neuralen Zufluß zu leben. Es lernt Schmerz und Ablehnung zu »schlucken« und sich gewissermaßen davon zu ernähren. Wenn es älter wird, bringt es sich selbst unbewußt in Situationen, in denen es weiterhin mißhandelt und abgelehnt wird. Es fühlt sich ständig unglücklich und elend angesichts dieses Schicksals, ohne zu sehen, daß es gerade diese Form der Interaktion sucht. Wir nennen das *negative Versorgung*.

In der psychomotorischen Therapie haben wir gelernt, auf Beziehungsformen zu achten, die die Störungen in der Phase der Versorgung und der zärtlichen Kontakte wiederholen und die der Patient in den Therapiesitzungen neu inszeniert; wir achten auch darauf, was der Patient in der Behandlung vom Therapeuten und anderen Gruppenmitgliedern verlangt, in der Annahme, daß er die Reaktion »schluckt« oder in sich aufnimmt, die er provoziert hat.

Manche Patienten bringen sich in demütigende oder sie symbolisch entwertende Situationen, wo sie »Scheiße fressen«. Manche bringen es fertig, daß der Therapeut oder die Gruppe sie schlagen oder stoßen will, dann versuchen sie buchstäblich, »Fäuste zu fressen«. Manche versuchen, starke sexuelle Reaktionen bei allen zu provozieren, mit denen sie zusammentreffen, einschließlich des Therapeuten und der Gruppenmitglieder. Dies läßt sich verstehen als ein Versuch, sexuelle Gefühle zu wecken, um »den Schwanz zu kriegen oder zu fressen«.

Diese Verwirrungen herauszufinden und aufzuklären, indem man den richtigen Organen die richtige Nahrung zukommen läßt, ist eines der Ziele in der Therapie. Wir nehmen an, daß diese zwanghaften und unbefriedigenden Interaktionsformen ihre Wurzeln in unzureichenden und unbefriedigenden Versorgungserlebnissen haben. Wir versuchen, dem Patienten die Erfüllung der oralen und taktilen Bedürfnisse zu verschaffen, die ihm gefehlt hat. Will man mit Erfolg zum Mund als dem Organ für den Zufluß der Versorgung zurückkehren, so muß man beachten, daß man zuerst die interaktive Energie, die bei anderen Organen gebunden ist, dort abzieht, sonst ist das Saugen erzwungen und sinnlos. Darauf will ich näher eingehen, wenn ich individuelle Strukturen bespreche. Auf jeden Fall bedarf es einer bestimmten Form der kontrollierten Regression.

Das Bedürfnis nach Halt und Unterstützung

Genau wie der Fötus für seine lebhaften Bewegungen Halt durch den Schoß braucht, so braucht das Kind die Unterstützung durch Arme und Körper der Eltern, die es so lange tragen, bis es sich selbst fortbewegen kann. Das Kind braucht die schützende Gegenwart der Eltern, wenn es laufen lernt, so daß es, wenn es stolpert, nach der Hand der nahen Mutter oder des Vaters greifen kann und

Halt und Unterstützung findet. Die Eltern müssen dafür sorgen, daß sich zwischen Abhängigkeit und Selbständigkeit eine wohlabgestimmte Balance einpendelt, daß die natürliche Neugier und der Bewegungsdrang des Kindes nicht durch einen allzu besorgten Elternteil zunichte gemacht werden. Das Kind sollte aber ein sicheres Gefühl dafür bekommen, daß die Eltern da sind, wenn es sie braucht. Auch auf der psychologischen Ebene müssen die Eltern dem Kind in Situationen Rückhalt geben, in denen es seelische Unterstützung benötigt. Das Kind sollte sicher sein, daß die Eltern hinter ihm stehen, wenn es mit neuen Herausforderungen umzugehen versucht. Wenn es in einer Struktur um Unterstützung und Halt geht, kann sich der Patient oft wackelig in den Knien fühlen und sich wünschen, gehalten oder getragen zu werden. Immer wieder, wenn Patienten in einer solchen Lage die Hilfe starker Eltern geboten bekommen, berichtet einer, wie seine Knie bei der Annäherung der Eltern steif werden: Er glaubt, daß er sich auf seine Eltern nicht verlassen kann, sondern nur auf sich selbst. Fragt man ihn nach der Vorgeschichte, dann berichtet er oft, daß er der Älteste war und die Verantwortung für die Erhaltung der Familie übernehmen mußte, weil der Vater krank war, oder ähnliches. Er mag sich auch erinnern, daß in Krisenmomenten die Eltern, die er gebraucht hätte, nicht da waren.

Wieder werden wir mit einer Situation konfrontiert, in der der Patient viel zu früh die Fähigkeit entwickelte, mit seinen schwachen Kräften für sich selbst zu sorgen, weil er die Art von Erfahrung, für die er seine Eltern gebraucht hätte, nie gemacht hatte.

Natürlich sollten Kinder lernen, auf eigenen Füßen zu stehen, aber der Zeitpunkt dafür ist entscheidend. Liegt er zu früh, dann wird das Kind unfähig, von anderen Menschen etwas anzunehmen, selbst wenn dies vernünftig wäre; liegt er zu spät, dann entwickelt es zuviel Abhängigkeit und kann nicht für sich selber sorgen. Die Körperzonen, die zur Erfahrung von Halt gehören, sind Knie, Oberschenkel und Rücken.

Das Bedürfnis nach Schutz

Die Gebärmutterwände beschützen das Kind vor der Wucht überwältigender interaktiver Ereignisse. Sie schirmen das Kind ab gegen mögliche feindliche äußere Einflüsse. Arme und Körper der

Eltern übernehmen real und symbolisch den Schutz des Kindes nach seiner Geburt. Ihre Aufgabe ist es, feindliche Angriffe und Schläge vom Kind abzuwehren. Symbolisch halten die Eltern jene äußeren Kräfte vom Kind ab, die seine innere Stabilität bedrohen könnten.

Wird das Kind nicht ausreichend vor solchen feindlichen Kräften beschützt, dann entwickelt es entweder seine eigene Kraft, sich zur Wehr zu setzen, indem es nichts mehr an sich herankommen läßt, oder es unterliegt – zerbrechlich wie es ja noch ist – den übergroßen Kräften und kann von ihnen, da sie seine Kräfte zum inneren Zusammenhalt übersteigen, überwältigt, überschwemmt und zerstört werden. Wegen seiner mangelnden physischen Stärke kann das Kind symbolische Vorgänge oder Gedanken finden und erfinden, die ihm eine übernatürliche Macht verleihen; so zieht es seine interaktiven Kräfte von äußeren Objekten ab und verstärkt seine Beziehung zu den inneren Vorgängen.

Nach unserer Erfahrung liegt der körperliche Ausdruck des elterlichen Schutzes in der einhüllenden Umarmung. Manchmal schlingt ein Patient, der in einer Struktur diesen Schutz bräuchte, seine Arme um sich selbst; wenn man ihm starke Eltern anbietet, so bittet er sie, ihn ganz fest zu halten. Er will sich auch selbst an den Armen seiner guten Eltern festhalten und sucht die körperliche und verbale Versicherung, sie seien stark genug, um auf ihn aufzupassen. Dem Vater kommt dabei mehr Gewicht zu als der Mutter, denn der Patient scheint die Kraft des Vaters als Zeichen des Schutzes zu suchen und zu finden. Die Eltern können mit ihren Armen einen Ring um den Patienten bilden, ihn mit Armen und Körper abschirmen und ihm sagen, daß sie ihn vor allen realen oder phantasierten drohenden Mächten schützen. Wenn der Patient die Drohung allerdings als von innen, aus seinen eigenen Gefühlen kommend erlebt, so erfordert dies eine ganz andere Reaktion, auf die wir später noch zurückkommen werden.

Oft beschwört ein Patient in einer Struktur die Eltern, sie sollen versprechen, immer für ihn zu sorgen und immer dazusein, wenn er sie braucht. Obwohl diese Bitte oberflächlich betrachtet auf Abhängigkeit und Unselbständigkeit hindeutet, erscheint sie mir als ein wichtiger und notwendiger Aspekt der elterlichen Beziehung zum Kind. Wenn sie positiv auf den kindlichen Wunsch antworten, untergraben sie damit nicht seinen Drang nach Selbständigkeit, sondern geben ihm ein seelisches und symbolisches Gefühl von Festigkeit, Zuverlässigkeit und Dauer. Wenn die Eltern eines Kindes einmal so zuverlässig waren und ihm gleichzeitig genug Gelegenheit geboten haben, seine Selbständigkeit zu erproben, dann sprechen die Ergebnisse dafür, daß es selbständig wird und die festen und dauerhaften Qualitäten des eigenen Selbst entdeckt.

Das Bedürfnis nach Grenzen

Um wirklich Mensch zu werden, braucht man eine Gestalt. Und dazu braucht es eine Grenze, die das Individuum umreißt. Ein Kind bekommt nur dann ein Gefühl für seine Stärke, wenn es sie auf konkrete Weise durch sein Verhalten überprüfen kann. Dazu braucht es eine Atmosphäre, in der es alle seine Energien einsetzen darf, von der Liebe bis zum Haß, und ohne die Angst, seine Kräfte könnten es selbst oder die Welt überwältigen. Es muß lernen, daß es Herr ist über seine angeborenen Kräfte und nicht Spielball seiner übermächtigen Gefühle.

Einige Patienten äußerten die Angst, sie könnten, wenn sie ihren Gefühlen freien Lauf ließen, weggespült werden wie Sandburgen von der Flut. In einer Struktur teilen die guten Eltern dem Kind mit, sie seien stark genug, um mit ihm fertigzuwerden – sie könnten all seine Gefühle ertragen, ohne überwältigt, zerstört, umgebracht oder vergewaltigt zu werden. Der Haß, der als überwältigende, zerstörende Gewalt erlebt wird, kann in einer Struktur ausprobiert und eingegrenzt werden, und zwar nicht durch Akkommodieren, wie man es bei normalen Wutintensitäten tun würde, sondern indem man ihn körperlich in Grenzen hält. Die ganze Gruppe nimmt daran teil und handelt als Erweiterung der guten Eltern. Der Patient liegt auf dem Boden (der mit einem Teppich bedeckt sein sollte), einer Matte oder Matratze, und die Teilnehmer legen ihm ihre Hände um Beine, Rumpf und Arme. Die guten Eltern sitzen einander beidseits seines Kopfes gegenüber, so daß er sich ihrer Gegenwart intensiv bewußt bleibt und ihre Worte hören kann. Dann kann er versuchen, die Gruppe, die Welt, die Eltern oder wen auch immer zu »töten« und dabei freizukommen. Eindrucksvolle Kräfte werden so freigesetzt. Bei manchen Männern braucht man sieben oder acht Leute, um sie am Boden zu halten. Sie mögen schreien, kreischen und toben, schäumen vor

Wut, aber die Gruppe und die guten Eltern halten sie und vermitteln ihnen, daß ihre Gefühle sie nicht erschrecken und daß sie sie davon abhalten können, sie umzubringen.

Es ist erstaunlich, wie oft der Patient seine Reaktion auf dieses Festhalten als Erleichterung und Vergnügen beschreibt. Oft erzählt ein Patient nach einer solchen Übung, er habe mit jedem Quentchen seiner Kraft gekämpft und sei sicher gewesen, alle abzuschütteln und wie ein Berserker zu wüten. Als er merkte, daß er es doch nicht schaffte, war er erstaunt zu sehen, daß gerade das ihm gefiel und daß er sich nach dieser Anstrengung sehr viel entspannter fühlte. Die Erfahrung erinnert an die averbale Übung des Ein- oder Ausbrechens in manchen Encounter-Gruppen; würde in unserem Fall aber dem Patienten der Ausbruch ermöglicht, so würde dies seine Allmachtsphantasien und Ängste verstärken, die wir doch gerade einzugrenzen versuchten.

Dabei ist es besonders wichtig, herauszufinden, ob der Patient für eine solche grenzen-setzende Struktur bereit ist. Einmal kann es sein, daß er in diesem Augenblick die intensiven Gefühle gar nicht spürt, die ihn, wie er es fürchtet, überwältigen könnten. Läßt man ihn halbherzig in eine solche Struktur gehen, ist die Wirkung nicht günstig. Zum andern muß der Leiter durch gezielte Fragen sicherstellen, daß der Patient das Niederhalten nicht als eine Vergewaltigung oder als starken Übergriff erlebt. Wenn das der Fall zu sein scheint, sollte der Therapeut das Halten rasch beenden, um zu vermeiden, daß eine eventuelle negative Versorgung sich verstärkt, bei der die Überwältigung durch die Gruppe angestrebt wird.

Eltern, die ihrem Kind die Botschaft übermitteln, daß sie nicht mehr mit ihm fertig werden, arbeiten den kindlichen Allmachtsphantasien in die Hände. Allerdings darf ein Kind auch nicht übermäßig in seinen emotionalen Kräften eingeengt werden, da es sich sonst eingeschränkt und gefesselt fühlen würde. Begrenzung als Strafe führt zu einer Überwältigung des Kindes durch jene Personen, die es doch vor Überwältigung schützen sollten. Deshalb sollte der gute Vater in einer Struktur auch oft betonen, daß er seine Stärke zum Schutz und nicht zur Überwältigung einsetzt. Die entsprechende symbolische und konkrete körperliche Haltung ist die, daß die Vaterfigur sich mit ausgebreiteten Armen schützend gegen die Außenwelt wendet und so, mit dem Rücken zum

Patienten, zeigt, daß sich seine Kraft gegen die Welt und nicht gegen ihn richtet, es sei denn, um ihn liebevoll einzugrenzen.

Wenn das Kind keine ausreichenden Grenzen gefunden hat, kann es sich in ganz verschiedener Weise verhalten. Es kann die Menschen seiner Umgebung gedankenlos mißbrauchen; es kann seine Gefühle fürchten und sie verdrängen, besonders nach einem Vorfall, bei dem es einen ernsthaften Schaden angerichtet hat; es kann die Phantasie haben, daß seine vermiedenen und nicht erprobten Gefühle übermächtig sind, weshalb es diese Energien überhaupt nicht mehr für reale Situationen nutzt.

Zwischen Eingrenzung und Schuldbewußtsein scheint ein Zusammenhang zu bestehen. Dazu folgendes Beispiel: In einer Gruppe mit fortgeschrittenen Psychologiestudenten versuchten wir die Eingrenzung eines Teilnehmers im Stehen. Obwohl er von vielen Teilnehmern, von denen noch dazu die meisten Männer waren, festgehalten wurde, gelang es dem Protagonisten fast, sich loszureißen. Er wurde dennoch gehalten, und nach der Struktur berichtete er, er habe in dem Augenblick, als sein Ausbrechen möglich schien, die Phantasie gehabt, sich nach dem Ausbruch aus einem der breiten Fenster zu stürzen. Ich deutete diesen Vorfall so, daß er, als die Elternfiguren ihn nicht mehr eingrenzen konnten (sie können hier als äußere Symbole des eigenen Ichs gelten), die Macht seiner Feindseligkeit gegen sich kehrte. Nach meiner Meinung lenken manchmal die Überich-Kontrollen, wenn die Ichkontrolle zusammenbricht, die Energie von der Umwelt ab und gegen das eigene Selbst. Schuldbewußtsein und Strafverlangen scheinen mir Teil jenes Vorgangs, bei dem das Individuum den Bedürfnissen der übrigen Welt die gleiche Bedeutung wie seinen eigenen beimißt. Man kann das Überich verstehen als einen Ausdruck dafür, daß das Individuum sich seiner universellen Anteile bewußt ist, und zwar auf eine nicht-omnipotente Weise.*

* Dazu ausführlich: Kapitel 7

4 Interaktive Energie

Die Erfahrung mit psychomotorischer Therapie läßt mich annehmen, die für lebende Systeme geltende Grundformel sei die folgende: Fühlen (oder Spüren) führt zum Handeln, und Handeln führt zur Interaktion. Das Leben sucht sich Objekte für Bedürfnisse, Ausdruck und Wachstum. Das Konzept der interaktiven Energie enthält fünf unterschiedliche Systeme mit jeweils eigener senso-motorischer Ausstattung und eigenen Objekt-Formen (eine Erweiterung der drei Bewegungssysteme, die ich in meinem Buch *Movement in Psychotherapy* beschrieben habe): (1) das System der Körper- und Gleichgewichtsreflexe, (2) das metabolisch-vegetative System, (3) und (4) die Systeme der materiellen und der interpersonalen Kommunikation, also der Interaktion mit unbelebten bzw. belebten Objekten, und (5) das sprachlich-symbolische System. Wenn ich mit dem Konzept der interaktiven Energie im interpersonalen System arbeite, verwende ich ein Diagramm mit drei konzentrischen Kreisen. Der innere Kreis ist die Quelle der interaktiven Energie, also Kopf oder Gehirn. Der nächste Kreis repräsentiert den Körper oder den Bereich des Handelns. Der äußere Kreis stellt den Bereich der »anderen Körper« oder der Interaktion dar.

Archetypische Ausdrucksformen für die interaktive Energie führen zu archetypischen Verhaltensmustern. Das ursprüngliche, archetypische Verhalten des Säuglings zeigt, daß er »weiß«, wie er auf die Fürsorge der Mutter reagiert; das Handeln auf einer primitiven, archetypischen Ebene »kennt« seine eigenen Wirkungen und Reaktionen. Die Handlungsformen sind in die Umwelt eingepaßt wie die Teile eines Puzzles. Wenn jemand Wut ausdrücken will, so schwingt er seine Fäuste. Diese Handlungs-Gestalt zielt auf die Reaktion eines Gegenübers ab, die darin besteht, daß dieser getroffen wird und umfällt.

In einer Struktur beobachte ich den Körper des Patienten, um zu sehen, wo die interaktive Energie sich zeigt, und versuche dann das Akkommodieren mit den »anderen Körpern« der Teilnehmer so zu arrangieren, daß sie sich in das bereitliegende Verhalten einpassen. Da der Patient nicht mehr das Kind ist, das er war, ist

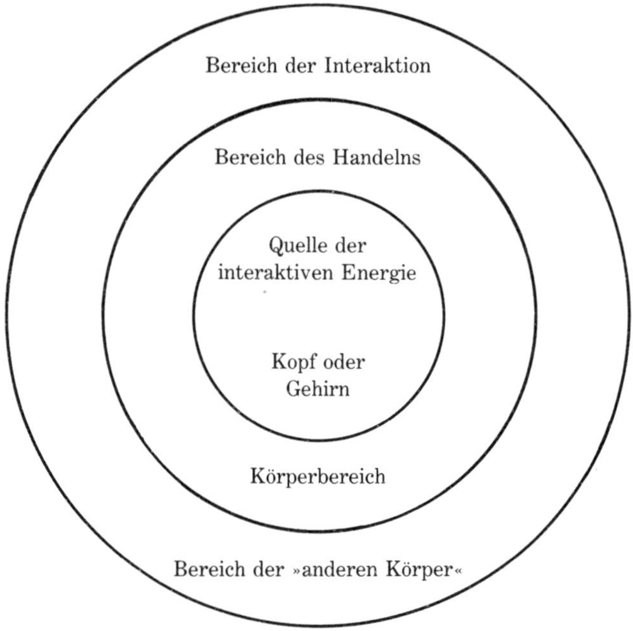

nicht mit einfachen Reaktions- und Interaktionsmodi zu rechnen. An seinem Körper wird vielmehr eine komplexe und symbolische Anhäufung von Spannungen und sich ankündigenden Verhaltensweisen und Hemmungen sichtbar.

Menschen gehen von der Stufe der einfachen, mechanischen, direkten und konkreten Interaktionen rasch weiter zu den komplexen, symbolischen, indirekten und abstrakten Interaktionen mit der Welt. Aber die Abstraktionen müssen sich auf die Grundlage befriedigender konkreter Erfahrungen stützen können, und diese Neuordnung streben wir in den Strukturen an. Angesichts der Flexibilität der menschlichen Seele und der Neigung, eigene oder fremde Körperteile und Handlungen zu symbolisieren, besteht häufig die Gefahr, ursprüngliche Aktionen und Interaktionen zu vermischen und zu verwechseln. Unsere Arbeit in Strukturen schließt also mit ein, daß wir sowohl die Stelle finden müssen, an der die interaktive Energie zum Vorschein kommt, als auch das Objekt sowie den Körperteil, der zum Objekt paßt; dann versuchen wir eine geordnete und klärende Rekonstruktion dessen, was am meisten passend, befriedigend und unverwechselbar ist. Die

Schwierigkeiten mehren sich noch dadurch, daß menschliche Gefühle sehr plastisch sind und auch symbolisch verwendet werden können. Es handelt sich also um drei Aufgaben: 1. Klärung und Beseitigung der Gefühlsverwirrung (Bereich des Kopfes – Gefühlsebene); 2. Entwirrung und Klärung der Organe und Körperteile, die beim Ausdruck verwendet werden (Bereich des Körpers – Handlungsebene); und 3. Entwirrung und Klärung des Durcheinanders bei den Objekten (Bereich der anderen Körper – Interaktionsebene).

Die Verschiebung der interaktiven Energie innerhalb des interpersonalen Systems

a) Symbolische Alternativen mit Hilfe anderer Körper

Das Schema der interaktiven Energie ist bezogen auf das Konzept der kindlichen Grundbedürfnisse und erweitert um den Vorgang der Symbolbildung. Ich möchte nun versuchen, beide zu verbinden. Der Fötus und später der Säugling benötigt zur Erfüllung seiner Grundbedürfnisse bestimmte Interaktionsformen. Entsprechen die Eltern diesen Bedürfnissen nicht, so sucht er nach Alternativen, wobei er auf seine eigenen, realen Körpervorgänge ebenso zurückgreift wie auf die symbolische Verwendung der Körpervorgänge und der Gedanken. Wir sehen also, wie die menschliche Fähigkeit zur Symbolbildung als Hilfssystem bei der Steuerung des benötigten Zuflusses aus der Umwelt benutzt werden kann; zwar erreicht diese Fähigkeit hier nicht eben ihre höchste Form, aber immerhin ermöglicht sie so als Überlebenstechnik eine Anpassung an ungünstige Lebensumstände. Allerdings behindert sie das Wachstum durch Vermischung und Verwirrung. Wenn diese sich in einer Struktur zeigen, versuchen wir nicht nur, sie zu klären, sondern dem Patienten auch zu einer direkten Befriedigung seiner grundlegenden kindlichen Bedürfnisse zu verhelfen. Das therapeutische Eingreifen muß allerdings die Energie berücksichtigen, die in unangemessenen symbolischen Handlungen und Zielen gebunden ist. Das zeigt das folgende Diagramm, in dem die gestrichelten Linien auf das verweisen, was angemessener und befriedigender gewesen wäre, und die ausgezogenen Linien auf die tatsächlich erlangten Befriedigungen.

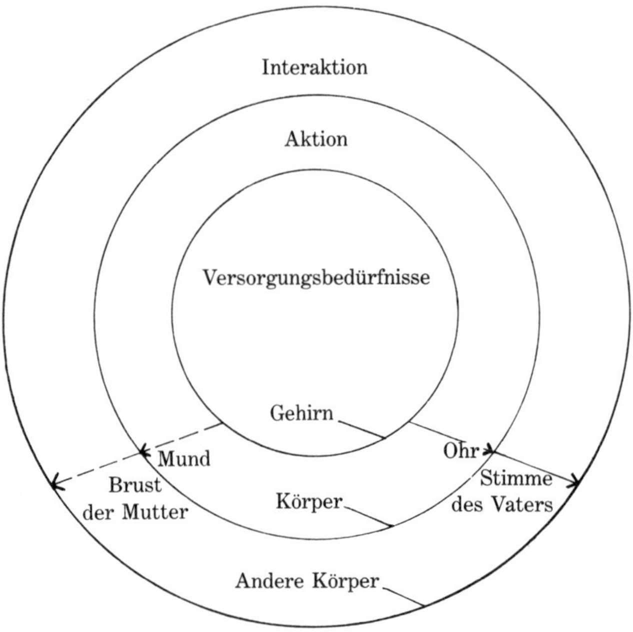

Das Diagramm zeigt etwa die Versorgungsinteraktion des Patienten mit einer kalten, abweisenden Mutter und einem warmen, zärtlichen Vater. Da die Befriedigung durch den Mund fehlte, fand der Säugling innere symbolische Mittel (einschließlich Daumenlutschen) zu seiner Befriedigung; es ist aber auch möglich, daß die unterdrückten Bedürfnisse vom Vater durch Füttern, Herzen und Summen befriedigt wurden. Der Patient kann Frauen ablehnen und sie kalt und lieblos finden (und einen Lebensstil entwickeln, der ihn nur mit solchen Frauen zusammenbringt) und nach warmherzigen Männern mit einem bestimmten Stimmklang suchen. Es ist klar, welche Folgen eine solche Vermischung und Verwirrung mit sich bringen kann. Da sein Vater mütterlicher war als die Mutter und die Mutter nicht bereit für seine Zuneigung, verwirrt sich seine Rolle im Leben; und da er bei Männern Wärme sucht, kann es zu homosexuellen Phantasien kommen.

Bei einem solchen Patienten versuchen wir das ursprüngliche Interaktionsmuster wiederzubeleben und seinem Mund das gleiche Gefühl von Lust und Befriedigung zu verschaffen, das sein Ohr empfindet, wenn es eine männliche Stimme hört. Wahrscheinlich geht er durch eine Phase, in der er die Mutterfigur vollkommen ablehnt, auch wenn sie sich als warmer und liebespendender Mensch zeigt und von einer warmen und hingabebereiten Frau in der Gruppe gespielt wird. Er wird einiges von der ursprünglichen Entbehrung, Frustration und Wut über die unbefriedigende Mutter wiedererleben und ausdrücken. Aber danach ist der Weg frei, die gute Mutter zu akzeptieren. Die Folge einer Serie von Strukturen kann eine Veränderung im Selbstbild des Patienten sein wie auch in seiner Wahrnehmung und seinen Erwartungen, was die Beziehung zu Frauen betrifft.

b) Symbolische Alternativen im Bereich des eigenen Körpers

Bisher haben wir nur die interaktive Energie betrachtet, die nach Alternativen im Umfeld sucht, in dem sie entweder mit ihren ursprünglichen Zielen verschmilzt oder von ihnen abgelenkt wird. Ich möchte nun Situationen erkunden, in denen das Kind eine so unzureichende Umgebung vorfindet, daß Beziehungen, aus denen es alternative Befriedigung ziehen könnte, fehlen. In einem solchen Fall erscheint die Wendung zum eigenen Selbst im Bereich von Schutz und Halt fruchtbarer. Nehmen wir eine Möglichkeit im Bereich des Schutzes. Wie schon erwähnt, findet das angeborene Schutzbedürfnis beim Kind seinen Ausdruck in dem Wunsch, von den starken Armen der Eltern umschlossen zu werden. In der nachfolgenden Zeichnung verdeutlichen die gestrichelten Linien, wie es bei natürlichem und wie es bei normalem Verlauf der Dinge gewesen wäre, die ausgezogenen Linien zeigen, was wirklich geschah. Wenn ein Patient nie oder nur selten den Schutz seiner Eltern erfahren hat, verringert das seine Fähigkeit, bestimmte Seiten seiner interaktiven Energie in einer erwachsenen symbolischen Form in die Beziehungen zu anderen einzubringen. Er wird unnahbar und selbstgenügsam und »braucht andere nicht«. Ein solcher Patient weist in einer Struktur die Hilfsangebote von Akkommodierenden aus der Gruppe zurück. Beobachtet man, wie er sich an sich selbst festklammert, dann wird bald deutlich, daß der aufgeladene Kontaktbereich die Hautoberfläche zwischen den Armen und dem Körper ist. Veranlaßt man ihn, sich zunächst mit diesem Bereich auf andere, die die Rolle der idealen Eltern spielen, zu beziehen, dann kann er, von da ausgehend, allmählich andere Möglichkeiten entdecken, seine interaktive Energie zum Aus-

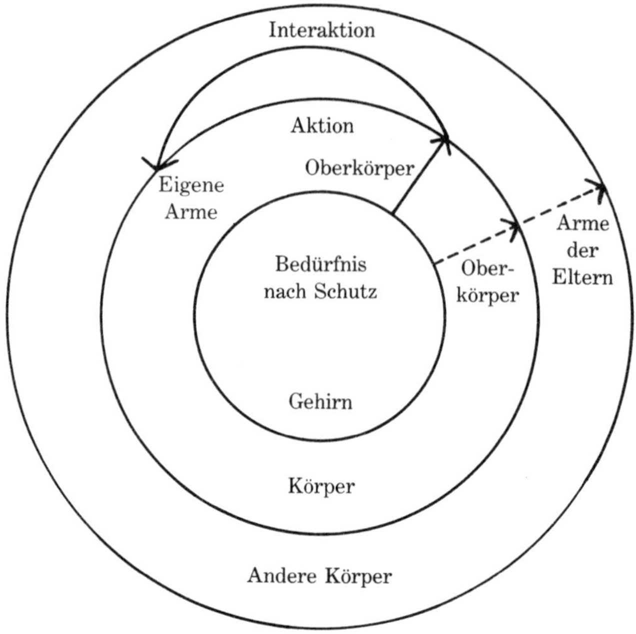

druck zu bringen. Veranlaßt man ihn dagegen, seine idealen Eltern zu umarmen, so zeigt sich etwas Erstaunliches: Manche Patienten sind nicht fähig, ihre Elternfiguren anders als nur ganz schwach an sich zu drücken, und diese berichten, daß der Patient geradezu von ihnen wegzuschrumpfen schien. Andere griffen sehr fest nach den guten Eltern, doch wurde bald klar, daß sie die Rolle eines Beschützers übernahmen, statt selbst Schutz zu suchen. Wieder andere umarmten ihre idealen Eltern so heftig, daß es ihnen weh tat; sie drücken vermutlich, ohne es zu merken, ihre Wut auf die realen Eltern aus. Der Leiter muß dann klarstellen, daß die auf die idealen Eltern gerichtete Kraft gegen die negativen Eltern gekehrt werden sollte. Nur wenn der Patient bereit ist, die Wut direkt auszudrücken, wird er später den Schutz durch die idealen Eltern annehmen können. An einem bestimmten Punkt kann der Patient das Fehlen von Schutz im ursprünglichen Milieu nacherleben. Erst das Gefühl, in der Gegenwart von guten Eltern verletzbar sein zu dürfen, führt dazu, daß der Patient sich auch im alltäglichen Leben nicht mehr durch eine Panzerung vor Verletzungen schützen muß.

Der besondere Verlauf einer solchen Struktur zeigt, wie die psychomotorische Therapie die Ambivalenz gegenüber Objekten aufspalten kann. Der Zorn, den der Patient zunächst gegenüber den realen Eltern erlebt, wird auf die negativen Eltern gerichtet; und erst dadurch kann er die positive Zufuhr von seiten der idealen Eltern annehmen.

Bei Patienten, deren interaktive Energie auf ungeeignete symbolische Alternativen und ungeeignete symbolische Aspekte ihres eigenen Körpers verschoben ist, handelt es sich im allgemeinen um »normale Neurotiker«. Der Begriff »normale Neurotiker« bringt zum Ausdruck, daß Menschen so formbar sind, daß sie sich zwar mit manchen Persönlichkeitsanteilen als pathologisch, mit anderen dagegen als ganz normal erweisen können.

c) Symbolische Alternativen im Bereich der geistigen und seelischen Vorgänge

Interaktive Energie dient anfangs dem motorischen Verhalten und ist später, da sie mit dem Individuum reift, stärker symbolisch orientiert. Manche Menschen können – konstitutionell bedingt oder auf Grund verheerender Umstände bei der Versorgung – ihre interaktiven Energien weder in die Bewegung noch in ihr sonstiges Verhalten ausreichend investieren, um sie als selbstverständlichen Teil ihres Lebens nutzen zu können. Wenn zum Beispiel ein Elternteil die normale kindliche Interaktion mit ihm und der Umwelt dauernd durch allzu strenge Ermahnungen, Verbote oder Strafen unterbricht, dann wagt es das Kind schließlich nicht mehr, seine interaktive Energie als Grundlage seines Handelns zu begreifen. Es muß nun einen Weg finden, sie in ein »körperloses« System, wie ich es für die Träume beschrieben habe, oder in ein symbolisches System wie Nachdenken oder Tagträumen zu verschieben. Im schlimmsten Fall wird das Kind psychotisch.

Die gestrichelte Linie zeigt wieder den normalen Weg der interaktiven Energie und die ausgezogene Linie das, was mit den später als psychotisch oder als partiell psychotisch klassifizierten Patienten geschieht: Der Körper bleibt von der interaktiven Energie fast unberührt, während sie die inneren Vorgänge im Gehirn extrem aufbläht. Die Intensität der Angst läßt auf fehlgeleitete interaktive Energie schließen, ähnlich wie bei einem Kurzschluß der erhitzte Draht die Stromstärke anzeigt, die nicht in die beabsichtigte Leistung floß.

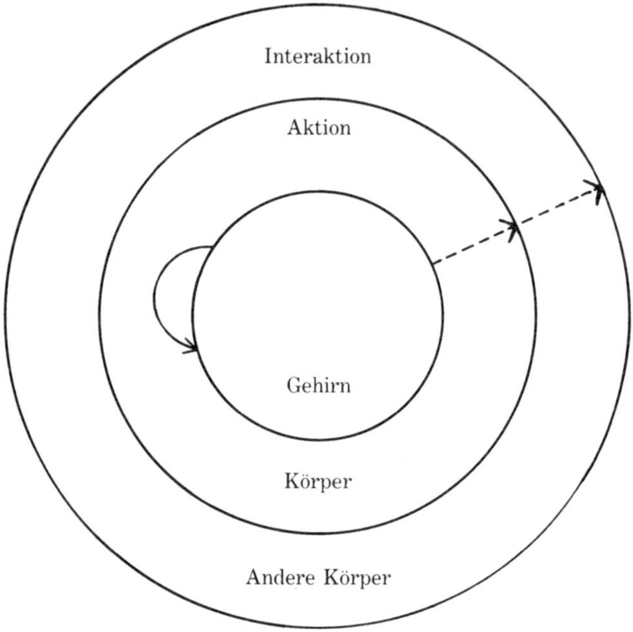

Das Diagramm zeigt, wie die interaktive Energie in Ersatzlösungen wie Träumen, Halluzinationen, Gedanken verwendet wird. Solche Menschen zeigen die charakteristischen Bewegungs- und Verhaltensstörungen des körperlosen Typs. Die Schwierigkeiten, mit ihnen zu arbeiten, sind offensichtlich. Zunächst muß man versuchen, mit ihnen überhaupt in Beziehung zu treten, denn die interaktive Energie ist keineswegs auf den Therapeuten gerichtet. Dann muß man das Objekt oder die Objekte ausfindig machen, an die sie gebunden ist. Würde sie den Körper des Patienten erreichen, so hätte man wenigstens einen Hinweis auf seine Gefühle. Aber sie erreicht ihn nicht, sie erreicht nur seine Psyche, und diese benutzt ihre ganz individuellen symbolischen Prozesse. Man muß sich also um die Entzifferung der Symbole bemühen, die ja das Objekt der Gefühle sind, um den Patienten dazu zu bringen, sie direkt auszudrücken. Gerade dies, der Versuch, Gefühle direkt auszudrücken, war für den Patienten in der Vergangenheit so schmerzhaft, daß jeder neue Versuch ihm die größten Schwierigkeiten bereitet. Beim Aufbau einer längerfristigen Beziehung muß der Therapeut sehr geduldig sein und es dem Patienten ermöglichen, allmählich so viel

Vertrauen zu entwickeln, daß er sich in der Gegenwart des Therapeuten sicher genug fühlt, um sich auf dieses Wagnis einzulassen.

Da diese Patienten die Bandbreite ihrer Gefühle nie ausreichend erproben konnten, gibt es erhebliche Fehlwahrnehmungen hinsichtlich der Macht ihrer Gefühle. Und da sie kaum individuiert sind, sie also nur über wenig Erfahrung verfügen, wie sich ihr Selbst von der Außenwelt unterscheidet, haben sie kein Gefühl dafür, was zu ihnen gehört und was sie bewirken und was nicht. Dies kann so weit gehen, daß sie glauben, der ungehemmte Ausdruck ihrer Energie werde weltweite Wirkungen haben. Ihre Energien sind gleichsam implodiert. Ich möchte sie mit jenen ehemaligen Sternen, den schwarzen Löchern, vergleichen: Diese sind ja deshalb so schwer am Himmel zu entdecken, weil ihre Licht- und Energiestrahlen nicht aus dem Bereich ihrer Schwerkraft entweichen können, die durch die Implosion ins Unermeßliche vergrößert wurde. So denke ich, daß Patienten, die überhaupt nicht wissen, was sie fühlen, keine Energie mehr aus ihrem implodierten Energiesystem bekommen können, von der sie wenigstens einen Hinweis darauf erhalten könnten, was in ihrem Gefühlsleben vor sich geht. In solchen Fällen habe ich versucht, jene seelischen Vorgänge aufzuspüren, welche die Gefühle einschnüren, und sie vorsichtig zu lockern. Ein Beispiel dafür ist eine Patientin, die häufig und zwanghaft dreimal drei Klopfzeichen machen mußte, um schlimmen Folgen vorzubeugen. Ich versuchte das Klopfen für kürzere oder längere Zeit zu unterbinden und ihr zu helfen, die darauffolgende, von Zittern begleitete Erregung in passender und akkommodierender Form auf mich oder die Umstehenden zu lenken. Ich nahm an, in dem Zittern in ihrem sonst so starren und unbeweglichen Körper zeige sich interaktive Energie. Falls ich ihr vermitteln könnte, daß ich ihr beim Halten, Beherrschen und Eingrenzen dieser Energie zu helfen vermochte, dann könnte ich ihr auch beistehen bei dem Versuch, allmählich und behutsam eine Beziehung zur realen äußeren Welt aufzunehmen.

Da in einem solchen System von Symbolen jedes Ding alles bedeuten kann, lassen sich die wichtigen Zeichen interaktiver Energie nur äußerst schwer finden, insbesondere bei einem Psychotiker, der gar nicht bereit ist, irgend etwas aus seiner inneren Welt mit jemandem zu teilen; auch sogenannte normale Patienten haben ja schon oft Mühe, sich dessen genau oder vollständig bewußt zu sein, was sie in manchen Situationen denken oder fühlen. Wenn man die interaktive Energie und ihren Ausdruck sichtbar und konkret machen kann und dann akkommodiert, wird die Sache erheblich leichter.

Vielleicht macht dies deutlich, wie unterschiedlich wir im Vergleich zur traditionellen Therapie mit dem Widerstand umgehen. Dort behandelt man häufig den Patienten, als ob er das größte Interesse hätte, den für ihn schmerzhaften therapeutischen Prozeß zu vermeiden, als müsse er angespornt und vom Therapeuten angetrieben werden – in der Annahme, der Impuls zur Heilung käme eher vom Therapeuten als vom Patienten. Mich macht diese Annahme ärgerlich. Sie verstärkt das Gefälle zwischen Patient und Therapeut. Er ist der Fachmann, und der Patient braucht ihn, denn er will doch, daß es ihm bessergeht und er endlich dem Schmerz seines unglücklichen Zustands entrinnen kann. Meiner Meinung nach kann sich der Therapeut auf einen im Patienten wirksamen normalen Prozeß des Strebens nach Gesundheit verlassen, den er nur zu unterstützen braucht. Genauso wie der Arzt nicht heilt, sondern lediglich den natürlichen Heilungsprozeß in Gang setzt und Hindernisse aus dem Weg räumt, sollte sich auch der Psychotherapeut nicht als »Heiler« verstehen, sondern als jemanden, der die angeborenen und nach innerem Gleichgewicht strebenden Kräfte der Seele unterstützt.

Sobald man dem Patienten den Akkommodationsvertrag anbietet, verändert man auch, was den Widerstand betrifft, den Fluß des therapeutischen Prozesses. Der Therapeut stellt ein Ventil und ein akkommodierendes Objekt für die interaktive Energie zur Verfügung, die in einem symbolischen System gebunden ist. Ich kann die Schwierigkeiten der Patienten in der herkömmlichen Psychotherapie, bei der es kein Akkommodationsangebot gibt, gut nachempfinden. Im traditionellen Setting werden oft die schmerzhaftesten Erinnerungen an Frustrationen, Entbehrung, an niemals ausgedrückte Zuneigung und Wut hervorgeholt, aber es gibt kaum eine Reaktion und sicher kein Akkommodieren. Die Patienten müssen die neubelebte interaktive Energie, die solches Erinnern unvermeidlich hervorruft, von neuem schlucken und erleben dazu noch eine Kränkung, wenn der Therapeut ihnen sagt, sie leisteten Widerstand. Sobald sie ein Feld haben, wo sie diese Gefühle in befriedigender Weise ausleben können, sind sie viel eher dazu bereit, sich mit der Frage auseinanderzusetzen, warum sie einen so indirekten Weg für ihren Gefühlsausdruck und dessen Objekte gerade in dieser Form gewählt haben. Mit klarerem Kopf und in einer weniger schmerzlichen Lage können sie Alternativen für ihr Verhalten erkunden. Sicher wird vielen Patienten in der traditionellen Psychotherapie geholfen, und sie fühlen sich danach besser; trotzdem glaube ich, daß der Prozeß beschleunigt und wesentlich verändert werden kann, wenn man einige der hier beschriebenen Techniken verwendet und dem eindrucksvollen Instrumentarium der traditionellen Therapien noch einige andere Hebel und Techniken hinzufügt.

Natürlich stößt man auch in der psychomotorischen Therapie auf Formen des Widerstands. Manche Patienten müssen an einem bestimmten Punkt ihres Wachstums wirklich angespornt, angetrieben oder an das Ziel ihrer Therapie erinnert werden, aber nicht so, daß es zentral für den Prozeß wird.

Die Verschiebung der interaktiven Energie in andere Energiesysteme

Die interaktive Energie ist wesentlich Bewegungsenergie und auf bestimmte äußere Objekte gerichtet. Wenn die ursprünglichen Wege blockiert oder nicht verfügbar sind, kann sie aber auch andere Ausdrucksformen finden. Hört ein Patient in einer Struktur auf, sich zu bewegen oder sich auf die Akkommodierenden zu beziehen, dann nehme ich an, daß eine Verschiebung von Energie stattgefunden hat. Durch eine solche Verschiebung von Energie können Systeme, für die dieser Energiestrom nicht bestimmt war, überladen werden, und die interaktive Energie kann nur noch indirekten Ausdruck finden. Wer also auf der Ebene der zwischenmenschlichen Beziehungen nicht sehr aktiv ist, ist vielleicht mit Tagträumen oder mit seinen Phantasien beschäftigt, oder er hat die verschiedensten Leiden, die viel von seiner Aufmerksamkeit auf sich ziehen.

Damit sage ich nichts grundlegend Neues. Bekanntlich entwickeln manche Neurotiker psychosomatische Beschwerden, und wieder andere werden zwanghafte Zauderer und Tagträumer. Neu ist nur die Annahme, daß die für diese Symptome abgezweigte Energie ursprünglich interaktiv ist. In einer Struktur wird die Möglichkeit zu kontrollierbarer, befriedigender Umorientierung dieser Energie geboten. Die verborgenen Ausdrucksformen zu entdekken, ist mir nicht so wichtig wie die ihnen innewohnende Möglichkeit zum direkten Ausdruck. Einsicht genügt nicht; sie kann aber der erste Schritt zur Neuorientierung sein, nicht nur in der therapeutischen Sitzung, sondern auch in der Wirklichkeit.

a) Verschiebung in das sprachlich-symbolische System

Nehmen wir an, ein Patient habe in einer Struktur mit heftigen Bewegungen seine Wut auf die negative Mutter ausgedrückt. Er liegt nun im Schoß der idealen Mutter und sagt, er wolle spüren, wie sich gute Versorgung anfühlt. Er krümmt sich in ihren Armen zusammen und versucht, wie er es bei anderen gesehen hat, an einem weichen Teil ihrer Hand oder ihres Arms zu saugen. Plötzlich wird er ganz still, und weder Gesicht noch Hände noch Mund sind im normalen und deutlich interaktiven Sinn »aufgeladen«. Er stößt die ideale Mutter nicht aktiv zurück; es ist eher, als ob sie oder er gar nicht da wären. Nach einigen Augenblicken der Stille unterbreche ich gewöhnlich und frage ihn, wo er im Moment mit seinen Gedanken sei. Immer verweisen sie auf das, was gerade vor sich ging, oder sind damit verknüpft. Bei dieser ausgezeichneten Gelegenheit kann man dem Protagonisten seine Symbole für Versorgung aufdecken und sie ihm auch in ihrer nicht-motorischen Form zugänglich machen. Ein Patient sagte an diesem Punkt, er sei in eine Art Träumerei über die Natur und besonders über Bäume und Wälder versunken gewesen. Er erinnerte sich, wie gerne er als Kind mit seinem Vater durch die Wälder ging, und auch als er älter wurde, waren Natur und Wald für ihn ein wichtiger Bereich der Erholung und Entspannung; er verbrachte viel Zeit mit Zelten und Herumstreifen. Tatsächlich trug er auch in diesem Moment in seiner Jacke ein Buch über die Natur mit sich herum, das er in seiner knapp bemessenen Freizeit las. Ich schloß daraus, daß er sich Versorgung motorisch im Kontakt mit Natur und Bäumen verschaffte, symbolisch durch Lesen oder Nachdenken über Bäume. Auf übliche Weise von der Mutter durch den Mund versorgt zu werden, bedeutete ihm wenig; jeder drängende Versuch, es ihm als sinnvoll erscheinen zu lassen, ohne die Energie aus den Natur-

Symbolen mitzuverwenden, hätte nur negative Folgen gehabt. Ich schlug ihm also vor, sich wirklich in die Wälder zu phantasieren oder anzunehmen, Mutter Natur sei seine ideale Mutter, und die Gefühle zu spüren, die er unter Bäumen erlebt. Er mag dann unter Bäumen wandern oder auf dem Boden liegen mit dem Gefühl, im Wald zu sein. In jedem Fall muß man ihn die Bewegungsanteile seiner befriedigenden Erfahrung wiedererleben lassen und dies dann mit dem Erleben der Liebe in den Armen der idealen Mutter zu verbinden suchen. Man kann ihn daran erinnern, daß es auch Mütter fertigbringen können, daß man sich so entspannt, sicher und zu Hause fühlt wie im Wald. Damit soll ihm nicht die Freude an der Natur verdorben werden, sondern es soll den Patienten mit dem Gedanken vertraut machen, sich in einer Versorgungssituation mit einem Gefühl der Wärme an Frauen zu wenden, zunächst in einer Struktur und später, von gleich zu gleich, in reiferer Form in der Wirklichkeit.

Ebenso kann aber die phallische Gestalt der Bäume und ihre Verbindung mit dem Vater eine mögliche Verknüpfung bedeuten. Man muß die Einfälle des Patienten im Sinn behalten, mit ihnen arbeiten und nicht zu früh auf mögliche oder spätere Verknüpfungen drängen. Mit dem Wissen, daß seine Liebe zu den Wäldern auch einige Versorgungsmängel ausgleichen konnte, mag der Patient seine emotionalen Erfahrungen und Reaktionen überdenken, die sich auf Frauen beziehen. Kann der Patient der idealen Mutter nicht begegnen, ohne sein Gefühl des Staunens und der Ehrfurcht in den Wäldern zu gefährden, dann können andere Teilnehmer sich als Bäume aufstellen und ihm damit ein »freies Assoziieren« in Form von Bewegungen ermöglichen, um zu sehen, was er mit den Bäumen tun möchte.

In ähnlicher Weise empfand ein anderer Patient das Stillen durch die Mutter als ziemlich sinnlos, die Sonne aber, die durch das Fenster schien, als sehr anziehend. Als er seine Gefühle angesichts der Sonne mit seiner Beziehung zur Mutter in Verbindung brachte, konnte er allmählich die lebenspendenden Kräfte der Mutter erleben, die er zuvor von der Sonne bezogen hatte. Befragt man Patienten über ihr Schweigen, dann berichten manche, daß ihnen gerade ein Wort durch den Sinn ging, ohne es mit etwas, das sie sonst für wichtig hielten, verknüpfen zu können. Wenn das Wort aber laut und in Verbindung mit einer Versorgungssituation ausgesprochen wird, kann es plötzlich neue Bedeutungen für den Patienten und den

Therapeuten bekommen. Zwar ist freies Assoziieren eine reiche Quelle für die Therapie, aber erst durch Bewegung wird sein gesamtes Potential ausgeschöpft. Es erscheint mir wichtig, die motorischen interaktionellen Vorgänge der psychomotorischen Methoden mit den assoziativen Vorgängen der traditionellen Therapie zu verbinden.

Ein anderer Patient ist voller Wut und möchte seine Mordlust gegen die negativen Eltern erleben. Er stellt sie sich gegenüber, und um sich auf den Gipfel seiner Wut zu bringen, veranlaßt er sie, ihm Unangenehmes an den Kopf zu werfen, wie es vielleicht seine Eltern früher taten. Er steht da und lauscht ihren Beschimpfungen, zeigt aber keinerlei Ärger; sein Körper scheint ohne Energie und entspannt. Die Ursache kann darin liegen, daß der Patient den negativen Reiz als negative Versorgung aufnimmt und in der Demütigung schwelgt. Wenn das der Fall ist, muß der Therapeut intervenieren und die masochistische Szene beenden. Er muß ihm natürlich den Grund mitteilen, und dies könnte den Patienten zu einem neuen Verständnis seiner unbewußten Versuche führen, Situationen so zu manipulieren, daß sie mit Demütigungen enden. Ebenso kann er erbost auf die Unterbrechung durch den Therapeuten reagieren und darauf bestehen, »seine Struktur selbst zu lenken«. Die Entscheidung, ob ihm die Fortsetzung erlaubt oder die Beendigung verlangt wird, hängt ganz vom Urteilsvermögen des Therapeuten ab (denn der Patient kann durch die wiederholten negativen Reize in eine extreme Wut geraten).

Ich habe viel gelernt aus den Strukturen, bei denen ich zu nachgiebig oder zu nachsichtig war, als der Patient über lange Zeit nicht auf die Beschimpfungen reagierte, mit denen seine negativen Eltern ihn überhäuften. Diese Patienten schienen hinunterzuschlucken, was an Negativem auf sie einströmte, während in ihnen ein Gefühl haßerfüllter Omnipotenz wuchs, das nicht ausgedrückt wurde. Ich habe gelernt, diesen Vorgang zu erkennen, zu unterbinden und den Patienten eine Form finden zu lassen, in der er seine Wut loswerden kann. Begriff und Konzept der negativen Versorgung verdankte ich den Erfahrungen mit derartigen Patienten. Das lang anhaltende Ausbleiben einer Reaktion auf negative Reize habe ich als nicht nur passiv-aggressive Lösung, sondern auch als ein Streben nach Allmacht begriffen. Alle nicht ausgedrückten Gefühle scheinen sich zu verstärken, je länger sie verborgen bleiben. Vermutlich werden sie innerlich gespeichert, um die eigenen Machtphantasien aufzublähen. Sie brauchen die Überprüfung an der Wirklichkeit und die eingrenzende Funktion der idealen Eltern, um sie wieder in den richtigen Zusammenhang zu bringen.

Fragt man einen in dieser Weise schweigenden Patienten, was er denke, so sagt er etwa, er habe sich einen Wirbelsturm vorgestellt, der seine Eltern mit Gewalt hochgerissen und weggeschleudert habe. Beim Aussprechen dieser Vorstellung lacht er vor Vergnügen. Der Therapeut kann ihm nun vorschlagen, sich selbst als Wirbelsturm vorzustellen und seine interaktive Energie auf diese Weise auszudrücken. Dann wirbelt er mit enormer Kraft herum, gerät fast außer sich angesichts seines leidenschaftlichen Bewegungsausdrucks und des Akkommodierens der negativen Eltern. Oder er ist entsetzt beim Gedanken daran, auf seine negativen Eltern wütend zu werden, weil sie so viel größer seien als er und ihn überwältigen und zerschmettern würden, wenn er seine Wut zeigte. Er könne sich zwar vorstellen, wie ein Wirbelsturm sie herumstößt, aber er als kleiner Junge habe keineswegs die Macht, sie auch nur zu berühren. Seine Wirbelsturm-Phantasie war vielleicht ein Weg, seine Ohnmachtsgefühle in der Gegenwart der Eltern zu kompensieren.

Das Ziel beider Reaktionen ist das gleiche: die interaktive Energie zum Körper zurückzubringen und entweder das Akkomodieren oder eine notwendige und passende Eingrenzung zu erleben. Nehmen wir zunächst die Reaktion des Patienten, der es genoß, selbst der Wirbelsturm zu sein und seine Eltern herumzuschleudern. Es ist gut, wenn er einen Teil seiner Wut wieder in Muskelkraft verwandelt und aktiv ausdrückt, aber es fehlt noch ein weiterer Schritt. Als Wirbelsturm verfügt er über Momente von Allmacht und übermenschlichen Kräften, die der Eingrenzung und Klärung bedürfen. Der Patient, der in der Struktur zum Wirbelsturm werden konnte, befindet sich unter Umständen in der gleichen Lage wie der, der sich nicht einmal vorstellen konnte, als Wirbelsturm aktiv wütend auf die Eltern zu werden. Wenn der Therapeut dem Wirbelsturm-Patienten vorschlägt, seine Wut wie ein kleiner Junge zu zeigen, dann fühlt er sich ängstlich und verlangt nach dem Schutz der guten Eltern. Zögernd kann er dann eine Faust ballen und sie den negativen Eltern entgegenstrecken, während er von den Körpern der schützenden idealen Eltern gedeckt wird. Er kann sehen, welche Wirkung dies auf die negativen Figuren hat. Geht es gut, dann wagt er mehr und wird energischer.

Die Struktur kann aber auch eine andere Wendung nehmen. Der Wirbelsturm-Patient kann Angst bekommen, wenn er die Auswirkungen seiner Stärke sieht, und während er sich darüber besorgt zeigt, daß er so heftige Gefühle hat, fühlt er seine Wut schwinden. Nun kann ihm der Therapeut eine Eingrenzungsstruktur vorschlagen. Der Patient sollte dann der Gewalt seiner Wut freien Lauf lassen und spüren, daß sie gebändigt werden kann, was ihm Sicherheit gibt.

Es sollte klar sein, daß hier kein routinemäßig zu lösendes Problem zur Diskussion steht. Nicht ohne Grund war der Ausdruck der Wut zunächst ins Symbolische verschoben. Nach der Eingrenzungs- oder Halte-Struktur ist der Patient eher in der Lage, seiner Wut auch im Alltag freien Lauf zu lassen. Der Therapeut muß eine Reihe schwieriger Entscheidungen treffen: ob er Akkomodation für die Wut auf die negativen Eltern anbieten oder die Wut eingrenzen soll, wenn sie sich auf die idealen Eltern richtet. Als Faustregel gilt: Wenn die akkommodierte Wut Angst oder Allmachtsgefühle weckt, sollte eine Eingrenzung angestrebt werden; wenn das Akkommodieren Erleichterung bringt und ein Gefühl, die schädlichen Auswirkungen der schlechten Eltern losgeworden zu sein, dann wären Grenzen fehl am Platz.

Dem Patienten, der den Wirbelsturm phantasieren, ihn aber nicht selber spielen konnte, kann man andere Alternativen anbieten. Er erhält den Schutz der idealen Eltern, und ein anderes Gruppenmitglied wird zum Wirbelsturm, während er zuschaut. Oder der gute Vater spielt den Sturm, während der Patient von der guten Mutter beschützt wird. Dies kann allerdings auch andere Folgen haben. Es mag ihn vom Vater trennen und ihn an seine Angst vor ihm erinnern, während er von einer überbesorgten Mutter beschützt wurde. Oder der Patient will sich wie ein ganz kleiner Tornado verhalten, während er weiterhin den Schutz der guten Eltern genießt. Er beginnt mit kurzen Windstößen und beobachtet ihre Wirkung auf die negativen Eltern. Dies könnte zu einem allmählichen Crescendo der Kraft führen, bis er sich in der Lage fühlt, seine Wut in größerem Umfang zu zeigen. Wie immer man sich entscheidet, es bleibt wichtig, den Patienten an einen Punkt kommen zu lassen, an dem er seine Gefühle wirksam und ohne den Schutz oder die Hilfe fremder Menschen ausdrücken kann.

Jedes neue Element aber, das in eine Struktur eingebracht wird, hat Folgen, und einige von ihnen lassen sich oft überhaupt nicht vorhersehen. Gelegentlich bietet man eine Alternative an, die dem Therapeuten oder der Gruppe überaus sinnvoll erscheint, und doch kann sie bei einem bestimmten Patienten völlig fehlschlagen. Eine geringe Veränderung kann ihn an etwas erinnern und heftige Wirkungen zeitigen, die man nicht übergehen darf. Nur die Reaktion des Patienten kann uns leiten, das Nützliche vom Schädlichen zu unterscheiden.

b) Verschiebung in das metabolisch-vegetative System

In früheren Jahren ließ ich die Gruppen zu Beginn eines Wochenend-Workshops locker stehen und alle Muskeln entspannen, soweit sie es konnten, ohne hinzufallen, und bat sie, alle Gedanken und Gefühle möglichst wegzulassen. Ich forderte sie dann auf, darauf zu achten, welche Körperteile die Aufmerksamkeit auf sich zogen, sei es durch Spannung, Kribbeln oder Schmerz, um herauszufinden, zu welchem Verhalten dies führen könnte. Dann ließ ich mir von allen erzählen, was sie wahrgenommen hatten. Jahrelang hörte ich mir solche Berichte an, nahm auf und lernte, wie Menschen mit diesen Spannungen umgehen, und es führte mich zu einigen vorläufigen generellen Vermutungen über das, was zu erwarten ist.

Manchmal fühlt ein Patient in einer Struktur überhaupt keinen Impuls, sich irgendwie zu bewegen, er spürt keine Spannung in den Muskeln und hat keine Einfälle, die eine nähere Beschäftigung mit ihnen erforderlich machen würde. Er spürt nur Schmerz in einem bestimmten Körperteil, zum Beispiel in den Augen, und der Ort des Schmerzes scheint eine gewisse Bedeutung für seinen emotionalen Zustand zu haben. Um dies herauszufinden, wendet man sein Interesse solchen Bewegungen zu, die zu dem Schmerz in Beziehung stehen könnten. Der Patient kann zum Beispiel in einer Struktur oder einer affektiven Situation sein, die eigentlich eine

Wutreaktion erwarten ließen. Er spürt aber weder Wut, noch ist sein Körper aufgeladen; er fühlt nur den Schmerz, etwa in den Augen. Ich schlage ihm dann vor, die Wut mit den Augen auszudrücken – die negativen Figuren zu durchbohren oder in sie einzudringen, als ob Messer oder Strahlen aus seinen Augen kämen. Die Akkommodierenden sollten so auf das Verengen der Augenlider reagieren, als würden sie von Messern oder von schmerzhaften Strahlen durchdrungen. Manchmal berichtet der Patient von Gefühlen, als ob Energie aus seinen Augen zu denen des Akkommodierenden flösse, während er seine Augen als Waffen benutzte, und von seiner Zufriedenheit über die erzielte Wirkung. Oft dehnt sich die Energie über das ganze Gesicht aus und führt zu einer Grimasse der Anspannung im Mundbereich. Wenn der Patient seine Wut anwachsen fühlt, beginnt er wie ein Tier zu knurren; dies kann sich gegenüber den Akkommodierenden in Gebrüll verwandeln. Schließlich ballt er die Fäuste und schlägt auf etwas ein, während sie reagieren, als träfen sie die Schläge. Nach einer solchen Struktur sagt ein Patient oft, der Schmerz in den Augen habe sich verringert oder sei verschwunden.

Das Verengen der Augen und das Akkommodieren scheinen sich gelegentlich im Gefühl des Patienten plötzlich zu verbinden, und er spürt, daß seine Augen den Akkommodierenden wirklich Schmerz bereiten können. Das kann zu einer Erweiterung der Ausdrucksmöglichkeiten und zu einer langsamen Verschiebung von der symbolischen zur Handlungsebene führen.

Das Ziel ist wiederum, den symbolischen (in diesem Fall den metabolisch-vegetativen) Ausdruck in den Bereich der Bewegung der Skelettmuskeln zu verlagern. Wir wollen in der psychomotorischen Therapie aus komplexen geistig-symbolischen Menschen keine primitiven, wirklichen Ungeheuer machen, sondern die Breite des Ausdrucks bei Menschen fördern, die vom normalen konkreten Weg schon abgeschnitten waren, bevor sie in den Prozeß der Symbolbildung eingetreten sind.

Wenn jemand Schmerzen in der Hand spürt, weise ich ihn an, motorisch gleichsam frei zu assoziieren und zu erproben, welche Bewegung der schmerzenden Hand im Verein mit den Reaktionen der Akkommodierenden ein angenehmeres oder bedeutsames Gefühl hervorruft. Es kann sein, daß er sich an eine Zeit erinnert, als er Angst hatte und sich an niemanden wenden konnte. Er mag aber auch herausfinden, daß, sobald er die Faust ballt, eine plötzliche Woge von Kraft in die Hand fließt, so daß er sie noch fester ballt. Oder er möchte mit der flachen offenen Hand auf etwas schlagen. Er und der Therapeut müssen bei der Suche nach möglichen Ausdrucksformen Phantasie und Kreativität entwickeln.

Manchmal zeigt sich der Schmerz in der Brust oder der Kehle. Meist geht dies einem tiefen Atemholen voraus. Dies kann zu einer Struktur mit mächtigem Gebrüll oder lautem Schluchzen führen. Wenn ein Patient brüllt, ohne daß dies der Körper will, dann geschieht es ohne wirkliche Ausdruckskraft. Er steht dann entspannt und prüfend da und versucht herauszufinden, was für andere Bewegungsbotschaften, seien sie direkt oder noch prämotorisch, im Körper vorhanden sind. Der Patient will vielleicht weinen und erinnert sich an ein Ereignis, das für ihn noch immer eine Bürde ist. Weinen und Schluchzen sind dann nicht gekünstelt, sondern stehen, wie ich meine, in einem Zusammenhang mit dem vorher erlebten Schmerz. Denn nach einem tiefen Aufschluchzen betont der Protagonist oft, der Schmerz in der Brust sei schwächer geworden oder ganz verschwunden. Gelegentlich empfindet ein Patient im Verlauf einer Struktur Ekel. Wir schlagen ihm vor, diese Empfindungen stärker werden zu lassen. Für solche Fälle steht ein großer Plastikeimer bereit, denn viele Patienten verspüren daraufhin heftiges Würgen, auf das die negativ Akkommodierenden reagieren, als würden sie angespien. Merkwürdigerweise hat noch nie jemand wirklich erbrochen, es kam höchstens ein wenig Schleim, obwohl der Ekel oft heftig ist und auch in aufwühlender Weise gezeigt wird. Trotzdem fühle ich mich wohler, wenn ein Eimer erreichbar ist.

Der Ekel hat mehrere Varianten. Bald ist er Folge von Wut, die nur diese Ausdrucksform gefunden hat; bald stammt er aus der Hemmung anderer starker Affekte; und bald ist es, als wolle der Patient ein Gefühl loswerden, das jedoch ein wichtiger Teil seiner selbst ist. In diesem Fall kann ihm der Therapeut versichern, daß all seine Gefühle zulässig seien und er sich nicht von ihnen trennen müsse. Wenn dann in der Struktur die guten Eltern ihm diese »Erlaubnis zu fühlen« erteilen, wird er sich erinnern, daß seine wirklichen Eltern solche Gefühle nicht erlaubten, und dann kann sich die Struktur auf die negativen Eltern konzentrieren, die ihm sagen, er solle damit aufhören.

Ein anderer Hinweis auf eine Somatisierung ist ein Kribbeln in verschiedenen Körperteilen. Wo immer es auch sei, der Patient versucht diesen Körperteil zu bewegen, bis er auf eine Bewegung stößt, die für das, was in der Struktur geschieht, bedeutungsvoll ist. Manchmal ist die Suche auch erfolglos, und die Struktur bleibt in verbaler oder averbaler Spekulation darüber stecken, was der Patient wirklich fühlt. Das Kribbeln wird jedenfalls so verstanden, als wolle der Körper damit auf einen Teil von sich aufmerksam machen, als spräche eine Körperseele zu einer beobachtenden Instanz im Patienten.

Zusammenfassend läßt sich sagen, daß der Therapeut in der psychomotorischen Therapie unter anderem die Funktion hat, die zwischenmenschliche interaktive Energie aufzuspüren. Er sucht, wo am Körper sie sich zeigt, läßt sie konkret werden, in den Bewegungsausdruck einfließen und sich auf die angemessenen Objekte richten. Zeigt sie sich nicht als klare Bewegung, dann sollte er ihren symbolischen Ausdruck im Bereich des Denkens und Phantasierens aufspüren und bei der Rückübersetzung in Handlung helfen. Tritt die Energie als Schmerz, körperliche Beschwerde oder Kribbeln auf, dann hilft der Therapeut bei der Klärung von Ausdruck und Objekt und führt die Energie in die entsprechende Handlung zurück. Das Modell der interaktiven Energie und ihrer Verschiebung in andere Energiesysteme bietet einen nützlichen, wenn auch hypothetischen Rahmen in Anbetracht der unendlichen menschlichen Möglichkeiten.

5 Orientierung und Identität*

Zwischenmenschliche interaktive Energie wird wirksam im affektiven Bewegungssystem – dieses habe ich in meinem ersten Buch beschrieben –, das die Menschen mit ihren Gefühlen und Impulsen in Übereinstimmung bringen sollte. Diesen Zustand bezeichnete ich als *Übereinstimmung mit dem inneren affektiven Milieu.* Das Bewegungssystem wird in Gang gesetzt von dem inneren Erlebnis-Zustand, und es richtet sich auf ein Objekt. Erst seit kurzem ist mir durch mein neues Konzept der interaktiven Energie klar, daß das Verhalten nur dann dem Gefühl angepaßt werden kann, wenn das Verhalten eine befriedigende Antwort aus der Umwelt erhält. Ist jemand auf einen anderen wütend, so löst sich die Wut nur auf, wenn ihr Ausdruck in der Bewegung beim anderen eine Reaktion auslöst. In meinem ersten Buch beschrieb ich deshalb das affektive Bewegungssystem nur in Begriffen des motorischen Systems, das auf innere Gefühls- und Seinszustände bezogenes Verhalten produziert. Paradoxerweise schrieb ich aber auch, daß wir das vom Willen gelenkte motorische System benutzten, um Kongruenz mit der äußeren Wirklichkeit herzustellen; also eben nicht im Sinne affektiven Ausdrucks, sondern um den Anforderungen von Natur und Gesellschaft gerecht zu werden. Die Wirkung des willentlichen Handelns ist ja nicht notwendigerweise die Befriedigung innerer Bedürfnisse, sondern eher Freude an der Beherrschung des Körpers. Willentliches Handeln setzt sogar eine Hemmung des affektiven Handelns und der interaktiven Energie voraus. Es ist eher »gelerntes« als ursprüngliches Handeln. Ich meine damit, daß ein Mensch, der seinen Körper beherrscht und sich bewegt, wie die äußere Welt der Dinge und Menschen es verlangt, dies durch Beobachtung, Versuch und Irrtum, Denken und Planen gelernt hat. Wer dagegen eher seinen Gefühlen entsprechend handelt und sich an seinen Bedürfnissen und interpersonalen Beziehungen ori-

* Erik H. Erikson hat in seinen Büchern *Kindheit und Gesellschaft* und *Jugend und Krise* Grundlegendes über das Problem von Identität und Identitätsverwirrung geschrieben.

entiert, der gebraucht weniger seine erlernte Bewegungsfähigkeit als seine vererbten Bewegungsmuster wie Kampf und Flucht.

Willentliche Bewegung kann aber als symbolische Form für den Ausdruck von direkter interaktiver Energie verwendet werden. Wenn zum Beispiel der Patient mit der Wirbelsturm-Phantasie aufgefordert wird, sich willentlich zu bewegen, dann kann er durchaus etwas zustande bringen, das an die Kraft, Zielrichtung oder Eigenschaft eines Sturms erinnert, aber nicht die Wucht und den Rhythmus der affektiven interaktiven Bewegung enthält. Willentliche Bewegungen dürfen jedoch nicht als ein Hilfssystem für die interaktive Energie angesehen werden, sondern sie tragen ihren eigenen Wert in sich.

Die Ebenen der Beziehung sind hierarchisch geordnet: 1. Verschmelzen und seine Energien mit anderen teilen, wie es bei der Empfängnis der Fall ist; 2. Vereinigung, so wie das befruchtete Ei sich mit der Gebärmutterwand vereinigt und einen Strom von Energie und Leben aus ihr bezieht; 3. Essen oder In-sich-Aufnehmen, so wie das Kind Nahrung oder die Liebe der Mutter in sich aufnimmt; 4. Gehalten-, Geschützt- oder Verstandenwerden, so wie man zunächst körperlich und später symbolisch von den Eltern gehalten und berührt wird; 5. Sehen, Hören und Sprechen; 6. Austausch von Information über Symbole wie Sprechen und Schreiben; 7. die Fähigkeit, den jeweiligen Umständen angemessene Beziehungsformen zu finden, einschließlich Liebe, Heirat und Elternschaft.

Sicherlich verliert man die Fähigkeit zu Beziehungen auf konkreter motorischer und taktiler Ebene nicht, aber viele Menschen sind gezwungen, symbolische Beziehungsebenen zu benutzen, um frühere Defizite auszugleichen. Patienten, die einen Versorgungsmangel haben und ihre Beziehungen analog zu dem Vorgang des In-sich-Aufnehmens gestalten, »fressen« ungeheure Mengen von Lesestoff oder Filmen oder Teile ihrer Umgebung mit den Augen. Manche müssen dauernd die Stimmen von anderen Menschen hören, so daß man sagen könnte, sie nehmen die Stimmen und Geräusche in sich auf, als ob sie lebenserhaltende Nahrung wären. Es hat den Anschein, als könne jede neurale Stimulation mit jeder anderen vertauscht werden, so daß man im schlimmsten Fall, wenn alle anderen befriedigenden Beziehungsformen fehlen, sich noch auf sich selbst beziehen kann, indem man dem eigenen Selbst

Schmerz bereitet und wenigstens diesen »essen« kann. Meine Arbeit mit Klinikpatienten zeigte mir zahlreiche Fälle von Selbstbeschädigung, wobei zwar ohne Zweifel Schuldgefühle eine Rolle spielen, doch auch der selbstversorgende oder selbststimulierende Aspekt darüber nicht vergessen werden sollte.

Zur Navigation auf dem Meer oder im All braucht man unbewegliche Positionen als Bezugspunkte. Jeder Mensch benötigt solche Orientierung, und ich habe jene Figuren, die als Bezugspunkte der Identitätsbildung Bedeutung erlangen, *Polarstern-Figuren* genannt. Der neue Organismus im Uterus braucht keine äußere Ortung, denn er ist von seinem Polarstern noch nicht getrennt. Nach der Geburt spürt das Kind die mütterliche Gegenwart, und das ist nicht nur für seine Versorgung wichtig, sondern auch für seine knospende Identität. Es ist, als ob zwei unterschiedlich intensive Ströme interaktiver Energie von der Mutter ausgingen: Der kräftigere sorgt für die Lebenserhaltung, der schwächere dient der Orientierung. Während der Orientierungsphase sollten die Polarstern-Figuren in jeder Hinsicht stabil sein.

Hier kommt nun die Achtung als eine Qualität in der elterlichen Beziehung zum Kind ins Spiel. Sie gleicht dem schwächeren Energiestrom des Orientierungsprozesses. Wenn das Kind trinkt, dann betrachtet es unverwandt das Gesicht der Mutter. Es festigt das Bild der Mutter in sich und verknüpft es mit der lustvollen Erfahrung und Befriedigung des Trinkens. Die Mutter bestätigt durch ihren Blick das Kind in seiner Existenz: »Ich sehe dich, und du bist gut« – wie der Gott des Alten Testaments auf seine Werke schaute und sie für gut befand. Damit verkündete Gott Existenz und Wert seiner Schöpfung und erkannte sie als von ihm getrennt. Separation, Individuation und Identität finden ohne wichtige Figuren, die bestätigen, daß man existiert, nicht zu ihrer Vollendung. Bevor man lernt, als Erwachsener der Wirkung negativer Kritik standzuhalten, muß man die befriedigende Erfahrung gemacht haben, daß man von seinen Eltern geachtet und als Person anerkannt worden ist.* Wenn das Kind älter wird, gewinnt der Vater auf vielen Ebenen immer mehr an Bedeutung. Ich möchte hier nur den Begriff der Grenzen hervorheben. Das Kind muß lernen, daß es manche

* Die vielen Entwicklungsstufen des Kindes und den Beitrag der Mutter haben Margaret Mahler u. a. genauer erforscht und dargestellt.

Dinge tun und andere nicht tun kann, um ein Gefühl für klare und genaue Abgrenzungen zu bekommen. Die Eltern sollten ihm bei der Entwicklung von Werten und Grenzen helfen, aber Halt, Versorgung und Schutz dürfen niemals davon abhängig gemacht werden, ob seine Leistung oder sein Verhalten ihren Maßstäben entsprechen. Sein angeborener Sinn dafür, der Liebe und Fürsorge wert zu sein, sollte nicht in Frage gestellt und mit seiner Leistung in Beziehung gesetzt werden.

Wenn das Kind älter und allmählich erwachsen wird, erweitert sich sein Gesichtskreis; die Eltern verlieren an Bedeutung, und es beginnt, nach anderen, vielleicht endgültigen stabilen Figuren zu suchen. Hieraus erwachsen auch die Suche nach Gott und die Entwicklung von Weltanschauungen und Glaubenssätzen, die nach dem Vorbild der Eltern als beständig und unveränderlich erlebt werden. Diese Suche nach unveränderlichem Halt kann einem gesunden Bedürfnis entsprechen, ein übersichtliches und geordnetes Bild der Welt zu entwerfen, als Folge einer instabilen Kindheit aber auch pathologisch werden. Der Unterschied liegt in der Intensität und in der Fähigkeit des einzelnen, einen befriedigenden Sinn für das Leben im allgemeinen und für sein eigenes im besonderen zu finden. Mit zunehmendem Alter werden die Bezugspunkte zunehmend symbolisch und abstrakt. Diese inneren Konzepte, nach denen man sein Leben ausrichtet, nenne ich *Polarstern-Ideen.*

Wie ein Kind, dem konkrete Interaktion fehlte, sich in pathologischer Weise auf seine inneren Vorgänge ausrichtet, kann es sich auch bei seinem Versuch, Sicherheit in seine desorientierte und aus den Fugen geratene Welt zu bringen, zu früh den inneren, symbolbildenden Vorgängen zuwenden. Dann wird es unfähig, sich klar vom Allgemeinen abzugrenzen, und es findet nie zu einer normalen Identität, denn es behandelt einen Teil seiner selbst, als ob er Bestandteil der Außenwelt wäre. Es muß also gleichzeitig »außer sich« und »in sich gekehrt« sein.

Vermutlich haben manche hospitalisierten Patienten deshalb ein pathologisches Selbst-Gefühl, weil sie ihre eigene Angst zur Richtschnur ihres Lebens gemacht haben. Wenn ein Kind zu früh von seiner Mutter getrennt wird, ist es als Folge ihrer Abwesenheit traumatisiert, desorientiert und verzweifelt. Es findet sie nicht, wenn es nach ihr sucht, und ist immer wieder von neuem unglücklich. Ich nehme an, daß sich dieses Kind an der Erfahrung der durch das Fehlen der Mutter ausgelösten Angst orientiert oder selbst erkennt. Angst wird für manche Kinder chronisch, und sie können sie als »Polarstern-Gefühl« benutzen. Ihr Selbstbewußtsein gründet sich allein auf das Gefühl ihrer Wertlosigkeit und ihrer Verzweiflung. Die erwähnten Patienten würden ohne ihre Angst nicht einmal wissen, wer sie sind. Man kann also nicht nur in negativer Versorgung, sondern auch in negativer Identität eine Überlebensstrategie finden.

Wie kann man diese fehlgeleitete Identitätsbildung zur äußeren Realität zurückführen, und wie verhindert man, daß die interaktive Energie ihr Objekt in inneren Vorgängen findet? Bei der Arbeit mit hospitalisierten Patienten ist dies eine der schwierigsten Aufgaben. Will man für gewisse Zeit Eltern-Ersatz, Polarstern-Figur werden, dann muß man in jedem Fall zuverlässig sein, die nötige Geduld haben und warten, bis man den Patienten dafür gewinnt, eine für ihn sinnvolle Beziehung zum Therapeuten aufzunehmen. Manche von ihnen können den Therapeuten nur als Freund sehen und ihm keine andere Rolle zukommen lassen. Selbst wenn der Patient in einer verrückten Welt lebt, lebt er doch immerhin; gibt er jedoch seine Zentrierung auf seine inneren Vorgänge bei der Suche nach Identität und Versorgung auf, dann ist sein Leben wirklich gefährdet, wenn er nicht mit genügend Stabilität und Liebe rechnen kann. Er kann sich aus Frustration, Hoffnungslosigkeit und Wut umbringen. Sein Leben hängt an dieser Zentrierung, weshalb er diese nicht leichtfertig aufs Spiel setzen wird.

Für manche Patienten wird die Klinik selbst zum eingrenzenden, versorgenden und beständigen äußeren Objekt. Sie zu verlassen, käme dem Verzicht auf den Blick der liebevollen Mutter gleich. Immerhin ist es auf diese Weise erheblich leichter, die Energie an den Therapeuten und die Gruppe zu binden.

Die Arbeit mit dem Identitätskonzept in der psychomotorischen Therapie ist relativ neu, da unsere Aufmerksamkeit sich vorwiegend auf die interaktive Energie gerichtet hatte. Identitätsprobleme entstehen aus dem Gefühl der Desorientierung und dem Mangel an Kenntnis seiner eigenen Möglichkeiten. Wenn ein solches Dilemma sich in einer Struktur zeigt, stellen wir die idealen Eltern nahe beieinander auf und lassen sie sagen: »Wir sehen dich, wissen, wer du bist, und wissen, daß du gut bist.« Manchmal will ein Patient in diesem Zusammenhang seinen Namen hören. Das frühe Wachstum der kindlichen Identität schließt vier Werte ein: Beständigkeit, Sehen oder Berühren, Benanntwerden, Anerkennung und Wertschätzung.

Oft wollten Patienten eine Struktur machen, in der sie etwas gestalten und es den guten Eltern zur Bestätigung und Anerkennung bringen. Nach unserer Erfahrung haben sie den Wunsch nach einer angemessenen Reaktion. Manche von ihnen erlebten Reaktionen von den Eltern, die niemals Zustimmung enthielten; was sie auch taten, es schien nie gut genug, und sie mußten bei allen ihren Bemühungen fürchten, sich und ihre Arbeit verworfen zu sehen. Andere berichten, wie ihre Eltern zu allem, was sie machten, ein »gut« hinwarfen, wobei es gar nicht wichtig schien, ob es wirklich gut war oder nicht. Die Patienten teilen uns mit, was sie über ihre Produkte hören wollen, indem sie ihren idealen Eltern genau sagen, welche Worte sie gebrauchen sollen. Manchmal möchten sie konstruktive Kritik hören, die sie bei ihrer Arbeit brauchen können, um später für das neue Ergebnis Zustimmung zu finden. Es gibt ein Bedürfnis, die eigene Kompetenz auf der Ebene der Realität zu prüfen, ohne daß damit die Gefahr einer vernichtenden Erfahrung verbunden wäre, wenn man nicht unmittelbare und augenblickliche Zustimmung erhält.

Ich möchte an dieser Stelle noch einmal betonen, wie wichtig es ist, daß Billigung oder Mißbilligung nicht mit dem Recht auf Zuneigung und Schutz verknüpft werden. Die Anerkennung muß sich auf die Leistung und nicht auf den Menschen selbst beziehen. Der Mensch als Person liegt außerhalb des Bereichs der Bewertung, und dies sollte man ihn auch wissen lassen.

6 Das Ich, die Macht und ihre Grenzen

Psychologische Studien sowie meine Arbeit mit psychomotorischer Therapie haben mir gezeigt, wie schwierig es ist, das Ich zu definieren. Manchmal scheint es in die Kategorie der Kontrolle und des Bewußtseins zu gehören, manchmal in die der Hemmung, und dann wieder scheint es, als gäben uns die Ichfunktionen ein Bewußtsein von uns selbst. Zunächst nahm ich an, das Ich sei das Ergebnis eines Reifungsprozesses, aber auch kleine Kinder zeigen schon Kontrollmechanismen, Bewußtsein und Hemmungen. Dann dachte ich, das Ich zeige sich besonders in dem, was ich die willentlich gesteuerte Bewegung nenne, und das Es in der affektiven Bewegung. Inzwischen denke ich an ein Bündel von Konzepten und Vorgängen, das sich lose als Ich zusammenfassen läßt. Im Verlaufe dieses Kapitels wird, so hoffe ich, dies alles vielleicht etwas deutlicher.

Während meiner Arbeit hat sich die Analogie als hilfreich erwiesen, einen Aspekt des Ichs zu verstehen und zu beschreiben als die Haut des Selbst, deren Funktion ähnlich wie die der Zellwand eines Einzellers wäre.* Die Zellwand hält die Zellmaterie zusammen und schirmt sie gleichzeitig gegen die Außenwelt ab. Die Abgrenzung ist jedoch nicht total, denn die Zellwand hat eine deutlich strukturierte Oberfläche, die das meiste fernhält, aber auch für einiges durchlässig ist. Die Zelle muß nämlich aus der Natur Energie aufnehmen und über ein Regulationssystem verfügen, das entscheidet, in welchen Mengen sie Energie in sich aufnimmt. So ist die Zelle selbst ein Kern von interaktiver Energie, der von der Zellwand zusammengehalten und reguliert wird. Vielleicht kann man analog dazu das »Ich« als die Grenzschicht über dem Kern der interaktiven Energie beschreiben, die mit der Welt in Berührung kommt. Das Ich muß die Dinge in der Außenwelt erkennen und unterscheiden können, welche es braucht und welche es nicht braucht; es muß Menge und Zeitdauer der einströmen-

* Diese Modellvorstellung gebraucht auch bereits Freud in »Das Ich und das Es« (vgl. GW 13); T. M.

den Energie überwachen und eingrenzen, denn ohne diese Kontrolle würde es durch die Reizüberflutung Schaden nehmen. Deshalb muß das Ich fähig sein, Quantität, Qualität und Zeit zu messen.

Eltern, die dem Kind ausreichende Möglichkeiten für die Entfaltung des Ichs verweigern, wollen nicht darauf verzichten, Bestandteil des kindlichen Ich-Systems zu bleiben. Kind und Eltern können sich nicht ausreichend voneinander trennen und selbständige Individuen werden. Die Ichstörung, die die Eltern beim Kind hervorrufen, spiegelt und ergänzt die Ichstörung der Eltern. Wenn die Eltern ihre Aufgabe nicht richtig erfüllen, vollendet das Kind nach meiner Erfahrung seine Ichentwicklung nicht. Es verbleibt dann in gewissem Sinn eine Lücke in der Ich-Hülle, die zuviel Energie ein- oder ausströmen läßt. Alle Schäden an den interaktiven Bedürfnissen schlagen sich im Ich nieder. Wenn dem Kind zum Beispiel die Entwicklung seiner Fähigkeit, für sich selbst zu sorgen oder sich selbst zu schützen, nicht gestattet wird, dann ist sein Ich auf die Kraft von anderen angewiesen und integriert diese in sein System, als ob sie ein Teil seiner eigenen interaktiven Ausstattung wäre. Wenn die Eltern das Kind verlassen oder sterben, bevor es diese Fähigkeit entwickelt hat, erlebt es einen Schock, der sich auf drei Ebenen auswirken kann. Auf der Ich-Ebene brechen Außenreize ein, von denen es überwältigt wird und die es nicht kontrollieren oder beherrschen kann. Auf der interaktiven Ebene empfindet das Kind die Frustration seiner interaktiven Bedürfnisse als Schmerz und Wut. Auf der Identitätsebene erlebt es den Zusammenbruch seiner Kompetenz, beurteilt sich selbst als minderwertig und spürt den Schock des plötzlichen Fehlens einer Polarstern-Figur, was seine Orientierung in der Welt erheblich stört.

Allmacht und Ohnmacht

Die Diagramme in dem Kapitel über zwischenmenschliche interaktive Energie erhellten die Phänomene von Allmacht und Ohnmacht, wie wir sie in der psychomotorischen Theorie und Praxis sehen. Wenn wir das wachsende Ich als Oberflächenschicht über der interaktiven Energie beschreiben, das nach geeigneten und befriedigenden Objekten und Beziehungen sucht, dann läßt sich

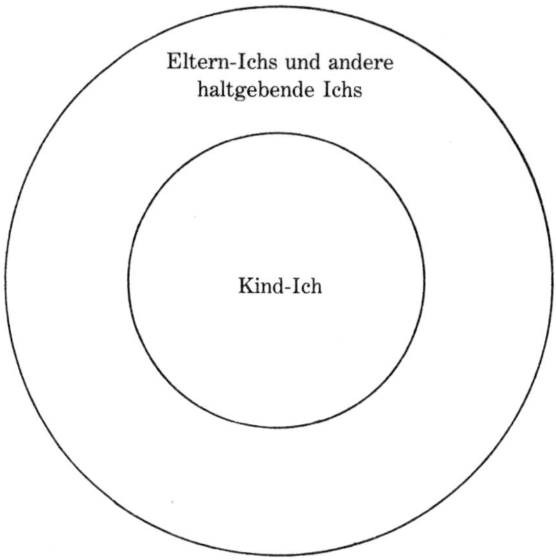

auch zeigen, wie das Ich und das Handeln der Eltern das Ich des Kindes formen und verformen*.

Durch die Beobachtung bestimmter therapeutischer Strukturen bin ich zu der Annahme gelangt, daß interaktive Energien sich grenzenlos und linear ausbreiten, wenn sie die Ich-Schicht durchstoßen. Es erinnert mich an die Wucht atomarer Explosionen, die beim Zertrümmern der kohärenten Struktur des Atoms auftritt. Wenn interaktive Energie und ihre schützende Ich-Schicht intakt sind, ergeben sich stabile Interaktionen; unstabile Energieverhältnisse hingegen sind die Folge eines zerstörten Gleichgewichts zwischen Schutzschicht und Energie. Lassen sich seelische Energien bei temporärer Lockerung von Ich-Kontrollen zähmen und für kreative Ziele verwenden? Kann man zu einem anderen Zeitpunkt die Ich-Kontrollen, falls diese zu schwach sind, verstärken? Diese

* Ich weise auf die Grenzen eines solchen Diagramms hin und möchte die unzähligen Variationen betonen, die es in einer scheinbar so statischen Beziehung gibt. So ist zum Beispiel die angeborene Richtung der interaktiven Energie nach außen ebensowenig dargestellt wie ihre unterschiedliche Intensität. Ich meine nämlich, daß es, sogar in derselben Familie, Unterschiede in der Stärke der angeborenen interaktiven Triebausstattung gibt. Genetische Variationen gibt es sogar innerhalb der Ichstruktur: So kann jemand eine vergleichsweise geringe Fähigkeit zur Hemmung oder Veränderung seiner interaktiven Energie haben.

Fragen beschreiben genau das, was gelegentlich in einer Struktur geschieht. Menschen mit stark einschränkenden Kontrollen kann man helfen, sie zu lockern, und Menschen, die zur Steuerung ihrer Energie nicht fähig sind, kann man helfen, ihre Kontrolle wiederzugewinnen.

Zusammenfassend läßt sich sagen: Es kann im Individuum ein interaktiver Druck entstehen, der so stark wird, daß eine Explosion zu befürchten wäre, wenn nicht intervenierende Kräfte von außen diesen Druck vermindern würden. Diese Kräfte können ins Ich aufgenommen und zur Kontrolle der interaktiven Energie verwendet werden.

Betrachten wir ein kleines Kind, das gerade anfängt, ein Gefühl für seine Macht zu entwickeln. Es behauptet der Mutter gegenüber: »Ich kann alles, ich kann jeden auf der ganzen Welt verhauen, und alle müssen tun, was ich will. Jeder muß auf mich hören.« Natürlich ist es wichtig für den Abfluß seines Energievorrats, seine Muskeln in gewissem Umfang spielen zu lassen. Wichtig ist aber auch die Erfahrung von Grenzen für seine Kräfte in Situationen, wo es seine wirkliche Stärke ausprobieren kann. Beschämt man es zu sehr, dann wird das Kind sich weigern, auch nur in die Nähe jener Kräfte zu kommen, die sich für seine Selbstachtung als so zerstörerisch erwiesen haben; grenzt man es zuwenig ein, dann entwickelt es ein übersteigertes Selbstgefühl und verliert das Gefühl für Grenzen.

Nehmen wir an, unser kleiner Angeber verliert seinen Vater bei einem tödlichen Unfall, und zwar ausgerechnet zu einem Zeitpunkt, wo er gerade seine aggressiven und sexuellen Kräfte entwickelt. Da er noch kein realistisches Maß für das hat, was er bewirken kann und was nicht, erscheint es ihm nicht ausgeschlossen, daß er seinen Vater umgebracht hat. Seine Annahme, er habe den Vater wirklich umgebracht, führt zu einem Riß im Ich: Eine der Aufgaben des Ichs ist die Einschätzung der eigenen und der äußeren Energiepotentiale. Sobald man seine Kraft als unendlich einschätzt, wird das eigene Ich nicht mehr durch die konkrete Interaktion mit der Wirklichkeit, sondern nur noch durch Phantasieereignisse geformt. Die folgende Zeichnung soll diesen Aspekt verdeutlichen.

Der Junge kann nun annehmen, er habe die Macht, jeden auf der Welt zu töten, und könne zwischen zwei Wegen wählen, diese

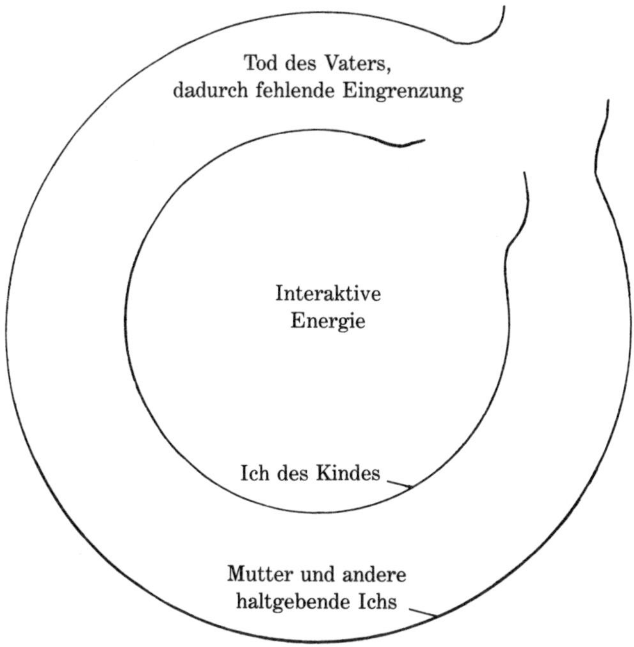

Macht auszuüben. Er kann seiner Phantasie und der Macht der Gedanken unendliche Kraft zuschreiben und in seiner eigenen psychotischen Welt leben; oder er kann erwachsen werden und die Macht des Herrschens oder Zerstörens, die er in seiner Phantasie hatte, in der Realität zu erlangen suchen. Der zweite Weg erhält ihn zwar gesund, macht ihn aber überaus gefährlich; immerhin zeigt sich darin, daß er den Unterschied zwischen Phantasie und Wirklichkeit kannte. Er wird seinen Versuch der Machtanhäufung so lange fortsetzen, bis er auf jemanden stößt, der ihm Grenzen setzt.

Die nächste Zeichnung stellt das »gesunde« Kind dar, das den Machtzuwachs beim Tod des Vaters zu verarbeiten und zu integrieren versucht.

Als ich dieses Diagramm entwarf, stellte sich dessen offensichtlich phallische Form unbewußt ein, was freilich auch darauf hinweist, daß ein solches Kind ohne die eingrenzende Wirkung des Vaters eine Aufblähung seiner sexuellen oder aggressiven Energien erlebt. Wichtig ist, daß das Ich trotz der Ausweitung intakt bleibt. Wenn das Kind seine interaktiven Kräfte an der Wirklichkeit

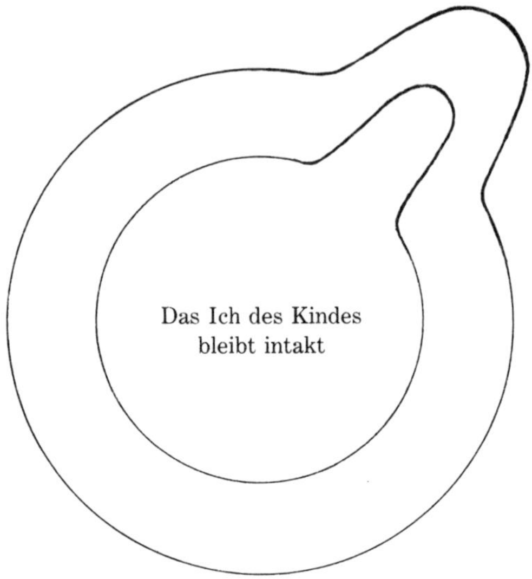

erprobt und sie zum allgemeinen Wohl zu verwenden lernt, dann kann eine solche Ausdehnung der eigenen Lebenskräfte eine segensreiche Wirkung haben.

Ein Teil der Woge von Machtgefühl, die auf den Riß im Ich folgt, läßt sich beschreiben als interaktive Energie, die sich nach dem Tod des Vaters angesichts des noch schwachen Ichs des Kindes aus ihrer Verankerung reißt. Die Aggressivität kann als das Verlangen nach Stärke und Macht verstanden werden, welche den Verlust von Schutz kompensieren könnten, den das Kind mit dem Tod des Vaters erlebt, dessen Präsenz ja außerdem Sicherheit, Wärme und Eingrenzung der aggressiven Energien garantiert hatte. Mit dem Verschwinden des Vaters muß es nun sozusagen sein eigener Vater werden. Das erfordert den Aufbau von Macht in der Phantasie oder in Wirklichkeit. Findet es ein Gefühl der Macht in sich selbst und nicht in einer Ersatz-Figur, dann hört es auf, seine interaktive Energie auf die äußere Welt zu richten, und lenkt sie auf sich selbst, macht sich zur Polarstern-Figur und zu seinem eigenen interaktiven Objekt. Das Kind kann sich dann in einer rigiden Weise sehr stark fühlen, wird aber isoliert sein und Probleme mit seiner Identität haben.

Erschrickt das Kind vor der Woge von Energie beim Tod des Vaters, dann erlebt es den Riß im Ich als Kontrollverlust. Dieses

Gefühl kann durch die Desorientierung beim Verlust einer Polarstern-Figur verstärkt werden. Bricht das Ich unter dem Ansturm der inneren Kräfte zusammen, dann kann es auch die von außen kommenden Energien nicht mehr meistern oder von sich ablenken. Seine begrenzte Fähigkeit, sich selbst zu schützen oder die Aufnahme von äußerer Energie zu steuern, zerbricht mit dem Verlust des väterlichen Schutzes. Die Welt stürzt dann auf das Kind ein wie eine Flutwelle, von der es mit Reizen und Kräften überwältigt wird. So mag ein Teil seiner Energie wieder nach außen strömen und dabei das Ich aufreißen, während die Welt gerade durch diesen Riß einbricht; dann steht der Zusammenhalt des Selbst auf dem Spiel.

Das folgende Diagramm zeigt den Riß im Ich bei einem Kind, dem die Woge seiner aggressiven Kräfte Angst machte, weil es mit ihnen nicht fertig wurde und unfähig war, die von außen einbrechenden Energien nach dem Verlust des schützenden Vaters zu bändigen. Es verweist sowohl auf die Allmachtsphantasien wie auf die Ohnmachtsgefühle.

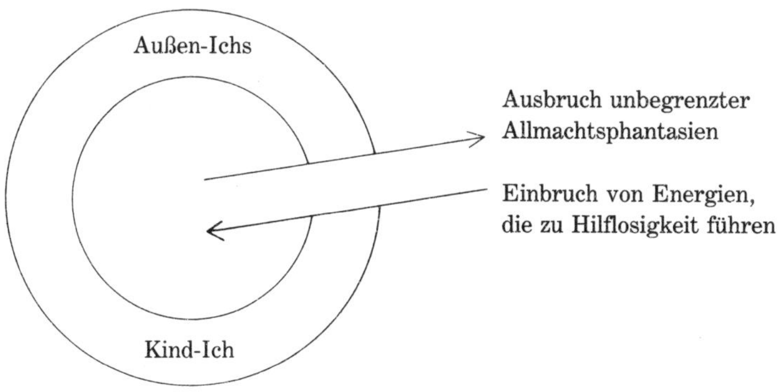

Das Gefühl des Kindes für Ich-Grenzen zerbrach, und es kann nicht zwischen sich und anderem oder dem Nichts unterscheiden: »Ich bin alles, ich bin die ganze Welt«, oder: »Ich bin nichts, ich existiere nicht.« Vorstellungswelt und Phantasie des Kindes werden wahrscheinlich seine Angst vor seinen eigenen, anscheinend riesigen Kräften zeigen und vor den ebenso riesigen äußeren, die in das Kind einbrechen. Ein Teil dieser Gefühle kann in einer Struktur vom erwachsenen Patienten wiederbelebt werden und in ihm den Wunsch nach einer Phase mit mehr Schutz wecken, vielleicht als Säugling oder als Fötus im Mutterleib. Dabei kann er ein deutlicheres Gefühl für Grenzen erwerben, verbunden mit einer Sicherheit, auf die er bauen kann. Die Rückkehr in den mütterlichen Schoß kann jedoch auch andere Wünsche enthalten, wie etwa den Wunsch zu sterben oder mit dem Universum zu verschmelzen; man sollte darauf achten, daß der Patient seine Phantasie nicht zur Verstärkung der selbstzerstörerischen Tendenzen verwendet.

Eine besondere Form von Struktur kann für Patienten wertvoll sein, die fürchten, von ihren eigenen Gefühlen oder von anderen Gruppenmitgliedern überwältigt zu werden. Diese Struktur benutzt symbolische Grenzen, Spiel und Magie: Um den Patienten wird ein Kreis gezogen, auf dem sich ein unsichtbarer Schild erhebt, der ihn nach allen Seiten, auch nach oben, umgibt. Ich leite diese Struktur manchmal in spielerischer Weise und schließe die Verwendung eines Zaubers zum Schutz des Betreffenden mit ein. Sie ersetzt nicht die Schutz-Struktur mit den idealen Eltern, sondern folgt auf sie, so daß die symbolische Erweiterung ihres Schutzes auf der konkreten motorischen Erfahrung ihrer schützenden Gegenwart aufbaut. Der Schutzschild läßt sich als eine Externalisierung des schützenden Ichs der Eltern verstehen, der gegen den Patienten gerichtete äußere Reize abschirmt, verändert oder abwendet. Man sagt dem Patienten, er sei nun von einem Zauberschild umgeben, der sein Ich darstellt und Menschen und Gefühle davon abhalten kann, in ihn einzudringen. Natürlich spielt man das nicht mit psychotischen Patienten oder mindestens nicht in Phasen, in denen sie nicht zwischen Spiel und Wirklichkeit unterscheiden können. Bei neurotischen oder normalen Klienten greife ich häufiger auf diese Struktur zurück, und die Reaktionen sind erstaunlich und eindrucksvoll. Der Patient kann bei der Aufrichtung des Schirms helfen oder auch nicht, was ganz davon abhängt, wie es ihm geht oder was er fühlt. Der Umriß des Schilds kann durch eine Reihe von Kissen auf der Kreislinie verdeutlicht werden. Auch diese Struktur konzentriert sich auf die Fähigkeit des Patienten, die aus seiner Umgebung hereinkommende Energie zu beherrschen.

Zur Illustration möchte ich die Struktur beschreiben, in der ich erstmals den Schild verwendet habe. Es handelte sich um eine Frau, Schauspielerin und Tänzerin, attraktiv, Ende zwanzig oder Anfang dreißig, unverheiratet. Sie hatte vorher schon an Wochenendseminaren teilgenommen und wußte einiges über ihre zentralen Probleme, die es ihr schwermachten, gut zu spielen und sich in ihren Beziehungen so wohl zu fühlen, wie sie es ersehnte. Als sie an der Reihe war, nahte schon das Ende des Kurses. Sie stand auf und sagte, es sei höchste Zeit für sie, dranzukommen, weil alle vorausgegangenen Strukturen viel in ihr aufgewühlt hätten und sie sich schutzlos und zerrissen fühle. Sie hatte ihre Arme um den Körper geschlungen; sie stand starr und vornübergebeugt da. Sie öffnete die Augen nur gelegentlich, da sie es schwierig fand, sie zu öffnen, besonders, wenn sie so vor der ganzen Gruppe stand. Sie wollte sich am liebsten verstecken oder die Leute daran hindern, sie anzusehen, oder unsichtbar werden. Sie empfand auch panische Angst. Soweit ich mich an diesen Fall erinnere, gab es für mich Hinweise darauf, daß zunächst Maßnahmen ergriffen werden sollten, um ihr eine bessere Kontrolle zu ermöglichen, statt ihr zu einem stärkeren Ausdruck zu verhelfen. In früheren Strukturen hatte sich bei ihr eine Neigung gezeigt, mit ihren idealen Figuren zu verschmelzen und sich eher auf eine Vermischung als eine Klärung ihrer Gefühle zuzubewegen. Damit war aber auch die Objektivität, die aufrechtzuerhalten ich für einen Patienten in einer Struktur wichtig finde, nicht immer gegeben. Für einen Patienten in einer Struktur gebrauche ich gerne das Bild eines Tiefseetauchers. Er muß genug Selbstbeobachtung (qua Ich-Spaltung; T. M.) haben, um sozusagen einerseits die Pumpe an der Oberfläche zu bedienen, während er andererseits gleichzeitig in die Tiefe hinabtaucht, um seine verschüttete zwischenmenschliche interaktive Energie zu erforschen. Wenn niemand oben die Pumpe bedient, ist der Patient nicht in der richtigen Verfassung für eine Struktur, denn wenn er nicht gleichzeitig aufpaßt, erkennt und lernt, kann er keinen Nutzen aus der Struktur ziehen; dann läßt er die Struktur eher mit sich geschehen, als daß er sie aktiv, in eigener Regie gestaltet. Der Patient gibt dann zuviel von seiner Autonomie ab und läßt erkennen, daß er sich in Richtung Abhängigkeit und Passivität bewegen will. Wenn ich diese Ichschwäche bei einem Patienten erkenne, dann bitte ich ihn, eine Übung mit bewußter und willentlicher Bewegung zu machen, die seine Fähigkeit zur Körperbeherrschung überprüft, während er seine Gefühle abschaltet. Damit ist nicht gesagt, daß ich von den starken Gefühlen und ihrem Ausdruck in einer Struktur weggehen will, denn in ihnen ist die Energie enthalten, die die Struktur vorantreibt, und ohne starke und klare Gefühle werden sich Wachstum und Veränderung kaum einstellen. Aber es gibt Situationen, in denen dem Patienten weniger daran gelegen ist, zu lernen, zu erkennen und an einer Erfahrung zu wachsen, als daran, in einer archaischen Erlebniswelt zu baden, ohne dabei irgendein sinnvolles Ergebnis anzustreben; es geht dem Patienten vielmehr um eine Art omnipotenter Emotionalität. Die Übung mißt Ich-Kontrollen sowie die Bereitschaft und Fähigkeit, die interaktive Energie zu verändern. Wenn ich diese Übung angehe, sprechen manche Patienten von enormen Konflikten in Form eines inneren Zwiegesprächs: »Du kriegst mich niemals dazu«, sagt die eine Stimme, und die andere: »Ich will es aber. Tu, was ich sage.«

Die Patientin hatte in vorangegangenen Strukturen einige sehr positive Erfahrungen mit den schützenden und versorgenden idealen Eltern, und so, wie sie sich selbst umschlungen hielt, schien es mir, als ob sie entweder sich selbst festhalten oder von anderen gehalten werden wollte. Sie schien mir an diesem Punkt in der Lage, von einer Form der Struktur zu profitieren, in der die Vorstellung, das Ich sei die Haut, die Hülle um den Kern interaktiver Energie, inszeniert wird. Die Körperhaltung deutete auf ihr Bedürfnis nach der schützenden Umhüllung durch eine Membran hin. Ich ließ ihr die Wahl, nachdem ich ihr zwei Strukturen beschrieben hatte, die mir vorschwebten. Sie wollte Kreis und Schutzschild ausprobieren. Kreis und Schild wurden gebildet, und ich erklärte ihr deren Macht, ein Eindringen zu verhindern. Sie fragte: »Und was nun?« Ich sagte: »Nun, probier' es aus, schau, ob es funktioniert, laß Leute auf den Schirm zugehen und sieh, ob er sie aufhält.« Gruppenteilnehmer wurden von ihr angewiesen, auf den Kreis zuzuschreiten und dann am unsichtbaren Schirm abzuprallen. Als jeder dementsprechend seine Rolle gespielt hatte, wurde sie ganz aufgeregt, weil niemand über den Schirm hinaus kam; sie war so entzückt, daß sie es immer wieder ausprobieren wollte. Ihr Blick und ihr Bewegungsmuster entspannten sich; sie stand aufrechter und hielt sich nicht mehr an sich selber fest; ihre dunkle Brille konnte sie nun, da sie die Wirksamkeit des Schirms erlebt hatte, ablegen; sie konnte die Augen öffnen, ohne länger das Gefühl zu haben, die Welt würde in sie einströmen. Dazu muß angemerkt werden, daß Vater wie Mutter ihr zu früh die Verantwortung für die jüngeren Geschwister aufgebürdet hatten. Man erwartete von ihr, daß sie bei deren Versorgung und Erziehung mithalf, und sie konnte ihre Eltern kaum als schützende und haltgebende Personen wahrnehmen. Im Gegenteil, die Eltern hatten in gewissem Maß sogar bei ihrer Tochter Halt gesucht. Und ihre Eltern machten ihr schon sehr früh deutlich, daß sie sie – jeder für sich – sexuell sehr anziehend fanden. Die eheliche Beziehung war schlecht, und so wandten sich die Eltern nicht als Paar, in ihrer Funktion als Eltern, sondern als Einzelpersonen an ihre Tochter, als Kumpel oder Phantasie-Liebhaber. Wenn sie also die Welt auf sich zukommen sah, spürte sie eine drohende sexuelle Überflutung, gefolgt von sexuellen Schuldgefühlen, und darunter einen tiefen Mangel an Versorgung, der in bewußten und unbewußten Wünschen nach symbiotischer Einheit seinen Ausdruck fand. Man sieht, in wieviel verschiedene Richtungen sich eine Struktur entwickeln kann. Sie hätte sich genausogut der interaktiven Energie zuwenden können, hätte das mit dieser Energie verknüpfte Bedürfnis, das Organ für ihren Ausdruck und ihr Objekt klären und den Unterschied zwischen oraler Versorgung und sexuellen Beziehungen herausarbeiten können. Ich betone dies, weil es nicht nur *einen* Weg für die Arbeit in einer Struktur gibt, und weil Patient und Therapeut ganz verschiedene Bereiche herausgreifen und mit ihnen arbeiten können.

Nun konnte die Patientin die Augen öffnen und die Überflutung durch das Eindringen der Außenwelt verhindern, weil sie die Macht des magischen Schilds verinnerlicht hatte. Sie konnte sie vielleicht auch deshalb öffnen, weil sie nicht länger Scham- und Schuldgefühle wegen der sexuellen Bedeutung der Überflutung empfand. Sie fühlte sich wohl auch schuldig wegen ihrer eigenen Wünsche, die Außenwelt sexuell interpretiert in sich aufzunehmen. (In späteren Sitzungen arbeiteten wir an ihren sexuellen Allmachtsgefühlen.)

Das Erlebnis, wie andere Menschen an ihrem Schild abprallten, entzückte sie zunächst, machte sie dann aber verdutzt. War es fair und in Ordnung, wenn sie Menschen an sich abprallen ließ, die zu ihr kommen wollten? Nach meiner Erinnerung stellten wir entweder die idealen Eltern auf, oder ich sagte lediglich an deren Stelle, daß sie das Recht habe, Menschen den Zutritt zu ihrer Privatsphäre zu verwehren, wenn sie es wollte; und daß niemand das

Recht habe einzudringen, wenn sie es nicht wünschte. Sie weinte, weil es sie an Vorfälle erinnerte, bei denen in der psychischen und wohl auch materiellen Realität ihr Widerstand (von einem Liebhaber) gewaltsam gebrochen worden war, und sie wurde sehr wütend. Wir arbeiteten an ihrer Wut mit einem Akkommodierenden, der die Rolle des negativen Freundes spielte, also die negativen Seiten ihres Liebhabers. Er näherte sich ihr in einer sehr aufdringlichen Weise. Die Patientin war außerstande, ihn abzuwehren, sie wäre zusammengebrochen, wenn die idealen Eltern den Eindringling nicht abgewehrt hätten. Sie wünschte sich dann, von ihnen gehalten zu werden, und wir entschieden, daß sie sie halten sollten, ohne den Kreis zu durchbrechen und in ihn einzutreten. Sie streckten mit ihrer Zustimmung die Arme hinein und legten sie um sie. Nachdem sie eine Zeitlang getröstet worden war, wollte sie selbst ausprobieren, ob sie die Annäherung der Gruppe unter Kontrolle halten konnte. Sie wollte diesmal feststellen, ob sie einzelne Teilnehmer zu sich kommen lassen konnte, um sie dann durch ein Wort oder eine Geste zu bremsen, statt den Schild zu benutzen, an dem sie abprallten. Nachdem sie eine Weile jeden einzelnen, der sich ihr näherte, so abgewehrt hatte, wurde ihr gezeigt, daß sie fast allen gestattet hatte, den Kreis zu überschreiten, bevor sie sie zum Stehen brachte. Sie verstand dies nun als Folge ihres eigenen Wunsches, bedrängt zu werden, was auch unter dem Deckmantel des Ausprobierens ihrer Macht zum Vorschein kam, wenn sie den Eindringling bremsen sollte. Das war eine wichtige Erfahrung, denn es verdeutlichte sehr plastisch, daß sie, selbst wenn sie selbst alles kontrollierte, dazu neigte, zum Übergriff einzuladen oder ihn zumindest zu riskieren.

Sie wollte nun herausfinden, ob sie einige Menschen näher zu sich kommen lassen konnte, einfach weil sie ihnen nahe sein wollte. Das erinnerte sie an die negative Figur ihres Freundes, den die Eltern abgewehrt hatten; sie wollte jetzt sehen, ob sie sich seiner selbst erwehren konnte. Sie war einen Augenblick in Gedanken versunken, als sie die Erinnerung an das Ereignis heraufbeschwor; dann lenkte sie den Burschen zu sich und ließ ihn klagend wiederholen, daß er sie brauche. Nach kurzem Zögern stieß sie ihn weg. Als sie ihn mit mehr Elan spielen ließ, fiel es ihr auch leichter, ihm ihre Wut entgegenzuschleudern, ohne von ihren Gefühlen oder durch seine Nähe überwältigt zu werden. Dann suchte sie die

Nähe eines idealen Freundes. Der Teilnehmer, der diese Rolle übernahm, kam auf sie zu und wurde von ihr angewiesen, außerhalb des Kreises zu bleiben und sie zu umarmen, während sie innen am Rand des Kreises stand. Sie hielt ihn eine Weile liebevoll umschlungen und sagte dann, sie wolle jetzt spüren, wie es sich anfühle, wenn sie sich wieder in ihrem Kreis befinde.

Sie ging im Kreis umher, bewegte sich lässig, ja beinahe sinnlich und sagte, sie fühle sich »in ihrem Körper«. Auf die Frage, was sie damit meine, sagte sie, sie könne es nicht erklären, außer daß es ein neues und wohltuendes Gefühl sei, sich »im Körper« zu fühlen und daß sie spüren könne, wie sie in ihm lebe. Sie begann ihre Hände über Gesicht und Körper wandern zu lassen und sprach voller Verwunderung und Vergnügen über das Gefühl, in ihrem Körper zu wohnen; daß sie ihre Haut als ihre physische Begrenzung wahrnehmen konnte, und daß niemand gegen ihren Willen in sie eindringen oder sie überwältigen konnte. Die Welt schien sicherer, ihre Geräusche klangen nicht feindlich und zudringlich, und der Anblick von Menschen war nicht beschämend und bedrohlich, sondern stimmte sie glücklich. Sie fühlte sich als eigenständige Person und sah auch die anderen so. Nach ihrer Meinung war die Struktur beendet, und sie wollte den Kreis verlassen. Aber was sollten wir mit dem Kreis tun? Wenn sie ihn überschritt, verließ sie dann nicht ihr Ich? Sie beschloß, die Kissen eins nach dem andern gegen ihren Körper zu drücken und sie dann auf einen Stapel zu legen. Jedes Kissen berührte einen anderen Körperteil. Durch diesen magischen Akt übernahm sie die Kraft und die Eigenschaften der Kissen. Danach konnten die Kissen wieder Kissen sein und an die Wand und auf die Stühle gelegt werden. Magie kann ein wertvolles Instrument sein, wenn man vorsichtig damit umgeht. »Magie« bedeutet in diesem Zusammenhang, daß man ein Symbol mit magischer Kraft ausstattet und dann diese Kraft verinnerlicht oder sie in einer konkret anschaulichen Weise verwendet.

In späteren Seminaren zeigte die Patientin in ihrem Verhalten wie in ihren Worten eine deutliche Veränderung auf Grund dieser Struktur, die durch eine Reihe von früheren Strukturen schon vorbereitet war. Sie trat häufiger im Theater auf und spielte mit großer Freude. Sie berichtete, daß ihre Beziehungen sie weniger überwältigten und sie mit ihren Gefühlen von Panik und Angst besser umgehen könne.

Wenn Patienten einigermaßen erfolgreich ein Ereignis, das zu einem Ausbruch überschießender aggressiver oder sexueller Energie geführt hat, hinter sich gebracht haben, also nicht psychotisch geworden sind, haben sie meist jedoch eine unrealistische Vorstellung von ihrer Macht. Gewöhnlich genießen sie ihr überhöhtes Machtgefühl, und wenn es in einer Struktur an seine Eingrenzung geht, kann es zu einem Konflikt kommen. Das Problem ist sehr komplex, und ich will die verschiedenen Aspekte etwas ausführlicher erläutern. Einerseits können diese Menschen ziemlich stolz sein auf ihre Macht oder in ihrem Selbstverständnis sogar abhängig sein vom Gefühl ihrer Stärke. Andererseits können sie Schuld- oder Schamgefühle darüber empfinden und sich sehr elend fühlen, wenn sie von ihr Gebrauch machen oder über sie nachdenken. Manche sind gar nicht in der Lage, ihre Kraft realistisch anzuwenden, andere wagen nur unter Angst und Schuldgefühlen, überhaupt an einen Gebrauch dieser Kraft zu denken, wieder andere drücken ihr Allmachtsgefühl nur indirekt, symbolisch oder unbewußt aus. Wie immer die Allmacht erlebt wird: Sobald sich die Struktur in Richtung einer Eingrenzung bewegt, spüren auch jene Patienten, die die Struktur mit dem Wunsch nach Eingrenzung einleiteten, einen gewaltigen Drang, ihre Allmacht motorisch, direkt und affektiv auszudrücken und zu verwirklichen.

Ein Beispiel: ein junger Mann in psychotherapeutischer Ausbildung, mit einem hochentwickelten bewußten Verständnis seiner Probleme und mit guter Selbstwahrnehmung. Er war verheiratet, aber die Ehe empfanden weder er noch seine Frau als glücklich, und sie stand vor ihrer Auflösung. Die Beziehung zu seiner Mutter war gekennzeichnet durch deren übermäßige Beschäftigung mit seiner ehelichen und besonders seiner sexuellen Befriedigung. Die Mutter war sehr verführerisch mit ihm umgegangen, als er klein war. Sie hatte sich vor ihm angezogen, sich beim Auf- und Zuknöpfen und beim Verschließen des BHs von ihm helfen lassen und ihn gebadet, bis er zehn Jahre oder sogar noch älter war. Bewußt und unbewußt spürte der Patient, daß sie sexuell für ihn verfügbar war, und in seinen Phantasien lag er auch mit ihr im Bett. Der Vater war der passivere Teil, obwohl Auftreten und Verhalten der Mutter passiv-feminin waren. Der Patient wünschte sich, daß sein

Vater aggressiver wäre und auch dazu in der Lage, mit der Mutter eine sexuell befriedigende Beziehung aufrechtzuerhalten. Er wünschte nichts sehnlicher, als aus seiner phantasierten und der wirklichen Beziehung zu seiner Mutter freizukommen, die beide viel zu tief und auf allen Ebenen in sein Leben eindrangen. Doch als die guten Eltern sich umarmten und so vor ihm standen und versicherten, daß sie sexuell nur einander liebten und ihm keine sexuellen Avancen machen würden, da grinste er und sagte zur Mutter: »Ich kann dich haben, wann ich dich will.« Seine Versuche, sie vom Vater zu trennen, waren sowohl körperlich wie seelisch sehr heftig. Er suchte nach Möglichkeiten, das Hindernis einer als Puffer zwischen ihn und die Eltern gestellten Matratze – ein normales Hilfsmittel für diese Art Struktur – zu überwinden. Er wollte darüberklettern, sie wegreißen, durchbrechen oder um sie herum gehen und hatte noch viele andere Ideen, sich einen Zugang zur Mutter zu verschaffen. Er strengte sich an, als ob sein Leben davon abhinge, war aber erleichtert, als es ihm nicht gelang. Als ich ihm eine seinem Alter entsprechende ideale Figur als Liebesobjekt anbot, zeigte er jedoch keinerlei Interesse. Ich schlug ihm vor, sein Interesse wieder seiner Mutter, allerdings diesmal seiner negativen, zuzuwenden, die von seinem negativen Vater getrennt stand. Ich ließ sie gegenüber dem Sohn verführerisch auftreten, so wie er es von seiner Mutter berichtet hatte, und er ging auch sofort auf sie zu. Ich hoffte, er würde seine Reaktionen auf die verführerische Mutter selbst in Grenzen halten, wie es meistens der Fall ist, wenn solche Phantasien durchgespielt werden. Er hingegen begab sich hocherfreut in ihre heftige Umarmung und schaute mich fragend an: »Soll ich weitermachen?« Ich erwartete immer noch, daß er sich jeden Moment zurückziehen würde, und ließ ihn weitermachen. Erst als sich beide auf den Boden gelegt und er sie schon halb bestiegen hatte, wurde mir klar, daß er nicht aufhören würde. Um das zu überprüfen, ließ ich ihn sich ganz auf die Mutter legen, und zwar indem er sich mit seinen Beinen zwischen ihre geöffneten Beine schob. Er tat es ohne Zögern und machte keinerlei Anstalten, sich zurückzuziehen. Ich wartete noch zehn Sekunden und sagte dann: »Sowohl als Gruppenleiter wie als guter Vater kann ich dich nicht deine eigene Mutter vögeln lassen. Geh runter.« Jetzt war er bereit, auf einer anderen Ebene zu kämpfen, und fragte: »Was ist denn verkehrt daran, seine Mutter sexuell zu besitzen?« Jetzt war ich selbst als Gruppenleiter von ihm als Person herausgefordert. Das war kein Rollenspiel mehr; es war nun an der Zeit, ihm seine Grenzen aufzuzeigen. Ich bestand unnachgiebig darauf, daß er in keiner meiner Gruppen mit seiner Mutter schlafen würde. Ich lege Wert auf die Feststellung, daß diese Grenze gezogen werden muß, sei es auf der Ebene der Struktur oder der der Realität, des Verhaltens oder der Vorstellung. Der Patient argumentierte mit philosophischen Begriffen für die Sitte des Inzests und konnte nichts wirklich Schlechtes darin sehen. Er vergaß im Augenblick die offensichtlich verheerende Wirkung, die die nicht mehr unrealistische Möglichkeit, mit seiner Mutter zu schlafen, auf sein eheliches Leben ausübte. Sein starker Glaube an seine Omnipotenz zeigte sich in der Zähigkeit, mit der er in seinen Gedanken und Phantasien am Beischlaf mit seiner Mutter festhielt, was auch die philosophische Rechtfertigung des Inzests mit einschloß. Er kämpfte um seine Mutter physisch und geistig und empörte sich: »Was soll denn das heißen: ich kann sie nicht haben? Ich hatte sie mein ganzes Leben. Sie gehört mir und wird mir immer gehören.«

Man kann die Trennung vom Objekt seiner Allmacht wie eine Trennung von den Quellen seiner Lebenskraft erfahren. Daher zögern manche Patienten nicht, den Therapeuten mit Beschimpfungen und auch handgreiflich zu attackieren, wenn sie von ihm eingegrenzt werden – zumal sich die Patienten ein Leben lang an das Fehlen dieser Grenzen gewöhnt haben. Ein Patient mag sich sogar sehr wünschen, diese Grenzen endlich zu finden, aber im gleichen Augenblick kämpft er doch verzweifelt um die Aufrechterhaltung der alten Muster. Hat die Eingrenzung Erfolg und akzeptiert der Patient sie körperlich und seelisch, dann muß sich der Leiter in jedem Fall den – wie auch immer gearteten – Folgen des Verlusts der Allmacht und des (inzestuösen; T. M.) Objekts stellen.

In dem beschriebenen Fall sprach ich in der doppelten Rolle des Therapeuten und des guten Vaters mit dem Patienten und sagte ihm, daß er seine Mutter nicht wie in der Vergangenheit »haben« könne, ich würde das nicht länger dulden. Ich zeigte mich empört und zornig, daß sich seine negative Mutter so verführerisch verhalten hatte, und warf sie hinaus, um ihm etwas von der Wut zu vermitteln, die er ihr gegenüber hätte haben sollen wegen ihres

Verhaltens, das so sehr zu seinen ehelichen und sexuellen Schwierigkeiten beigetragen hatte. »Aber ich will sie«, sagte der Patient. »Tut mir leid, aber du kannst sie niemals haben«, war meine Antwort. Er war traurig über den Verlust und begann zu weinen. Die guten Eltern hielten ihn, während er weinte, und der gute Vater betonte seine Stärke und bestätigte ihm, daß er immer dasein würde. Als er aufhörte zu weinen, wurde er seinem Wunsch gemäß von der idealen Mutter versorgt. Dann wollte er die guten Eltern so eng beieinanderstehen sehen, daß zwischen ihnen keine Lücke war. Sobald er eine Lücke sah, wollte er sie mit seinem Körper vertiefen, wurde aber daran gehindert. Schließlich kehrte er zur idealen gleichaltrigen Freundin zurück und konnte sie jetzt mit sehr viel mehr Interesse und Gefühl umarmen. Aber noch war er nicht fertig, denn jetzt wurde er wütend auf seine negative Mutter. Er zeigte ihr seine Wut, und das veränderte noch einmal seine Beziehung zur Freundin. Während er bei ihr war, dachte er an seine Mutter, und die beiden Figuren schienen in ihm zu verschwimmen. Ich schlug vor, die beiden sollten sich hintereinander aufstellen, und er sollte bewußt versuchen, sie zu trennen. Es jagte ihm Schauder über den Rücken, als er die beiden so sah: Er stellte fest, es sei genauso wie in seinem Innern. Ich sagte: »Trenne sie. Reiß' sie voneinander weg.« Er tat es, stieß die negative Mutter weit weg und schrie: »Hau ab und störe mein Leben nicht!« Dann kehrte er zur Freundin zurück, um sich ihr mit Hingabe zu widmen. Nach einer Umarmung war ihm klar, daß die Struktur beendet war.

Ich möchte noch einiges über die weitere Entwicklung dieses Patienten berichten. Die Beziehung zu seiner Frau ebenso wie seine berufliche Situation haben sich erheblich verbessert. Er war in Einzeltherapie gegangen, und dort hatte er für einige seiner Gefühle, die in der Struktur aufgetreten waren, neue Perspektiven entwickelt. Er hatte auch viele neue Gefühle und Verhaltensmöglichkeiten entdeckt, die er vorher nicht kannte und die ihm ein neues Verständnis für die Energieverteilung in ihm selbst gaben. Vor dieser entscheidenden Struktur hatte er manche Gefühle, die hier zum Ausbruch kamen, nie offen zeigen können. Seine Struktur unterstreicht die hohe emotionale Besetzung von Allmachtsgefühlen, selbst wenn sie in Wirklichkeit gar nicht in vollem Umfang erkannt oder erlebt werden. Die Struktur erlaubt ihnen, an die

Oberfläche zu gelangen, eingeordnet, eingegrenzt und durchgearbeitet zu werden. Werden sie nicht bearbeitet, so bleiben sie gleichsam in einem Zustand eingefrorener Potentialität; dieser Patient hatte berichtet, daß es ihm vorher sehr schwer gefallen war, Gefühle der Wut und sexuelle Empfindungen überhaupt zulassen zu können. Als er ihnen in der Struktur freien Lauf ließ, richteten sie sich rasch und unerbittlich auf die Mutter, sie wollten fast um jeden Preis dort befriedigt werden, und ihre Eingrenzung war mit großem Schmerz verbunden.

Ich hoffe deutlich gemacht zu haben, daß die von mir verwendeten Formulierungen einen Bezugsrahmen bieten können, in dem man sich mit einem sicheren Gefühl für Richtung und Zielsetzung bewegen kann. Die Formulierung, das Ich gleiche einer Haut um das Selbst, durch die Gefühle und Energien aus- und einfließen, erlaubt Handlungsanweisungen für therapeutische Interventionen und Strukturen, die komplexe affektive Beziehungen und Verhaltensmuster klären und ordnen können. Das Ich läßt sich, kurz zusammengefaßt, als die Summe der Vorgänge in einem Menschen verstehen, die die Wahrnehmung der eigenen Gestalt, des energetischen Potentials, der Energieverteilung in der inneren und äußeren Welt erlauben: Das Ich schaut nach innen wie nach außen und hat gleichzeitig Zugang zu den Energie- und Bewegungssystemen, welche die Richtung der interaktiven Kräfte verändern können. Neben der interaktiven Energie und den Bewegungssystemen müssen wir also die Ich-Vorgänge im Auge behalten, die Interaktionen wahrnehmen, übersehen, modulieren, verändern und gegebenenfalls hemmen. Sind die Ich-Kontrollen teilweise verschoben oder beiseite gefegt, dann werden Kräfte freigesetzt, die sich ins Maßlose steigern. Das Ich, das unter deren Wucht bis zur Gestaltlosigkeit verzerrt wird, verliert den Bezug zur menschlichen Umwelt. Diese Kräfte sind kaum mehr für den Umgang mit der Realität verfügbar, sondern sind verschoben auf den körperlosen inneren Film der Phantasien und Träume. Diese innere Verschiebung führt zu Phänomenen wie Selbstbestrafung, suizidalen Neigungen und Depression. Im folgenden Kapitel will ich diese Phänomene unter dem Aspekt des Über-Ichs oder des Art-Ichs weiter erkunden.

7 Über-Ich, Art-Ich, Schuld und Strafe*

Das Über-Ich, um den Freudschen Begriff zu benutzen, ist nach meinem Verständnis ein System, das jene Energien auffängt und umlenkt, die sich dem Ich entziehen und andere oder die Art in Gefahr bringen könnten. In gewisser Hinsicht dient es also eher der Sicherheit und Befriedigung anderer als denen des Selbst. Deshalb ziehe ich oft auch den Begriff des »Art-Ichs« vor, da dieses System als Sicherheitsventil für die Art funktioniert. Das Art-Ich kann als eine Sicherung für das affektive System verstanden werden, die aggressive Energien zur Selbstbestrafung oder sogar Selbstzerstörung gegen das Selbst lenkt oder interaktive Energie von einem System zum anderen verschiebt.

Insgesamt also ist das Art-Ich ein primitiverer Apparat als das Ich. Wenn das normale, dem Ich unterstehende interaktive Energiesystem Formen des Gleichgewichts entwickelt, die die Art nicht gefährden, dann kann das Über-Ich ruhen; erst wenn es zu einer Überladung mit Energie kommt, würde sich zeigen, daß das Über-Ich sowohl der Selbst- als auch der Arterhaltung dient. Entsteht zum Beispiel ein Riß im Ich, und die interaktive Energie strebt ins Unendliche, dann wird die interaktive Energie sofort ins Symbolische (in das Traum- und Phantasiesystem) oder zum Wahrnehmungssystem hin (Halluzinationen) verschoben. Die Verschiebung verhindert einen katastrophalen Energieausbruch auf der interaktiven Ebene, wie er sich zum Beispiel bei einer katatonen Erregung ereignet.

Wenn das Art-Ich den Energiefluß unterbricht, entzieht es dem

* Ganz offensichtlich sind Pessos Überlegungen zum Über-Ich am wenigsten elaboriert. Das Art-Ich ist jedenfalls eine viel weniger komplexe Instanz als das Über-Ich in der psychoanalytischen Theorie, das von Pesso in weiten Teilen noch dem Ich zugerechnet wird. Das Art-Ich ist eine noch stark biologisch verstandene Not- oder Sicherungsinstanz, die auf Grund einer angeborenen Reaktionsbereitschaft Katastrophenalarm gibt und Sicherungsmaßnahmen ergreift. Trotzdem wird es natürlich in vielen Lernsituationen geschult und »lernt«. Sehr viel mehr »Identifikationen« ereignen sich für Pesso im Ich und nicht in einem dem Es entgegengesetzten Über-Ich. T. M.

zwischenmenschlichen interaktiven System Energie. Es beeinflußt das Verhalten insofern, als es das Selbst bestraft oder am Handeln hindert. Das Über-Ich oder Art-Ich ist also ein Mechanismus, der dann zur Wirkung kommt, wenn alle anderen Maßnahmen versagen. Wenn zum Beispiel die eingrenzenden Kräfte des Vaters versagen, kann er gesellschaftliche Mächte oder auch Gott beschwören, um den Sohn von seinen Übertretungen abzuhalten. Auf diese Weise benutzen Eltern die Kräfte des Art-Ichs, um ihren Kindern Grenzen zu setzen. Der Mechanismus als solcher ist angeboren, wird aber häufig zur Korrektur von Verhalten überbeansprucht.

Das Art-Ich muß über Wahrnehmungsfähigkeiten verfügen, um den Energieausstoß zu messen, wie eine elektrische Sicherung die Stromstärke mißt. Bei unzureichender genetischer oder interpersonaler Energieausstattung kann die Sicherung des Art-Ichs gleichsam auf niedrige Spannung eingestellt sein und Energie schon bei geringer Belastung verschoben werden. Menschen mit einem solch sensiblen Art-Ich sind vorsichtig, scheu und übermäßig auf der Hut, andern den geringsten Schmerz zuzufügen oder sie auch nur zu stören. Allgemein gesprochen, kann man sagen, das Art-Ich ist wie ein Monitor, der alle inneren Vorgänge beobachtet, so, als ob ein Teil unseres Ichs sich nicht individuiert hätte, sondern allmächtig und allwissend bliebe.

Dieses Paradox, daß wir gleichzeitig universal und individuell denken, ist eines der wesentlichen Merkmale des Über-Ichs, so wie ich es verstehe. Seine Lern- und Wachstumsvorgänge schließen die eigene Weltanschauung mit ein und alles, womit sich das Selbst identifiziert. So finden Menschen mit einer breiten Identifikation mit der Natur es vielleicht schwierig, Tiere zu töten oder zu verzehren. Wieder andere, die die größten Gewissensqualen und Schuldgefühle erleiden würden, wenn sie ein menschliches Wesen verletzten, können Tiere ohne das geringste Zögern schlachten, weil sie sich nicht mit ihnen identifizieren. Kriege führen immer wieder zu Massakern durch Soldaten, von denen man weiß, daß sie sich ihrer eigenen Familie gegenüber sehr liebevoll verhalten. Sieht man Feinde nicht mehr als menschliche Wesen an, dann muß man sein Verhalten ihnen gegenüber nicht unter Kontrolle halten. – Offensichtlich ist die Bildung des Über-Ichs oder Art-Ichs entscheidend mit Lernen verbunden. Zwar ist die Fähigkeit, Energien zu verschieben, gegen das eigene Selbst zu richten oder sie ganz »abzudrehen«, angeboren, aber die Situationen und Ereignisse, die diese Reaktionen auslösen, sind gelernt und entwickeln sich im Rahmen des jeweiligen Bezugssystems. Die Inhalte des Art-Ichs, die sich in allen Kulturen finden, beruhen auf der Art der inneren Beobachtung, die vergleichbar ist mit dem Bewußtsein, von Gott oder anderen Autoritätsfiguren gesehen zu werden.

Das Art-Ich bezieht seine Energien vom Ich und übt durch die Abspaltung eines Teils des Ichs die Kontrolle über das Selbst aus. Wenn also die interaktiven Energien die Ich-Kontrolle übersteigen, dann wendet das Über-Ich sie – sei es im Namen Gottes oder einer allwissenden Macht – gegen das Selbst. Eine Verschiebung der Energie ins Reich der Phantasie, der Halluzination und des Wahns dagegen bläht unter dem Anwachsen der omnipotenten Aspekte das Selbst auf, das sich nun mehr oder minder vollständig mit dem Universellen, Allwissenden und Allmächtigen identifiziert. Dies führt zur Psychose: Das Über-Ich hat zuviel Macht an sich gerissen, was nicht nur eine Inflation des Selbst, sondern auch einen Verlust des Ichs erzeugt.

Der Psychotiker ist nicht mehr fähig, seine Annahmen über sich selbst in der konkreten, motorisch erfahrbaren Welt zu überprüfen, er verschiebt seine Energie vom Körper weg in das Reich der Phantasie, der Halluzination und des Wahns und geht so seiner Identität verlustig. Wird die Individuation des Ichs nicht frühzeitig auf der Ebene der konkreten motorischen Wirklichkeit gefördert, dann entwickelt das Individuum eben jenes kranke Art-Ich, das auf der symbolischen Ebene für sich allein tut, was auf der konkreten Ebene andere für es hätten tun sollen.

Regelmäßig kann man in Strukturen beobachten, wie ein Patient in Wut gerät und diese Wut dann entweder unterdrückt oder gegen sich selbst richtet. Die guten Eltern-Figuren sprechen mit ihm über diese nach innen gerichtete Wut, sie sagen ihm, daß sie berechtigt ist und er sich damit nicht selbst zu verletzen braucht. Es genügt allerdings nicht, das einfach auszusprechen, denn der Patient beginnt dann in der Regel zu erklären, warum er böse ist, wenn er solche Gefühle hat, die ja oft mit Ereignissen verknüpft sind, bei denen seine Wut Anlaß für Schmerz und Betroffenheit in der Familie war. Der Patient hat als Kind vielleicht einmal einen Stein geworfen, der fast einen Spielkameraden getötet hätte, und seither kann er seine Wut kaum noch nach außen dringen lassen. Er betrachtet sich als potentiellen Mörder und zieht sich aus vielen Interaktionen zurück aus Angst, er könne andere in Lebensgefahr bringen. Er mag wohl Beziehungen zu anderen aufrechterhalten, aber ohne viel zwischenmenschliche Energie in sie zu investieren. Er behandelt sich selbst und andere eher als Gegenstände oder Ideen.

Patienten, die überzeugt sind, daß sie böse sind und bestraft werden sollten, neigen oft zu Unfällen oder leiden an chronischen Schmerzen. Sie schätzen ihre Fähigkeit zur Kontrolle ihrer Gefühle gering ein und reden sich ein, wie böse sie sind und wie wenig sie Liebe und Fürsorge verdienen. Selbstbestrafung oder der Wunsch nach Strafe von außen (den man regelmäßig bei von Schuldgefühlen verfolgten Menschen findet) können im Sinne des Wunsches nach negativer Versorgung benutzt werden und so den Inhalt einer Beziehung bestimmen. Wenn also das Über-Ich oder Art-Ich die Energie nach innen richtet, erzielt es damit einen sekundären Gewinn: die Befriedigung des Wunsches nach negativer Versorgung. Manche Patienten klammern sich geradezu an ihre Schuldgefühle, denn sie ernähren sich von ihnen. In einem solchen Fall kann das Schuldgefühl nicht aufgegeben werden, bevor ein für den Patienten annehmbarer Ersatz verfügbar ist.

Aus dem Blickwinkel der Energieverteilung bietet dieser Prozeß ein interessantes Bild. Ein Ich entwickelt sich, wenn ein Kind angemessen gute Beziehungen zu seinen Eltern erlebt. Sind die elterlichen Funktionen mangelhaft, dann erhöhen sich Wut und Frustration beim Kind. Drückt das Kind die Wut aus und die Eltern sagen ihm dann, es sei böse, so wecken sie seine Schuldgefühle. Das Kind wendet sich von den Eltern ab und anderen, befriedigenderen Figuren zu, oder es wendet sich zu früh sich selbst zu und schädigt so seine Fähigkeit, sich versorgen zu lassen und sich in befriedigender Weise auf andere zu beziehen. Das Art-Ich verschiebt zudem seine Wut auf das Selbst. Auf diese Weise wird es sich verstärkt mit sich selbst beschäftigen. Es gewinnt seine Energie quasi aus sich selbst, die es anstelle der Wärme, die ihm von den Eltern zukommen sollte, nutzt. So wird das Kind immer weiter weggelenkt von Beziehungen und immer mehr dahin, daß es Energie auf sich selbst richtet und seinen interaktiven Energieaustausch mit der Welt einengt. Nichts davon kann als gesunde oder befriedigende Lösung gelten; allerdings kann die Lösung wenigstens insofern von Wert sein, als sie einen stabilen Zustand herstellt. Hier wird das Konzept des Widerstandes am ehesten verständlich: Begreiflicherweise scheut der Patient davor zurück, sein Gleichgewicht stören zu lassen, vor allem, wenn ihm keine klar definierte Alternative geboten wurde.

Die psychomotorische Therapie läßt aufgrund ihrer Betonung von Befriedigungen auf der Bewegungs- und Versorgungsebene energetische Alternativen zu, die die traditionelle Therapie nicht bietet. Wir können den Patienten darauf verweisen, wie schädlich das »Essen« von Schuld ist und daß die ideale Mutter eine positive Versorgung verfügbar hält. Die idealen Eltern können auch betonen, daß, egal wie wütend er wird, sie mit seinem Zorn umgehen können. Der Patient kann so selbst mit seiner Wut umzugehen lernen, weil die idealen Eltern in einer eingrenzenden Struktur ihm deren vollen Ausdruck erlauben. Damit steht der Energiebetrag nicht mehr für eine Wendung gegen das eigene Selbst in Form von negativer Versorgung zur Verfügung, und das pathologische Festhalten an der nach innen gewandten Wut-Schuld-Energie wird aufgebrochen, wenn die Wut motorisch ausgedrückt, ausgehalten und aufgefangen wird. Wenn die idealen Eltern den Patienten in der eingrenzenden Struktur festhalten, repräsentieren sie die Wiedereinsetzung der Ich-Kontrollen über die mächtigen Wutgefühle, die vorher die Ich-Grenzen durchbrochen hatten und unter dem Druck des Über-Ichs auf das Selbst zurückgerichtet worden waren.

Die eingrenzende Struktur setzt von neuem positive Elternfiguren ein, die mächtiger und stärker sind als der Patient und von ihm als äußere Polarstern-Figuren bei seiner Identitätsfindung benutzt werden können.

Hat ein Riß im Ich stattgefunden, dann mag das Über-Ich diese ausströmenden Energien unterbrechen, wie ich es weiter oben beschrieben habe, oder es gerät unter Druck, selbst zu wachsen und die Kräfte real werden zu lassen, die es in seiner Phantasie oder auf symbolischer Ebene besitzt, um mit der Welt in einer konkret-motorischen Beziehung zu bleiben. Die historischen Gestalten, die eine riesige Machtfülle in ihrer Hand vereinigt haben, fallen unter diese Kategorie. Hindert man sie an der Anhäufung und Verwirklichung ihrer Macht, dann drohen sie ernsthaft seelisch zu erkranken, weil sie dann zu phantasierten, wahnhaften Erlebnisformen ihrer Macht zurückkehren müßten. Ich behaupte, daß diese Menschen einen gewaltigen Kampf ausfechten, um gesund zu bleiben und gleichzeitig die durch den Riß im Ich entfesselten Energien zu realisieren; sie versuchen, ihr Ich über die ganze Erde auszudehnen, um alles unter ihre Herrschaft zu bringen.

Ich möchte mich nun einem besonderen Fall zuwenden, der einige der oben beschriebenen Faktoren veranschaulicht. Die Patientin kam zu einem Wochenendseminar, und es war von Anfang an klar, daß Sexualität ein Thema sein würde. Sie war psychologische Assistentin in einer Klinik, Ende zwanzig oder Anfang dreißig. Ihr Verhalten und ihre Kleidung weckten sofort sexuelle Phantasien in mir. Ihre Augen waren »aufnehmend« und »einladend«, aber es umgab sie eine leichte Aura von »Schmutz«, Schlamperei und Unordnung, die sich nicht ganz mit ihrer erotischen Ausstrahlung vertrug. Als Gruppenleiter und Therapeut habe ich mich daran gewöhnt, daß mir ein gewisses Maß von sexueller Energie zufließt, und beobachte, wie sich ihr Ausdruck und meine Reaktionen auf sie ändern, wenn der Patient sich verändert. Ich konnte bestimmte Verhaltensmuster und meine Reaktionen darauf über eine Reihe von Jahren kennenlernen. Manchen Patientinnen gelang es, einen mächtigen Wunsch nach sexuellen Beziehungen in mir wach werden zu lassen. Sah ich sie im Einzelgespräch, wurde die Arbeit wegen der Sexualisierung und der damit einhergehenden Schuldgefühle sowie der Angst, die sie in mir hervorrief, schwierig. Ich hatte plötzlich Gedanken und Gefühle wie: »Ich muß mich von meiner Frau scheiden lassen und diese Frau heiraten, denn sie ist die anziehendste und schönste Frau, die ich je gesehen habe.«

Die ersten Male war ich betreten, als sich diese starken Gefühle und Phantasien einstellten. Im Verlauf der Therapie jedoch sah und begehrte ich diese Frauen nicht mehr in erster Linie als Sexualobjekte, ich wurde vielmehr fähig, sie wirklich als Personen wahrzunehmen. Diese Veränderungen ließen meine eigene Wandlung und mein Wachstum erkennen, ebenso wie das der Patientinnen. Zwangsläufig mußten sich diese Patientinnen mit ihren eigenen mächtigen Wünschen nach Vaterfiguren ebenso herumschlagen wie mit ihren meist unbewußten Versuchen, eine Vaterfigur anzulocken. Sie waren nicht nur für mich, sondern auch für andere

Männer sexuell attraktiv; sie verdeutlichen, wie Menschen es fertigbringen, in ihrer Umwelt die Reaktionen hervorzurufen, auf die sich ihre Persönlichkeitsstrukturen ohnehin längst beziehen. Manche Menschen zum Beispiel provozieren schon bei der ersten Begegnung die Phantasie oder den Wunsch, sie zu schlagen, und ich habe gelernt, auf diese Gefühle und Phantasien bei ersten Begegnungen mit Patienten zu achten wie auch auf ihre Ursprünge in mir oder im Verhalten und Benehmen des Patienten; wurde das Gefühl weitgehend von ihm ausgelöst, dann bildeten sich bald bestimmte Annahmen über die Vorgeschichte seines Bedürfnisses, solche Reaktionen in anderen hervorzurufen.

Im vorliegenden Fall nun nahm ich meine Reaktion auf die Attraktivität der Patientin wahr, aber ohne Schuldgefühl. Ich war allerdings verwundert über die Botschaften vom »dreckigen« kleinen Mädchen und behielt das im Hinterkopf, um es möglicherweise in den Strukturen des Wochenendes zu benutzen.

Zu Beginn jeder Wochenendgruppe gebe ich als Orientierungshilfe einen Abriß der psychomotorischen Therapie, der in diesem Fall auch einiges über negative Versorgung und frühe Beziehungsformen enthielt. Ich sprach über Menschen, die in anderen den Wunsch auslösen, sie zu schlagen oder zu demütigen; über andere, die man füttern möchte, und dann über solche, die erotische Phantasien provozieren. An diesem Punkt unterbrach mich die betreffende Patientin und warf ein: »Was ist denn verkehrt an sexuellen Beziehungen?« Ich stellte klar, daß daran gar nichts verkehrt sei, daß sie jedoch unter Umständen zur primären Beziehungsform werden könne, die andere ausschlösse und nicht mehr mit der Gesamtpersönlichkeit im Gleichgewicht sei. Offensichtlich drängte es diese Patientin, sexuelle Beziehungen zu verteidigen; zumindest lenkte das die Aufmerksamkeit auf die Tatsache, daß Sexualität und die Art, wie sie sie lebte, ein wichtiges Moment für sie sein würden.

Das Wochenende bot den Patienten Gelegenheit für eine Struktur sowohl bei mir als auch bei meiner Frau, da wir die Gruppe gemeinsam leiteten. Ihre erste Struktur machte diese Patientin bei meiner Frau, die sie als in sich zurückgezogen und der Gruppe und dem Prozeß gegenüber leicht feindselig eingestellt erlebte.

In der Rolle als akkommodierende Elternfigur für ein anderes Gruppenmitglied erklärte sie, sie stehe hinter gar nichts von dem, was sie als ideale Mutter geäußert habe, und sie interessiere sich nicht im geringsten für die Person in der Struktur. Für die Protagonistin der Struktur waren diese Bemerkungen nicht abträglich, und auch die Gruppe fand sie in ihrer Rolle als ideale Mutter sensibel und hilfreich. Meiner Frau und den anderen Frauen in der Gruppe schien es, als wollte sie sie in einen Kampf verwickeln: Ihre Aktionen und Reaktionen waren sehr verschieden, je nach dem Geschlecht des Partners; von Frauen wollte sie Feindseligkeit ernten.

Als sie mit ihrer Struktur an der Reihe war, wußte sie nicht, was sie tun sollte, und sagte, sie könne keine Wünsche äußern. Meine Frau deutete ihr an, wie sehr sie an sich selbst festhielt, und um ihr überhaupt die Gelegenheit zu geben, eine Beziehung zu jemandem aufzunehmen, schlug sie eine Struktur vor, in der sie als kleines Mädchen mit ihren Freundinnen spielt. Diese frühe Altersstufe wurde vorgeschlagen, weil die Patientin offensichtlich Mühe hatte, sich als erwachsene Frau auf jemanden zu beziehen. Die Patientin suchte sich einige »Freundinnen« aus und brachte eine herrliche Zeit mit ihnen im Kinderspiel zu. Danach berichtete sie, es sei anders als sonst und ungewöhnlich für sie, ihren Freundinnen ins Gesicht zu sehen; es sei ein gutes Gefühl, sie anschauen zu können und von ihnen wieder angeschaut zu werden. Dann erzählte sie, daß sie während all der Jahre, in denen sie in herkömmlicher Psychotherapie war, ihren Therapeuten nie direkt angeschaut habe. Das stand in direktem Widerspruch dazu, wie sie mich anschaute, doch im Rahmen dieser Gruppe, in der meine Frau neben mir saß und ich somit eindeutig nicht als Sexualpartner verfügbar war, war sie anscheinend in der Lage, die erotischen Gefühle mir gegenüber – auf unbewußter Ebene – auszudrücken. Man hätte erwarten können, daß sie sich auch ihrem Therapeuten gegenüber sexuell verführerisch verhielt, aber da der traditionelle Therapeut eine mehrdeutige Figur ist, war es vielleicht zu bedrohlich für sie, ihn so anzuschauen.

Als ich sie am nächsten Morgen in der ersten Sitzung sah und sie fragte, wie sie auf die vorangegangene Struktur reagiert habe, sagte sie, es sei herrlich gewesen, jung, passiv und ohne Verantwortung zu sein und zu spüren, daß andere die Gruppe leiteten und auf sie aufpaßten. Sie erwähnte, daß sie selbst viele Gruppen leite und es sie so entlaste, nicht auch noch für diese verantwortlich zu sein, und daß sie schließlich mit Absicht Klein-Mädchen-Kleider angezogen habe, um in der Stimmung zu bleiben, in der sie umsorgt wurde und ohne Verantwortung war. Aus der Sicht meiner Frau hatte sie in ihrer Struktur sich gänzlich widersprechende Gefühle gezeigt. Ihre Äußerungen wurden auch nicht von den entsprechenden Gefühlen begleitet, dann widersprach sie sich wieder vollkommen und lachte über ihre Widersprüche. Ich hatte bereits beobachtet, daß sie sehr uneinheitlich reagierte und in ihren Äußerungen relativ inkohärent war. Ihr Versuch, die Klein-Mädchen-Gefühle auch real und nicht nur während ihrer Struktur auszuagieren, zeigte mir, daß sie nicht genau genug unterschied zwischen Struktur und Wirklichkeit, daß sie also ein Ich-Problem hatte, denn es ist das Ich, das für solche Unterscheidungen zuständig ist. Das sollte während ihrer zweiten Struktur noch viel deutlicher werden.

Gegen Ende einer Gruppensitzung bei meiner Frau, in der auch inzestuöse Wünsche eine gewisse Rolle spielten, bemerkte sie, es sei nicht allzu schwer, den Vater zu kriegen, aber es lohne sich eigentlich gar nicht. Meine Frau vermutete, die Patientin könne vielleicht wirklich sexuelle Beziehungen zu ihrem Vater gehabt haben, und fragte sich, ob sie dieses Material wohl in eine Struktur einbringen würde. Die Gelegenheit dazu bot sich erst in der allerletzten Sitzung des Wochenendes. Über ihre Wünsche befragt, erklärte sie, sie fühle sich sehr gut und brauche keine zweite Struktur. Ich zweifelte sehr an ihrer Bereitschaft, hoffte aber gleichzeitig, sie würde zu ihrer zweiten Struktur kommen, da es schon spät und ich müde war; ich wußte, daß ich mit dem Material zu tun bekommen würde, jetzt oder später.

»Ich will überhaupt nichts machen«, begann sie erneut, »aber ich will etwas sagen, das die Gruppe schockieren wird. Alle machen so einen Umstand darum, wenn einer mit seinen Eltern schlafen will; ich habe mit meinem Vater zweimal geschlafen, als ich zwölf Jahre alt war.« Sie äußerte sich sehr widersprüchlich über die Auswirkungen: Es habe sie kaum berührt, im Gegenteil, es sei eine Hilfe gewesen, daß sie sich nun nicht – wie offenkundig alle anderen – mit dem Problem herumschlagen müsse, sexuelle Kontakte zu den Eltern zu wünschen und sich dann schuldig zu fühlen. Andererseits kamen Erinnerungen in ihr hoch, daß sie schrecklich unter den Folgen des Aktes gelitten habe, nicht in die Schule gehen und lernen konnte, furchtbare Alpträume hatte und sich als Verbrecherin fühlte, die man ins Gefängnis stecken müßte; sie sei schlecht, schmutzig und gehöre in die Gosse. Über einige ihrer Aussagen mußte sie lachen. Ich verstand die Schuldgefühle und den Wunsch, die Gruppe zu schockieren, als Zeichen des Wunsches nach negativer Versorgung, als Strafe für ihre Sexualität und als Ersatz für die Wärme, die sie von anderen Menschen in einer angemesseneren Beziehung bekommen hätte. Ich sagte zu ihr, ich sei nicht schockiert; das junge Mädchen, das so behandelt wurde, tue mir leid. Wenn ich der Vater gewesen wäre, hätte ich sie beschützt vor meinen und anderer Menschen sexuellen Annäherungen, bis sie alt genug gewesen wäre, um über ihre sexuellen Erfahrungen eigene Entscheidungen zu treffen, selbstbewußt und ohne Schuldgefühle. Sie lachte, als ich den Ausdruck »beschützt« gebrauchte, und fand ihn »ein bißchen lächerlich, süß und altmodisch«. Ich fragte sie, ob sie mich als idealen Vater wollte, als meine Frau gerade in den Raum kam. Ich schlug ihr auch vor, meine Frau als ideale Mutter anzunehmen, so daß wir auf der Ebene der Übertragung, also der Wirklichkeit, die mich betraf, wie auch auf der Ebene der Struktur arbeiten konnten. Als ich den Arm um meine Frau legte und das übliche Statement abgab, daß wir sexuellen Verkehr nur miteinander hätten und ich mich sexuell niemals ihr zuwenden würde, bemerkte die Patientin, wie gut es tue, uns so vereint zu sehen, und wie sehr sie es brauche, uns so zu sehen.

Sie wiederholte, daß es sie nicht berührt habe, mit ihrem Vater sexuell zu verkehren. Ich widersprach ihr und erklärte ihr, daß sie ihn in dem Augenblick, als er ihr Liebhaber wurde, als Vater verloren hatte, und daß das Folgen für ihre Identitätsentwicklung habe. Ich sprach es nicht aus, dachte aber daran, daß sie auch die Mutter als Mutter verloren und gegen eine Konkurrentin eingetauscht hatte. Dies führte zu einem Riß im Ich. Sie wurde in eine Identitätskrise gestürzt und verließ die Grenzen und den Schutz, den Eltern normalerweise bieten. Sie war zu »ihren eigenen Eltern« geworden und hatte unter großen Mühen und mit Hilfe von Therapie Gleichgewicht und Gesundheit aufrechterhalten können, wenn auch mit einigen Narben in ihrem Ich.

Wir legten unsere Arme um sie und sagten, wir seien ihre idealen Eltern und würden sie beschützen. Sie hielt dem zunächst entgegen, sie sei selbst stark und brauche keine Eltern. Ich verstand dies als die gleiche Verwirrung zwischen Struktur und Realität, die sie schon früher gezeigt hatte, und erklärte ihr, daß wir doch zum Kind in ihr sprächen und nicht zur erwachsenen Person von heute. Es muß ihr während der Strukturen mit anderen Teilnehmern vollkommen klar gewesen sein, daß wir auf Kindheitserinnerungen reagierten und nicht auf Aspekte der erwachsenen Personen, aber in ihrem Fall sah sie die Unterschiede nur verschwommen. Als sie zu sehen versuchte, welche Bedeutung es für sie gehabt hätte, als Pubertierende starke Eltern zu erleben, war sie schockiert, erkennen zu müssen, daß ihre ganze Kindheit sich durch den Vorfall mit dem Vater veränderte und daß sie von da an zu Hause niemanden mehr hatte, an den sie sich wenden konnte; sie zog weg und heiratete sehr früh. Sie erinnerte sich an ihr Gelübde, so früh wie irgend möglich von zu Hause wegzugehen, und erst in diesem Augenblick wurde ihr klar, daß dieses Gelübde mit ihrer sexuellen Verführung durch den Vater zu tun hatte. Ihre sexuellen Gefühle waren an diesem Punkt ihres Lebens freier, als sie es ertragen konnte, und ich glaube, sie hatte deswegen viele Schuldgefühle und Konflikte. Sie schien das Gefühl zu haben, es sei in Ordnung, mit jedem zu schlafen, und dachte überhaupt nicht daran, daß Inzest schädlich war. Langsam erst begann sie die Hilfen und den Schutz und die Eingrenzungen der guten Eltern anzunehmen und sie in ihre Vergangenheit und nicht in ihre Gegenwart zu integrieren. Das ermöglichte ihr, eine Reihe neuer Gefühle zu erleben, wie ihre Vergangenheit hätte aussehen können.

Als guter Vater tat ich so, als zöge ich ihres Vaters Penis aus ihr heraus, und erklärte ihr, daß ich meine Kraft nutzen würde, sie zu beschützen, und meine Hände, um die zu früh auf sie einstürzende Welt von ihr fernzuhalten, anstatt mich an ihr zu vergreifen. Als ich sagte, ich würde gar nichts in sie hineinstecken, wußte ich, daß sie kämpfen würde, weil sie so sehr von Sexualität als einer primären Beziehungsform abhängig war und eine andere gar nicht kannte oder erwartete. Sie fragte auch, wofür sonst sie denn überhaupt tauge, wenn sie sexuell nicht anziehend auf mich wirke. Ich antwortete, daß ich in ihr sehr wohl eine sexuell attraktive Frau sähe, daß ich aber trotzdem mein erotisches Interesse nicht auf sie richten würde. Im Grunde war sie in derselben Lage wie Patienten, die man in einer Struktur zur Eingrenzung ihrer Aggressionen von schädlichem Handeln abhält. Wenn wir Erfolg haben, dann können wir den Riß im Ich stopfen und den Einsatz von Schuldgefühlen als Form der Beziehung mit sich selbst und anderen verhindern.

Sobald sie anfing, die Eingrenzung durch die idealen Eltern anzunehmen und zu fühlen, wie es sein kann, als Kind Sicherheit in der Familie zu haben, begann sie darüber zu sprechen, wie schlecht sie sei und wie sehr sie fürchte, daß die Leute sie als »schändlich« bezeichnen würden. Ich verstand das wieder als Wunsch nach negativer Versorgung, und wir stellten eine negative Figur auf, die sie als schlechte Person beschimpfte. Ihre Reaktion darauf war erstaunlich. Sobald sie die negative Stimme hörte, machte sie ein saugendes Geräusch mit ihrem Mund, als ob sie Luft oder ein bißchen Speichel hineinzöge. Mir erschien es ganz augenfällig, daß sie Schuldgefühle aß. Die gute Mutter sagte, das brauche sie nicht zu tun, und sie könne gute Nahrung von ihr haben. Die Patientin erinnerte sich daran, daß ihre Mutter riesige Brüste hatte und sie immer dagegen stieß. Die ideale Mutter sagte, sie würde ihr nur so viel zu trinken geben, wie sie wollte, und sie nicht drängen. Die Patientin wollte die negativen Stimmen noch einmal hören, weil sie sie auch in ihrem eigenen Innern höre. Noch einmal machte sie die Sauggeräusche, und die übertrugen wir nun auf die Mutter. Wir schickten die negative Mutter weg und versicherten der Patientin, sie sei nicht schlecht und brauche auch ihre Schuldgefühle nicht zu essen.

Sie konnte noch niemanden aus der Gruppe direkt anschauen, noch sich in die Augen schauen lassen. Wir als ideale Eltern wollten sie vor der gefährlichen Außenwelt schützen und benutzten unsere Hände als Filter, um die Reize aus der Gruppe von ihr abzuhalten. Sie schaute durch unsere Finger zur Gruppe und konnte uns langsam anweisen, die Hände zu senken, während sie sich jetzt direkter an einzelne wandte. Dann war die Struktur für sie beendet, und einzelne oder mehrere aus der Gruppe kamen auf sie zu; sie konnte sie anschauen, während sie ihr sagten, was sie während der Sitzung erlebt hatten.

Steht man unter einem großen Schuldgefühl, so reagiert man darauf oft stärker als auf alles andere. Die Schuld wird zum Objekt für viele Interaktionen, und man unterhält Beziehungen hauptsächlich zu den negativen Stimmen in seinem Kopf. Es sollte nicht vergessen werden, daß Schuldgefühle aus der Rückwendung von Energien gegen das eigene Selbst stammen. Mir wird zunehmend deutlich, wie sich die Psychodynamik von Menschen, die sich ganz zurückziehen, von Schuldgefühlen beladen sind oder an einem Ich-Riß leiden, verstehen läßt. Wie man damit in der Praxis umgeht, muß sich erst noch herausstellen. Diese Patientin jedenfalls hatte keine gute Beziehung zu anderen Menschen in der Gruppe, am wenigsten zu Frauen, und versuchte Feindseligkeit und Stimmen einzuheimsen, die sie schuldig sprachen. Gegenüber den meisten Männern verhielt sie sich auf ähnlich erotische Weise, um ihre sexuelle Allmacht aufrechtzuerhalten, die sich entfaltete, als sie mit ihrem eigenen Vater schlief. Aber dieses Muster wurde in ihrer Struktur mit einer, wie ich hoffe, mehr als nur vorübergehenden Wirkung durchbrochen. Die Tatsachen, daß sie sich inzwischen in psychotherapeutischer Ausbildung befindet und in den Strukturen Zeichen von wachsender Sensibilität gegenüber den Bedürfnissen anderer zeigte, für die sie akkommodierte, verweisen auf eine gesunde Fähigkeit, mit ihren Schwierigkeiten fertigzuwerden und neue Verhaltensmuster und Reaktionen zu lernen.

Negative Stimmen

Jeder von uns hat ab und zu erlebt, daß er böse war und hören konnte, wie sein Inneres genau dies zu ihm sagte. Diese Gefühle können so intensiv werden, daß man kaum noch an etwas anderes zu denken vermag und viel Energie damit verbraucht. Bei psychotischen Menschen wird es extrem, weil die Stimmen von anderswo als aus ihrem eigenen Innern zu kommen scheinen und so mächtig sind, daß ihnen schwer zu widerstehen ist. Nach allem, was wir bisher ausgeführt haben, mußte es sich um Stimmen des Art-Ichs handeln, das ja ein Teil des Selbst ist; ich nenne sie *negative Stimmen*. Patienten, die sich mit ihren eigenen inneren Stimmen unterhalten, beziehen sich offensichtlich auf sie, als ob sie sich auf Gott oder sonst eine mächtige Figur beziehen würden. Mit normalen oder neurotischen Patienten, deren Stimmen oder selbstzerstörerische Gefühle deutlich werden, versuchten wir, die negative Stimme als äußere konkrete Figur zu verkörpern und diese Figur die negativen Worte oder Sätze sprechen zu lassen. Wenn sie sagt:

»Du bist schlecht«, dann kann der Patient oder der ihm Akkommodierende den negativ Akkommodierenden angreifen, ohne daß dieser den Patienten angreifen darf. Der Patient kann wegen seiner inneren Stimme in einen argen Konflikt geraten und den Wunsch haben, entweder sich zu zerreißen, weil er böse ist, oder die negative Stimme aus sich herauszureißen, weil sie ihn stört. Keines von beiden ist heilsam. Man kann sich nicht selbst zerstören oder einen negativen Aspekt des eigenen Selbst herausreißen und meinen, dies sei ein therapeutischer Schritt. Aber man kann diese Stimme in einer Struktur nach außen verlegen und dann mit ihr umgehen, ohne sich selbst zu schädigen.

Ein etwa fünfundzwanzigjähriger Student, der einmal für kurze Zeit in einer psychiatrischen Station behandelt worden war, stand in einer Struktur kurz davor, entweder selbst etwas zu tun oder zu veranlassen, daß sein negativ Akkommodierender geschlagen wurde, als ihn auf einmal das Gefühl überwältigte, ein schrecklicher Mensch zu sein. Die guten Eltern sagten: »Du bist gut und brauchst dich wegen deiner Wut nicht schuldig zu fühlen«, aber er antwortete, er wisse, daß er böse sei, und habe es auch immer gewußt. Wenn eine derartige Äußerung so klar als ganzer Satz herauskommt, so benutzt man am besten diesen Satz, genau so, wie er geäußert wurde, und legt ihn der negativen Figur in den Mund. Dies taten wir, und als der Patient den Satz hörte, lächelte er und fand ihn genau zutreffend. Die idealen Eltern und ich als Leiter forderten ihn auf: »Glaube dieser Stimme nicht so bereitwillig. Schau doch, wie sehr du sie genießt, ja, sie aufißt. Kämpfe gegen sie.« Dies zu tun fand er keine Kraft in sich, so daß es nun Aufgabe der idealen Eltern war, für ihn gegen diese Stimme anzukämpfen. Wenn sie an einem solchen Punkt ins Spiel kommen, hat das eine erstaunliche Wirkung. Oft habe ich einen Patienten seine Eltern verblüfft und ungläubig anschauen sehen. Manchmal ist er bestürzt, wenn er jemanden hört, der für ihn eintritt, und hat den heftigen Wunsch, seine idealen Eltern mögen ihn wirklich gern haben. Der Augenblick, in dem ein Patient die Hilfe idealer Eltern annimmt, bringt ihn (besonders wenn er sie für ebenso stark wie gut hält) wirklich in Beziehung zu ihnen und befreit ihn aus der Verstrickung in die Schuldgefühle. Wenn jetzt der negative Satz wiederholt wird, hat er eine ganz andere Wirkung. Der Student wollte, als er den Satz zum zweiten Mal hörte, die negative Stimme selbst bekämpfen, wenn auch mit Hilfe der idealen Eltern. Ein Patient, der so reagiert, wünscht sich von seinen idealen Eltern allmählich auch Versorgung und eine Beziehung, und er kämpft gegen die negative Stimme, so wie er es gegen eine bedrohliche äußere Figur tun würde. Wäre die negative Stimme nicht nach außen in eine Person verlagert, so wäre der Kampf gegen sie kaum möglich, ohne das eigene Selbst zu zerreißen. Man kann aber mit den negativen äußeren Stimmen nicht zurechtkommen, ohne gleichzeitig die idealen Eltern zur Verfügung zu haben, denn man muß die Gesamtkonstellation durcharbeiten und nicht nur einen einzelnen Faktor.

8 Die Sprachen des Ichs

Aus psychomotorischer Sicht heißt Leben nicht nur Sein, sondern: sich beziehen. Was in der Freudschen Theorie ein instinkthaftes Bündel blinder Triebe ist, wird in der psychomotorischen Theorie zu einem der fünf interaktiven Energiesysteme, die von sich aus ein Objekt suchen und in gewissem Sinn auch selbst ein Objekt »erkennen« können. Die Funktion des Ichs ist es, Hilfestellung zu geben, wenn es darum geht, ein Objekt zu suchen, zu erkennen, sich auf adäquate Weise auf es einzulassen und die Bemühungen zu koordinieren, geeignete Beziehungen zustande zu bringen. Das Ich verhält sich zur interaktiven Energie wie der Kapitän eines Schiffes zum Schiff. Das Ich kann das Schiff beherrschen oder steuern, aber das Schiff ist nicht das widerspenstige Tier, das seiner Bestimmung entgehen möchte. Das Schiff, beladen mit interaktiver Energie, will dorthin, wohin es unterwegs ist, und das Ich hilft ihm dabei.

In der psychomotorischen Therapie verwenden wir einen großen Teil der Arbeit auf die Stärkung des Ichs. Das bedeutet sicherlich nicht, daß das Ich das Es ersetzen soll, indem es interaktive Energiefunktionen übernimmt. Es hilft vielmehr bei der Ausrichtung, der Koordinierung, der Artikulierung, der Wahrnehmung und der Unterscheidung aller interaktiven Funktionen in dem Sinne, daß die Stimmigkeit und der Grad der Befriedigung in einer Beziehung erhöht werden.

Manche Menschen – unter diesen finden sich nicht wenige streng klassisch-psychoanalytisch denkende Analytiker – scheinen die finstere Gefährlichkeit des Es zu fürchten. Die Annahme scheint verbreitet, daß das Ich das Es nicht nur bändigen und es, argwöhnisch beobachtend, fest im Griff behalten sollte, sondern daß es auch viel Macht und Energie brauche, um die »höheren« Funktionen des abstrakten Denkens und des Umgangs mit Symbolen in Gang zu halten. Dieser Gedanke steht offenbar hinter dem Konzept der Sublimierung: Die sexuelle Energie des Es wird sublimiert, und diese Sublimierungsfähigkeit wird zum Eckstein aller Kultur. Mir scheint jedoch, daß nur wenige zölibatär lebende Menschen als Künstler, Diktatoren oder Präsidenten bedeutende

Beiträge zur Kultur geliefert haben und daß puritanische Gesellschaften den kulturellen Fortschritt nicht gerade in besonders kreativer Weise vorangetrieben haben. Die Annahme, daß die menschliche Fähigkeit und Neigung zu kreativen symbolischen und abstrakten Leistungen ebenso angeboren und »Es-nahe« sind wie die Fähigkeit, sexuell aktiv und interaktiv zu sein, scheint mir daher wesentlich angemessener zu sein. Das eine hat nicht notwendigerweise viel mit dem andern zu tun, es sei denn, Störungen in einem interaktiven System nähmen Einfluß auf ein anderes.

Die fünf interaktiven Systeme lassen sich als Hierarchie verstehen, die zu den höchsten menschlichen Zielen führt, nämlich zum Verständnis und zur Erfahrung einer symbolischen und nichtmateriellen Welt. Aber auch wenn Menschen einen großen Teil ihres Lebens in einer abstrakt-symbolischen Welt leben, so hören doch die Interaktionen mit anderen Menschen, Dingen, Nahrung, das Verhaftetsein im Biologischen nie auf. Deshalb sollten alle diese Felder, wenn auch mit gewissen Gewichtsverlagerungen, bis ins Alter lebendig bleiben.

Wenden wir uns den Begriffen »bewußt« und »unbewußt« zu. Der Ausdruck »bewußt« bezeichnet den verbal-symbolischen Bereich. Dieser umfaßt ebenfalls viele Leistungen des Ichs, doch sind weite Bereiche des Ichs unbewußt. Es gibt Ich- und Steuerungsprozesse, die sich in vollkommener Wachheit abspielen, also nicht verdrängt sind, und deren sich das Individuum doch nicht bewußt zu sein scheint. Das gleicht dem Zustand, in dem ein Tier hellwach bestimmte Entscheidungen, Urteile oder Veränderungen in seinem Verhalten vornimmt, die wir bei einem Menschen als Vorgänge im Ich bezeichnen würden, ohne daß das Tier »weiß«, daß es diese Entscheidungen trifft, oder gar formulieren könnte, daß es sie aus bestimmten Gründen trifft. Viele menschliche Ichvorgänge vollziehen sich auf diese Weise. »Unbewußt« oder »bewußt« bedeutet in diesem Fall nicht, daß sie verdrängt sind oder dem Es entstammen, sondern es bezeichnet nur Material, das noch nicht in verbal-symbolische Begriffe zum Zweck der Mitteilung übersetzt wurde.

Das trifft auch auf viele menschliche Handlungen zu, von denen man, wenn sie in der Therapie auftauchen, eigentlich nicht behaupten kann, daß sie verleugnet würden oder verdrängt wären. Es ist eher so, daß sie einfach unbemerkt geschehen und vom Patienten nicht wahrgenommen werden, denn diese Vorgänge sind nicht so sehr verbal als vielmehr dem Bereich des Verhaltens zugehörig und sind von ihm nie ins verbale Feld übersetzt worden. Es würde auch die große Kluft erklären, die wir oft in der Therapie finden zwischen dem, was der Patient glaubt zu tun, und dem, was er wirklich tut. Das bedeutet nicht zwangsläufig, daß die Person, deren Beschreibung des eigenen Verhaltens seinem tatsächlichen Handeln nicht entspricht, dieses nicht auch irgendwann einmal sprachlich besser beschreiben oder verstehen könnte; doch auch das macht ihn, was seine Gefühlswelt betrifft, noch nicht zu einem gesünderen Menschen. Einsicht genügt nicht; er muß es auch lernen, Entscheidungen im interaktiven Bereich zu treffen, die nicht nur passender, sondern auch befriedigender wären . . .

Psychomotorische Therapie beschäftigt sich sowohl mit dem wirklichen zwischenmenschlichen Verhalten des Patienten wie mit dem, was er sagt. Ich verneine damit nicht den Wert der Sprache, sondern ich will nur für den Leser wie für mich die Funktion der Sprache und den Umgang mit ihr im Rahmen des Settings der psychomotorischen Therapie definieren. Worte ermöglichen es dem Patienten, sein Problem ausfindig zu machen, und helfen ihm auf diese Weise, seinen Wunsch nach Veränderung zu verwirklichen. Worte können nützlich sein bei der Erinnerung an die Zeit, in der Entscheidungen für das künftige Verhalten getroffen wurden, so daß sie noch einmal in einer Struktur ausagiert werden können. Worte und Namen sind ebenfalls wichtig bei der Klärung der Rollen der frühen Figuren in einer Struktur, so daß die passenden Reaktionen auf diese Figuren erforscht werden können. Worte benutzt der Therapeut auch, um alternative Handlungsmöglichkeiten aufzuzeigen. In all diesen Fällen aber stehen Verhalten und Erfahrung im Brennpunkt einer Struktur. Die Worte beziehen sich unmittelbar auf das erlebte Verhalten und auf die wahrgenommenen Erfahrungen und dienen dazu, die Probleme, um die es geht, an die Oberfläche zu bringen. Schon aus den Fallbeschreibungen sollte hinlänglich klar geworden sein, daß die Sprache in großem Umfang einbezogen wird. Die Therapie ist nicht averbal im Sinne von sprachlos, sondern nicht-verbal in dem Sinn, daß vor allem mit den zentralen seelischen Realitäten auf der Verhaltens- und Erfahrungsebene umgegangen wird. Gefühle und Verhaltensweisen, die in einer Struktur wach werden, sind zu konkret, als daß sie verleugnet oder wegerklärt werden könnten, und dies bringt es mit sich, daß die Worte, die sie umkreisen, auf der Wirklichkeit starker Gefühle gründen.

Verbale Paradoxa und Widersprüche

Ich habe dargelegt, daß Sprache ein Ausdruck des Bewußtseins ist, und doch zeigen viele Erfahrungen, daß das, was ein Patient sagt, auf zwei Weisen verstanden werden kann – als direkte und ehrliche Äußerung, die seine Empfindungen und Gefühle ausdrückt, oder als Rationalisierung, die mit dem, was ich an ihm wahrnehme, recht wenig zu tun hat. Wenn ich dem Patienten die Bedeutungen seiner Äußerung klarmache, dann kann er sagen: »Das ist das, was ich nach Ihrer Meinung gesagt habe; ich aber habe gemeint...«, und einiges hinzufügen, das ich als Verleugnung dessen betrachte, was aufrichtig und angemessen wäre. Oft ist das, was ich als das Eigentliche der Aussage aufgefaßt habe, in einem Satz formuliert, der ganz verschiedene Bedeutungsebenen zu haben scheint. Manchmal habe ich auf ähnliche Weise geantwortet, wobei ich mich dann mit dem Patienten auf mehreren Ebenen unterhielt: gefühlsmäßig und mit seinem Verhalten bezog er sich auf die Bedeutungsebene, sprachlich und mit seinem Verstand auf die andere. Das sind die Gelegenheiten, bei denen ich wirklich glaube, daß es im Patienten eine Person gibt, von der er überhaupt nichts weiß, und daß diese verborgene Person sich nicht nur im Verhalten zeigt, sondern oft auch sprachlich, was sich aber der bewußten Wahrnehmung entzieht. Wir haben hier also wiederum eine andere Bedeutung des Ausdrucks »bewußt«. Vorher hatte ich ja formuliert, daß Sprache ein bewußter Vorgang ist, jetzt freilich muß gleichfalls betont werden, daß manchmal auch das, was sprachlich ausgedrückt wird, unbewußt sein kann oder vom Sprechenden nicht akzeptiert wird.

Besonders problematisch ist in diesem Zusammenhang die Arbeit mit schizophrenen Patienten, deren Sprechen ja im ersten Moment sinnloser Wortsalat zu sein scheint. Aber wenn man das Augenmerk auf poetische oder hintersinnige Bedeutungen richtet, dann kann man ihn »entziffern« und in ähnlicher Weise antworten, ohne ihnen etwas zu direkt und bewußt zu servieren. Würde man das, was man entdeckt hat, diesen Patienten direkt mitteilen, so stieße man auf blanke Verleugnung oder auf bestürzte Reaktionen über das, was sie aus ihrer Sicht als unhaltbar und unsinnig betrachten würden. Vom psychomotorischen Standpunkt aus wüßte ich diese Phänomene nicht anders zu erklären, als daß es sich hier um eine Verschiebung von interaktiver Energie in das Feld des verbal-symbolischen Ausdrucks handelt, das normalerweise auch der Sitz des Bewußtseins ist. Zu erklären, wie etwas unbewußt bleiben kann, obwohl es so klar ausgedrückt wird, bleibt ein Problem für mich, das vielleicht nur zu lösen ist, wenn man ein umherschweifendes und sprechendes »Unbewußtes« annimmt, das im Körper residiert.

Ein anderes kurzes Beispiel: Eine Struktur war an dem Punkt angelangt, wo die idealen Eltern gemeinsam der Patientin gegenübersaßen. Sie versprachen dem Kind, daß sie sich nie trennen würden und sie als Tochter gern hätten – aber nicht als Geliebte. Dann wurde deutlich, daß allein die Stimme des Vaters für sie von Bedeutung war und sie aus ihr Befriedigung zog, was kaum etwas zu tun hatte mit dem Inhalt dessen, was der Vater sagte. Es sah so aus, als ob die Patientin durch die väterliche Stimme versorgt würde; denn sie ignorierte die Mutter als versorgende Figur und hatte nie eine Struktur, zu der die Mutter in dieser Funktion entscheidend beitragen konnte. Da ich als der ideale Vater ausgesucht worden war, sagte ich: »Ich ziehe jetzt meine Stimme aus deinem Ohr, und nur in das Ohr der Mutter werde ich sie hineinlegen.« Als ich dann mit einer Gebärde symbolisch die Stimme aus dem Ohr der Patientin zog, hielt sie ganz schnell mit einem Ausdruck des Erschreckens beide Hände an ihren Kopf, und als sie dann sah und hörte, wie ich mich zur Mutterfigur hinunterbeugte und leise ins Ohr der Mutter summte, begann sie zu weinen und rief: »Nein, nein, nein.« Sie sagte: »Ich weiß nicht, worüber ich weine, aber ich kann nicht aufhören. Es ist lächerlich. Ich wollte gerade sagen: Das kannst du mir nicht antun, du kannst sie mir nicht wegnehmen.« Die Patientin sprach also auf zwei Ebenen: auf der einen erlebte sie den Schrecken über den Verlust des Vaters als einer Mischung aus versorgender und erotischer Person, und auf der anderen beobachtete sie erstaunt ihre Reaktionen, die ihr keinen logischen Sinn zu ergeben schienen. Sie fühlte sich deprimiert und allein gelassen. Zu diesem Zeitpunkt sollte man die Mutter als ursprünglich versorgendes Objekt zur Verfügung stellen, und das haben wir auch getan. Wir beschäftigten uns intensiv mit einigen frühen, infantilen Reaktionen auf den Verlust der Mutter, und allmählich konnte sie diese ideale Mutter anstelle der versorgenden Stimme des Vaters annehmen.

Gefühle und Verhaltensweisen dieser Patientin waren immer wieder Thema in einer Reihe von Strukturen zu verschiedenen Aspekten der gleichen Probleme, und es stellten sich auch deutliche Veränderungen im Hinblick auf ihre Beziehungen zu Frauen im alltäglichen Leben ein. Sie verhielt sich ihrem Mann gegenüber, der übrigens sehr viel älter war als sie, nun eher wie eine erwachsene Frau. Das Entscheidende, worauf man besonders achten mußte, war freilich die Kluft zwischen den verschiedenen Ebenen ihres Bewußtseins bzw. der Bedeutung, die sie den Worten des idealen Vaters beimaß. Auf einer Ebene hatten seine Worte eine gewaltige Wirkung auf sie, auf einer anderen Ebene erschienen sie ihr lächerlich. Einerseits fühlte sie Worte in sich aufsteigen wie: »Das kannst du mir nicht antun.« Andererseits hatte sie zunächst keine Ahnung, was sie mit diesen Worten meinte und woher sie kamen. Was passiert während eines solchen Vorgangs? Wie kommt es, daß sich verschiedene Aspekte des Patienten voneinander trennen und auch voneinander getrennt bleiben? Wie kommen sie wieder zusammen? Diese beiden Ebenen des Wissens und des Verhaltens zusammenzubringen, ist ein wichtiger Teil der Therapie, aber was dabei geschieht, muß theoretisch und in psychomotorischen Begriffen erst noch genauer formuliert werden. Es ist, als ob die Persönlichkeit die Fähigkeit zur Fragmentierung besäße, wobei dann verschiedene Teile des Selbst voneinander abgespalten werden, die sich nur sehr begrenzt aufeinander beziehen oder miteinander kommunizieren.

Ein extremes Beispiel für diese Form der Fragmentierung ist eine Patientin, die ein Jahr lang regelmäßig in die Gruppe kam und die noch immer mit ihrer Integration beschäftigt ist: Sie schien von einem Dybbuk besessen. Ein Dybbuk ist eine Art Dämon in der hebräischen Mythologie, der in den Körper eines Menschen eindringt und ihn für seine eigenen Zwecke übernimmt. In einer ihrer Strukturen, die noch der Exploration dienten, bewegte sie sich, ohne einem bestimmten Ziel zuzusteuern, frei assoziierend und geriet in mächtige, mit symbolischen Handlungen und Gesten verbundene Konvulsionen, die ihr absolut unverständlich waren. Auf jeden Fall fühlte sie sich zu diesen Bewegungen geradezu gezwungen. Ich glaube, daß ihre fragmentierten Persönlichkeitsanteile ziemlich weit auseinanderlagen. Ich schließe aus alldem, daß man mehrere »Selbst« oder mehrere Ebenen bzw. Aspekte des Selbst haben kann, die sich zu ganz verschiedenen Zeiten zu Wort melden. Das kann sich so abspielen, daß Körper und Seele, Handeln und Stimme benutzt werden, während das, was im einzelnen vorgeht, der Prozeß als solcher im Gesamtzusammenhang der Person, noch unerkannt bleibt. Ist der Prozeß benannt und als ein Teil des ganzen Selbst akzeptiert worden, dann kann man freier damit umgehen und ihn auch bewußter steuern. Man könnte das am besten bezeichnen als»zu seinem ganzen Selbst werden«.

Manche der obengenannten Phänomene bekommen wir in der Hypnose zu sehen. Man kann einem Menschen in der Hypnose den Auftrag geben, nach dem Erwachen aus dem hypnotischen Zustand auf bestimmte Wörter mit einer bestimmten Reaktion zu antworten. Sobald der Hypnotiseur dann die Schlüsselwörter ausspricht, führt der Klient die oft recht komplexe Reaktion genauso aus, wie es ihm während der Hypnose aufgetragen wurde. Fragt man ihn, warum er das tut, ist er verwirrt und unfähig, einen Grund für sein Verhalten zu nennen, oder aber er legt sich geschickt eine Erklärung zurecht, die überhaupt nichts mit dem tatsächlichen Grund zu tun hat. Irgend etwas oder irgend jemand in ihm hat die Schlüsselworte gehört und direkt auf sie reagiert . . .

Vielleicht kann man sagen, eine der Aufgaben der Therapie sei es, dem Patienten zu helfen, alles zusammenzubringen, was innerhalb seines Selbst vor sich geht, so daß die Teile, die unter der Herrschaft anderer Teile oder Vorgänge oder gar der genetischen Struktur stehen, wenigstens dem Bewußtsein bekannt sind. Der Patient kann dann unter seinen Reaktionen wählen oder unangemessene Reaktionen verändern. Ist die Persönlichkeit des Patienten zersplittert, so daß er mehr als ein Selbst innerhalb seiner Haut beherbergt, so kann man ihm helfen, sie unter eine Leitung zu bringen.

Der Ausdruck »unbewußtes Ich« könnte auch als »Körper-Ich« aufgefaßt werden. Schließlich macht das Kind einen großen Teil seiner integrierenden Erfahrungen auf der Ebene der Schwerkraft, des Stoffwechsels und der Interaktion, lange bevor es seine sprachliche Ausdruckskraft voll entwickelt hat. Es überrascht deshalb nicht, daß das Kind für die Beschreibung oder die Bewältigung dessen, was es tut oder erlebt, so wenig Worte oder Konzepte hat. Wird also eine befriedigende Form der Beziehung, die es vorsprachlich entdeckt hat, später als falsch oder böse bezeichnet, so wird diese bewußte Information seinen Kern vielleicht gar nicht erreichen, und es verhält sich weiter so wie früher, ohne es zu merken. Verdrängt würde in diesem Fall nicht der Handlungsimpuls, sondern die bewußte Wahrnehmung oder das Erleben der Handlung (sowie das Wissen um das Handlungspotential). Trotzdem kann das verbale, bewußte Ich über weite Strecken in Übereinstimmung mit dem unbewußten oder dem Körper-Ich handeln. Nötig ist aber, daß wir das Entstehen einer Distanz zwischen den beiden Ich-Formen verstehen und erklären können. Nach meiner Erfahrung ist auch bei den meisten »normalen« Menschen die Distanz zwischen dem bewußten und dem unbewußten Ich beträchtlich. Wie läßt sich das erklären? Wie kann man gegenüber seinem Körper und seinen Affekten derart blind sein und doch »ganz« bleiben und in relativer Zufriedenheit leben? Oder leben wir alle in unbewußter Verzweiflung, deren Ausmaß gerade vom Abstand des bewußten vom unbewußten Ich abhängt? Kann dies erklären, weshalb wir unser menschliches Potential so selten verwirklichen, obwohl wir doch danach streben? Wir werden also mit der Unvermeidlichkeit des Konflikts konfrontiert, der aus dem Aufeinandertreffen von zwei oder mehreren unterschiedlichen Ich-Zuständen herrührt. Nicht der Konflikt zwischen Es, Ich und Überich (der nicht geleugnet werden soll) steht für uns im Vordergrund, sondern der Konflikt oder die Diskrepanz zwischen den verschiedenen bewußten und unbewußten Ich-Anteilen.

Wie können wir Weltanschauungen, Religionen und Philosophien ertragen, die alle jenen Erfahrungen widersprechen, von denen wir interaktiv, affektiv und vorsprachlich wissen, daß sie wahr sind? Was für ein »Wissen« haben wir von diesen Erfahrungen, wenn wir sie für »wahr« halten und sie dennoch im Bewußtsein verleugnen? Es muß ein Wissen sein, das verleugnet, unterdrückt, untergraben und verworfen werden kann. Und welches Wissen ist höher und wertvoller: das des vorsprachlichen, erfahrungsgeleiteten, unbewußten Körper-Ichs oder das des symbolgeleiteten, sprachlichen und bewußten Ichs?

Das sprachlich-symbolische Ich eines Menschen wird tätig, indem es während seiner frühen Reifung einen Bestand an Symbolen und Worten zur Darstellung der äußeren und inneren Wirklichkeit entwickelt. Interaktive Energien aller Art werden also mit Schlüsselwörtern, Symbolen und Konzepten verknüpft, die zu ihnen gehören oder sie bezeichnen. Die äußeren interaktiven Kräfte des Kosmos und die inneren interaktiven Energien des Selbst werden vermittelt durch eine verbal-symbolische Vorstellung des Körper-Ichs oder des Selbst. Wenn alles gutgeht, kann der interaktive Prozeß sich auf der symbolischen Ebene vollziehen, genauso wie das Körper-Ich konkret motorische, muskulär-interaktive Energien abschwächt, verändert, überwacht und filtert. Eine solche Verschiebung kann offensichtlich Fallstricke mit sich bringen: Die interaktiven Kräfte der Außenwelt, des Selbst und der Ich-Funktionen können zufällig oder absichtlich falsch benannt, mißverstanden oder überhaupt nicht benannt werden. Jeder dieser Irrtümer und Fehler hat Folgen, die zu bemerken man sich nur umzuschauen braucht.

Der Prozeß der Benennung und Namensgebung, den kleine Kinder durchlaufen, sollte sorgfältig und klar vollzogen werden, denn die nicht benannten Dinge können in einem symbolischen Abseits bleiben; und reale Gegenstände, Kräfte und Funktionen können behandelt werden, als gäbe es sie nicht, selbst wenn ihr Vorhandensein durch Berührung bestätigt werden könnte und sie vom Körper und vom Körper-Ich wahrgenommen und erlebt werden. Das bringt einen Menschen mit Sicherheit in kognitive und andere Dissonanzen. Und sehen wir Therapeuten das nicht, sobald wir die Arbeit aufnehmen? Was bedeutet es, wenn die Sexualorgane nicht benannt werden und man in der Familie nie über sie spricht? Ist dies nicht ein sicherer Weg, die Sexualität in den Untergrund zu vertreiben? Wie soll man mit den eigenen sexuellen Gefühlen umgehen? Muß man etwa lernen, zu depersonalisieren und seelische Disharmonie zu ertragen, muß man neue Wörter und Begriffe erfinden, psychisch-symbolisch oder gar in der Realität sich kastrieren lassen – welche Möglichkeiten gibt es also?

Mit diesem Widerspruch kann man auf verschiedene Weise umgehen. So läßt mich zum Beispiel das Bedürfnis mancher Menschen, Alkohol und Sexualität zu kombinieren, daran denken, daß sie erst ihr sprachlich-symbolisches Ich beiseite schaffen müssen, bevor sie sexuell reagieren können, denn sexuelle Organe und sexuelles Verhalten sind in ihren Familien oder Kulturen vielleicht nie richtig benannt oder gewürdigt worden. Vielleicht brauchen deshalb manche Menschen Dunkelheit beim Sex, denn so können sie verleugnen, daß sie überhaupt sexuell aktiv sind. Ich vermute auch, daß manche Menschen die Funktionen des Essens oder Ausscheidens aus ihrer Gesamtpersönlichkeit ausgrenzen, weil diese Funktionen ebenfalls nie angemessen benannt und gewürdigt wurden. Sie müssen eine Kluft zwischen Körper-Ich und sprachlich-symbolisches Ich legen und aufrechterhalten, um überhaupt leben zu können.

Dies zeigt deutlich die Macht und die Funktion von Worten bei der Klärung dessen,was man tut und wie man sein Verhalten allmählich verändern kann. Eine der Aufgaben idealer Eltern neben der Erfüllung der interaktiven Bedürfnisse des Kindes ist es, den interaktiven Ereignissen Namen zu geben, sie in ihrem Wert zu bestätigen und sprachlich zu klären. Eltern sollten ihren Kindern oder deren Körperfunktionen nicht bestimmte verniedlichende oder herabsetzende Namen geben, denn die Kinder werden die Bedeutung dieser Namen mit Leben erfüllen. Ich erinnere mich an eine Mutter, die oft zu ihrer Tochter sagte: »Du bist so dumm, ich sollte den Hund in die Schule schicken und dich zu Hause behalten.« Das Kind wuchs mit einem beschädigten Selbstwertgefühl heran und sah mit den Jahren immer weniger hübsch und immer mehr wie ein lahmer Hund aus. Da das Benennen und Namengeben wie auch das Bewerten von Verhalten größtenteils Aufgabe der Eltern ist, sollten sie darauf achten, daß das Kind nicht mit einem beschädigten sprachlich-symbolischen Ich aufwächst. Ebenso sind Menschen oft darum besorgt, ihren guten Namen nicht zu verlieren. Die Selbstachtung des Kindes hat etwas damit zu tun, wie es genannt und wie es behandelt wird. Die Eltern haben also auch eine große Verantwortung auf der verbal-symbolischen Ebene. Früher kam es mir vor allem darauf an zu verdeutlichen, wie enorm wichtig es ist, daß die Eltern die interaktiven Bedürfnisse des Kindes erfüllen, aber jetzt ist es mir ebenso wichtig, die Bedeutung ihrer Rolle (ebenso wie die der Schule) bei der Entwicklung des sprachlich-symbolischen Bildes der Welt und seiner selbst zu unterstreichen.

In unseren psychomotorischen Strukturen geben wir den Vorgängen, die der Patient selbst noch nicht sprachlich symbolisieren kann, einen Namen. Wir erlauben das Auftauchen der interaktiven

Energie unter der Führung des Körper-Ichs. Wenn wir die idealen Eltern das Verhalten benennen und würdigen lassen, dann heilen wir die Kluft zwischen Körper-Ich und verbal-symbolischem Ich. Verwenden wir Worte und symbolische Begriffe zur Beschreibung von Handeln und Verhalten eines Menschen, die sich ja bildeten und ausprägten, bevor Worte und deren klärende Funktion verfügbar waren, so bringen wir dem Körper-Ich und den motorisch-interaktiven Vorgängen die klärende Hilfe des sprachlichen Ichs.

In einer Struktur können wir zurückgehen und das Körper-Ich neu erziehen, indem wir Unterscheidungskriterien und Kontrollmöglichkeiten einsetzen, die bisher noch nicht zur Verfügung standen. Geht ein Patient zum Beispiel durch eine Wiedergeburts-Struktur, so stehen ihm nicht nur sein eigenes sprachlich-symbolisches Ich zur Seite, das den Vorgang verfolgt und überwacht, sondern auch die sprachlich-symbolischen Fähigkeiten des Leiters und der ganzen Gruppe. Als er geboren wurde, hatte der Patient noch kein eigenes sprachlich-symbolisches Ich, und selbst wenn das Ich der Mutter, des Arztes oder der Hebamme zugegen waren, stand er doch nicht in Verbindung mit ihnen. Wurde das Kind im Verlauf der Geburt zusammengepreßt, erlebte es Verzweiflung und Schmerz, oder wurde es nach der Geburt nicht ausreichend versorgt, so daß es mit seinen Ängsten allein bleiben mußte, dann kann ihm in der Struktur, als Kind wie als Erwachsenem, gesagt werden, daß seine ideale Mutter ihn liebte, daß beide Eltern ihn ersehnten und sich auf seine Geburt freuten. Man kann ihm versichern, daß der Druck, der von außen auf ihn ausgeübt wurde (in der Struktur von den Akkomodierenden, während der Geburt durch den Geburtskanal), nicht erfolgte, um ihm weh zu tun, sondern um ihm bei der Vorwärtsbewegung und beim Geborenwerden zu helfen; daß es, als seine Mutter ihn stillte, ihre Brust war, die die Milch hervorbrachte; daß er die Mutter nicht verschlang, daß die Mutter ihn gerne fütterte. Der Vorgang des Bezeichnens und Benennens führt zu einer Veränderung in bezug auf das Erleben der mit dem ursprünglichen Ereignis verbundenen Belastung und erleichtert es dem Patienten, sie zu verstehen und damit umzugehen; auch macht er die Koordination der interaktiven Reaktionen wirkungsvoller, was besonders in Strukturen der Fall ist, die spätere Phasen des Patienten betreffen. Er wird dann nicht nur von idealen Eltern gehalten, sondern man *sagt* ihm auch, daß sie ihm Halt geben und ihn beschützen. Damit wird die Erfahrung für ihn viel klarer und leichter verstehbar.

Eine Struktur ist also nicht nur ein Feld zur Befriedigung bisher offengebliebener interaktiver Bedürfnisse, sondern sie ist auch ein Feld der Integration der beiden Arten des Ichs und der Entwicklung, Reifung und des Ausdrucks der beiden Aspekte des Ichs.

Körpersprache in der Struktur (1984)

Zunächst möchte ich einige allgemeine Forderungen aufstellen: Der psychomotorische Therapeut sollte wissen, wie der Körper funktioniert; wie Menschen sich mit ihrem Reflex-System bewegen, mit welchen typischen Bewegungen der Körper sich aufrichtet und im Gleichgewicht hält, wenn er weder durch den Willen noch durch Emotionen gesteuert wird. Er sollte wissen, welche Körperteile dabei involviert sind, welche Bewegungsabläufe und welche rhythmischen Abfolgen vorkommen und welcher Kraftaufwand jeweils erforderlich ist. Er sollte auch die Abläufe bei der willentlichen Bewegung des Körpers kennen; ebenso den Bewegungsspielraum der Gelenke sowie die Kraft und den Rhythmus der Gliedmaßen bei ihrer bewußten Bewegung.

Er sollte aber vor allem den Körper in seinem affektiv-interaktiven Zustand kennen, Rhythmen und Gebärdensprache der grundlegenden Gefühle wie Angst, Wut, Liebe, Freude usw. und wissen, wie die Äußerungsformen dieser Gefühle aussehen, wenn nur noch wenig oder keine Hemmungen mehr da sind. Er sollte erkennen können, ob sie spontan und echt sind und wie sie sich von deren willentlicher Nachahmung bei einer affektiven Rekonstruktion unterscheiden. Er sollte wissen, welche Körperteile bei den verschiedenen Arten von Gefühlen affiziert werden und welche Unterschiede sich zeigen, wenn das Gefühl lebendig da ist oder wenn nur darüber geredet wird, ohne daß die zu erwartende Handlung bevorsteht.

Er sollte wissen, wie Menschen sich bewegen, wenn die vegetativen Funktionen ablaufen wie normales Atmen, normaler Herzschlag, Essen, Ausscheiden usw., so daß er differenzieren kann, wann etwas willentlich gesteuert und wann affektiv getan wird.

Er sollte aber auch einiges über das Symbolsystem der Kultur wissen, in welcher er oder sein Patient lebt, so daß er kulturell bedingte Gesten und Körpersymbole ebenso erkennen kann wie die universellen Symbole. Und wenn die unbewußte Körpersprache sie zum Ausdruck von Gefühlen nutzt, sollte er sie entziffern und in einer Struktur mit Gewinn verwenden können.

Der folgende Überblick ist nur ein knapper Versuch, dem Leser den Schatz an Informationen nahezubringen, den wir im Körper finden können. Ohne diese Informationen und ohne Training ihrer Wahrnehmung und Entzifferung ist der Therapeut ganz auf das angewiesen, was die Patienten ihm über das von ihnen Gefühlte oder Erlebte mitteilen; und zwischen dem, was gefühlt, und dem, was berichtet wird, kann viel Abstand und Widerspruch bestehen.

Als diese Übersetzung vorbereitet wurde und ich zu diesem Zweck die die Körperpartien betreffenden Abschnitte noch einmal las, ist mir zweierlei aufgefallen: zum einen, wie unvollständig sie sind im Vergleich zu dem, was ich heute schreiben würde, und zum anderen, daß diese Übersetzung des 1972 geschriebenen Buches nicht der Ort sein kann für eine vollständige Bestandsaufnahme der Methoden, die wir in der psychomotorischen Therapie anwenden, um den Körper zu verstehen und ihn therapeutisch nutzbar zu machen. Deshalb finde ich es am besten, einen kurzen Überblick über die verschiedenen Körperbereiche zu geben und die wichtigsten Aspekte dessen, was inzwischen in der psychomotorischen Therapie dazugekommen ist, hervorzuheben.

Schmerz und Spannung

Spricht ein Patient über Schmerzen oder Spannungen in verschiedenen Körperbereichen, dann schlagen wir ihm vor, alle Muskeln in diesem Bereich anzuspannen. Schon der Vorschlag selbst scheint die Energie zu verstärken und sie einer direkten motorischen Abfuhr näher zu bringen oder sie mindestens ausdrucksfähig zu machen. Schmerz und Spannung verweisen auf die Konflikte, die um die motorische Äußerung oder Abfuhr dieser Affekte kreisen. Es ist, als ob der Impuls in seiner prämotorischen Form im Körper längst präsent wäre, aber da der Affekt konflikthaft ist, d. h. ein entsprechender Gegenimpuls besteht, führt er zu Schmerz und Spannung. Werden die Muskeln in diesem Bereich angespannt, so scheint der jetzt vorhandene Energiebetrag größer zu sein als der des Gegenimpulses, was den Ausdruck des zugrundeliegenden Affekts auf der motorischen Ebene erleichtert. Das zeigt sich in der Art des Ausdrucks, die auf die Anregung zur Anspannung der Muskeln folgt. Geht der Patient auf diese Anregung ein, dann gerät der betreffende Bereich in Bewegung, und diese wenn auch noch so geringe Bewegung bereitet spätere, eventuell stärkere Ausdrucksbewegungen vor. Es werden Versuche sichtbar, die Arme auszustrecken, wegzulaufen, zu schlagen, zu umarmen, usw. Der aufmerksame Therapeut beobachtet sorgfältig diesen Augenblick der Muskelkontraktion und nutzt seine Erfahrung, um zusammen mit dem Patienten herauszufinden, wie die vollendete Handlung aussehen würde.

Ich empfehle solchen Patienten, doch den üblichen Weg für den Ausdruck ihrer Gefühle einzuschlagen, der in der Mobilisierung der Skelettmuskulatur besteht. Dies wird letztlich die Energie aus den Regionen abziehen, wo sie nicht wirkungsvoll umgewandelt werden kann. In unseren Gefühlen sind physiologische, chemische und neurologische Botschaften an die Skelettmuskeln enthalten. Wird die Energie dort nicht in motorische Aktion verwandelt, dann fließt sie irgendwohin in den Körper und verursacht psychosomatische Symptome wie etwa Schmerzen am Kopf und um die Augen.

Vielen Menschen wird beigebracht, daß sie nicht wütend werden sollen; und so lernen sie, ihre Wut zu unterdrücken, ohne zu ahnen, daß sie sie loswerden möchten, und ohne zu wissen, wie nützlich dies für sie wäre. Zurückgestaute Wut kann sich in verschiedenster Form schädlich für das affektive wie für das Wahrnehmungssystem auswirken. Aber es muß auf jeden Fall betont werden, daß Gefühle nicht etwas sind, das man einfach ausscheidet, sondern man muß mit ihnen »umgehen«, sie integrieren. Bloße Katharsis heißt, daß man Gefühle so eliminiert, wie man verdaute Nahrung ausscheidet. Gefühle sind aber kein Abfall.

Oft spürt der Patient erst Wut, nachdem er begonnen hat, sie darzustellen, indem er die Fäuste ballt. Erst wenn er sich eine Weile bewegt, wird ihm das zu seiner Bewegung gehörende Gefühl bewußt. Ich finde dieses Phänomen äußerst interessant; es könnte freilich zu dem Gedanken verleiten, man brauche nur seine Muskeln anzuspannen und zu betätigen, um sich wütend zu fühlen, das ist aber offensichtlich nicht so. Das Potential für die Wut muß in den Muskeln vorhanden sein. Oder, um den neuen Begriff zu gebrauchen, die fließende interaktive Energie muß erst in Richtung Arme und Hände strömen. Aber was bringt diese Verschiebung zustande, und wie und warum werden bestimmte Körperbereiche ausgewählt? Und wie kommt es, daß der einzelne gar nicht merkt, was vor sich geht, bis das Gefühl schon recht nahe an der Schwelle ist, an der es sich zeigt?

Die Antwort läßt sich wohl in den Mechanismen der interaktiven Energie und der zugehörigen Ich-Vorgänge finden, die ich oben beschrieben habe und die vollkommen unbewußt ablaufen können. Die Wahl eines bestimmten Körperbereichs für den Ausdruck eines Gefühls kann leicht durch das Milieu verändert werden, durch Konditionierung und Lernen, und dann Bestandteil der unbewußten Auswahlprozesse des Ichs werden, die sowohl auf der Wahrnehmung der inneren Richtung und Stärke des Gefühls beruhen wie auf der der äußeren Bewegung und Macht des Objekts. Eine Erklärung für den Abstand zwischen diesem Vorgang des Wählens und dem bewußten Erleben und Wahrnehmen von Gefühlen bietet die Annahme eines bewußten *und* eines unbewußten Ichs; es muß dann erkundet werden, warum sie so weit auseinander liegen und wie sie besser unter einen Hut gebracht werden könnten.

Eine solche Trennung läßt sich klinisch am besten bei depersonalisierten Patienten in der Klinik beobachten. Sie können Anzeichen von Körperspannung oder ein Kribbeln in bestimmten Bereichen erleben; man kann sie ermutigen, das diesen Spannungen inhärente Verhalten mit Hilfe von Akkomodation motorisch auszuführen. Ich habe Patienten gesehen, die mit scheinbar überwältigendem Affekt gewaltige Mengen von Wut oder Liebe demonstrierten und dann beiläufig sagten, sie hätten nichts gefühlt bei dem, was sie taten, und die Aktionen gehörten nicht zu ihnen. Auf die Frage, woher sonst, wenn nicht aus ihnen, so starke Gefühle herkommen könnten, wußten sie keine Antwort. Solche Patienten haben keine Beziehung zu diesen Gefühlen. Ihre Körper sind in Aufruhr, aber der Teil von ihnen, den sie als ihr Ich betrachten, wird davon nicht berührt und hat keinen Anteil am Handeln.

Manche Schizophrene können sich überhaupt nicht in dieser Weise muskulär-motorisch bewegen. Die interaktive Energie hat keinen Zugang zum Bewegungsapparat. Depersonalisierte Patienten können mit ihrer interaktiven Energie in Kontakt kommen, aber das Ich ist vom Körper abgespalten. Sie haben ihre interaktive Energie vom Körper vollständig abgezogen, andere wiederum leben mit einer Spaltung oder Trennung ihres bewußten Ichs vom Körper. Das unbewußte Ich in unserem Beispiel steht mit dem Körper noch in Verbindung, und die Strukturen, durch die solche Patienten gehen können (auch wenn sie nicht viel lernen und sich kaum verändern), stehen noch in Beziehung zu ihrer Umwelt. Das heißt, die Affekte sind weder zufällig noch einfach explosiv, sondern folgen der gleichen Logik wie bei jedem »normalen« Menschen.

In der Therapie bitte ich solche Patienten, an herkömmlichen, willensgesteuerten Übungen teilzunehmen und ihren Körper mit dem bewußten Ich zu steuern. Der Verlauf kann dazu führen, daß sie sagen: »Ich bewege meinen Körper und akzeptiere das als meine Entscheidung, meinen Körper erlebe ich als das, was darauf reagiert.« Später lasse ich sie an Strukturen teilnehmen, die affektiv nicht bedrohlich sind, und prüfe, ob sie die Bewegungen auch affektiv erleben oder ob sie noch immer von ihren Affekten abgeschnitten sind. Bleiben sie weiterhin von ihnen getrennt, dann versuche ich die spontanen Aktionen des Selbst mit denen des bewußten Ichs zu verknüpfen, indem ich Rollenspieler auf die Spontanaktionen reagieren lasse. Sie erhalten dadurch einen interaktiven Sinn. Eine Deutung würde der Patient ablehnen, weil er aus dem Körper noch kein entsprechendes Feedback erhält, das ihn zu den gleichen Schlüssen führen könnte. Das spontane unbewußte Selbst mag noch so deutlich mit dem Therapeuten über Träume und verbale Einfälle kommunizieren, der Patient aber verfügt noch gar nicht über eine Grundlage, von der aus er beurteilen könnte, ob die Deutung richtig ist und ob die in ihr enthaltene Information sich überhaupt auf ihn bezieht. Der traditionelle Therapeut muß genauso wie der psychomotorische Therapeut entweder warten oder dem Patienten eine Gelegenheit zu direkterem Ausdruck der Gefühle bieten, bei der er sie als seine eigenen wahrnehmen und akzeptieren kann. Mir scheint, daß dies in einer Struktur viel einfacher und direkter geschehen kann als in einer allein auf den verbalen Ausdruck angewiesenen Therapie.

Der Kopf

Kopfweh und Schmerzen im Bereich des Kopfs stammen in unserer Sichtweise aus Gefühlen, denen der Zutritt zum Körper verwehrt wird. Wut, Liebe, Angst, Freude, alle Gefühle, denen motorischer Ausdruck versagt wird und die sozusagen im Kopf eingeschlossen werden, können zu Kopfschmerz führen. Man kann Patienten sagen, sie sollten versuchen, die Schmerzen im Kopf »nach unten zu drücken«, was zu einer energetischen Aufladung verschiedener Körperpartien führen kann. Finden die Gefühle motorischen Ausdruck, dann verschwindet der Schmerz oder wird spürbar schwächer.

Manchmal erleben Patienten inmitten einer affektiven Erfahrung, wie ein diffuser Druck oder Gefühle sich wellenartig im Kopf ausbreiten. Manche laufen in solchen Augenblicken ganz rot an. Subjektiv haben sie die Empfindung, ihr Kopf würde beinahe explodieren. In solchen Augenblicken können die idealen Eltern ihre Hände um den Kopf des Patienten legen, um ihn wie mit einem Band zu umschließen und die nur schwer zu bändigenden Gefühle zu »halten«. Im Anschluß an diese »Eingrenzung« wird der Patient natürlich ermuntert, alle Muskeln seines Körpers anzuspannen und mit Energie aufzuladen, so daß der Druck aus dem Kopf in das motorische System abfließen kann. Wo immer die Energie sich am stärksten zeigt, kann sie mit Hilfe von eingrenzenden oder Widerstand leistenden Personen zu einem befreienden Ausdruck zugelassen werden. Sie erlauben diese Abfuhr der Affekte, ohne daß Grund zur Sorge bestehen müßte, die Gefühle und ihr Ausdruck könnten außer Kontrolle geraten.

Legt man eine Hand sanft auf den Kopf, so kann das vom Patienten wie ein Segen oder eine Bestätigung seiner Existenz erlebt werden. Eine Hand am Hinterkopf vermittelt ein Gefühl des Halts, so wie es wohl ein Säugling erlebt, dessen Kopf gestützt wird, solange seine schwache Nackenmuskulatur dies selbst noch nicht leisten kann. Eine Hand auf der Stirn direkt über den Augen vermittelt das Gefühl der Pflege in Tagen der Krankheit.

Die Augen

Augenschmerzen können sowohl mit dem Ausdruck als auch mit dem Unterdrücken von Wut zu tun haben. Manchmal bitte ich einen Patienten, der über Augenschmerzen klagt, so zu tun, als schössen aus seinen Augen spitze Dolche oder tödliche Strahlen auf einen negativ Akkomodierenden seiner Wahl. Dieser reagiert entsprechend, als ob er durchbohrt würde. Manche Patienten werden bei einer solchen Akkomodation ganz aufgeregt und wollen angriffslustig auf den Akkomodierenden zugehen, wenn er bei einem solchen visuellen Angriff zusammenzuckt und vor Schmerz und Angst schreit. Oft ballen die Patienten dabei ihre Fäuste, pressen die Lippen zusammen und schneiden heftige Grimassen. Einige haben in diesem Augenblick wirklich das Gefühl, daß sie aus ihren Augen Strahlen oder Blitze auf den Akkomodierenden schleudern können. Dann lege ich dem Patienten nahe, bei seinem Gefühl zu bleiben, es aber körperlich durch die Muskelanspannung zu unterstützen, so daß der symbolisch-indirekte Ausdruck der Wut motorisch-direkter wird. Manchmal jedoch zieht er den indirekten Ausdruck vor und möchte die Muskeln nicht anspannen. Ein Patient begründete das so: »Wenn ich in meiner Wut die Fäuste auf ihn richte, dann überwältigt er mich und haut mich windelweich, weil er so viel stärker ist als ich. So, nur mit den Augen, habe ich magische Macht über ihn, und er ist hilflos.« Offensichtlich hatte er früh gelernt, daß er sich körperlich nicht schützen konnte, und so hatte er sich den magischen Mitteln der Verteidigung zugewandt.

Es ist jedoch für Kinder sehr wichtig, körperlich leistungsfähig und kompetent zu sein, bevor sie auf die symbolisch-abstrakte Ebene hinüberwechseln. Ich empfehle solchen Patienten also, trotzdem ihre Wut körperlich auszudrücken. Dies zieht die Energie von den Augen ab, denn hier kann sie nicht wirkungsvoll umgewandelt werden, während sie, wenn sie ins Skelettmuskelsystem gebracht wird, entladen werden kann. Das zeigt mir auch, daß Gefühle physiologische, chemische und neurologische Botschaften an die Skelettmuskeln senden. Wird die Energie dort nicht verwandelt, dann fließt sie irgendwohin in den Körper und verursacht psychosomatische Symptome wie die beschriebenen Schmerzen im Kopf und in den Augen.

Manchmal legt ein Patient seine Hand über die Augen, ohne jedoch über Schmerz oder Spannung zu klagen. Je nachdem, wie er es tut, kann das verschiedene Bedeutungen haben. Gelegentlich gleicht die Geste genau der, mit der eine Träne weggewischt wird, und sie wird auch entsprechend gedeutet. Natürlich mag es auch sein, daß er einen Augenwinkel reibt, um ein Staubkörnchen zu entfernen, aber wenn man die Geste genau betrachtet, zusammen mit dem, was der Patient sagt und wie er es sagt, findet man oft Kummer oder Traurigkeit über etwas von dem, was er gerade erzählt. Oft führt es zu gar nichts, wenn man ihm sagt: »Sie sind über etwas traurig«, denn er fühlt die Traurigkeit noch nicht. Der Therapeut kann die Tatsache festhalten, daß Trauer oder Kummer das Thema begleiten, vielleicht nach einem weiteren Ausdruck dieser Gefühle suchen, ihnen einen Namen geben und dann eventuell entsprechend positiv darauf eingehen. Denn wenn es ein Mann ist, kann er es zum Beispiel für unmännlich halten zu weinen, und es muß ihm versichert werden, daß Weinen seine Selbstachtung nicht schmälert.

Eine andere Geste ist kräftiger und bringt weniger offensichtliche Assoziationen: Der Patient reibt die Augen sehr kräftig, fast bohrt er mit dem Finger in sie hinein und massiert sie dann in einer Art Drehbewegung. Es sieht gelegentlich so aus wie bei Menschen, die sehr erschöpft sind und denen die Augen weh tun. Oft verweist die Geste auch wirklich nur auf erschöpfte Augen, aber es hat mich beeindruckt und fasziniert, wie oft eine solche Gebärde auf sexuelle Schuldgefühle verweist. Wie die Bewegung und die Vorstellung zustandekommen, behaupte ich nicht zu wissen, aber es scheint mir kein Zufall, daß Ödipus sich die Augen ausstach, als er erfuhr, er habe den Vater ermordet und mit der Mutter geschlafen.

Wenn sexuelle Schuldgefühle ähnlich wirken wie Schuldgefühle über Aggression, dann wendet das Über-Ich die Energie zurück zum Selbst, um sie von irgendeiner nicht annehmbaren Person abzuwenden. Man kann ruhig spekulieren, die Finger des Patienten, der seine Augen reibt, stellten den Penis dar, und die Augen die weiblichen Genitalien, und die ganze Geste sei eine Wiedergabe sexueller Beziehungen mit dem eigenen Selbst, damit sie sich nicht mit einem Elternteil vollziehen. Die andere Assoziation ist die: Die Augen repräsentieren selbst den eindringenden Penis, und die

Finger werden benutzt, um sie zu bedecken und ihr Eindringen abzustoppen. Die Geste läßt sich übrigens bei Männern und Frauen beobachten.

Das Ohr

Natürlich dient das Ohr in einer Struktur zumeist ganz offensichtlich zum Hören. Manchmal will aber ein Teilnehmer nicht hören, was die idealen oder negativen Eltern sagen, und unwillkürlich preßt er die Hände auf die Ohren, um die Botschaft fernzuhalten.

Schon kleine Kinder tauschen gern Geheimnisse untereinander aus, und ich bin sicher, daß das, was im Bereich des Ohrs erlebt wird, mit dem Symbolgehalt von Intimität und Sexualität zusammenhängt. Alle Sinnesorgane, die an der direkten und offensichtlichen »Hereinnahme« der Außenwelt oder äußerer Reize beteiligt sind, können vom Körper-Ich so verstanden werden, als wären es Brücken, durch die die Außenwelt in das Selbst eindringt. Es kann ein ersehntes Eindringen sein, wie der Eintritt des Essens in den Mund, da es für das Weiterleben unabdingbar ist. Oder es ist ein erzwungenes Eindringen, was als Riß im Ich erlebt wird, als Invasion oder Vergewaltigung.

Will man etwas außerhalb seiner selbst nicht sehen, so schließt man einfach die Augen. Schwieriger ist es, einen störenden Geruch draußen zu halten, denn zum Leben muß man atmen, und doch kann man für eine kurze Zeit den Atem anhalten. Aber man kann das Gehör nicht einfach abschalten, denn es gibt keine Ohrenklappen, die den Augenlidern entsprächen. Geräusche können nur draußen gehalten werden, wenn man sich die Ohren mit den Händen oder mit Gegenständen zuhält.

Mir scheint es wichtig, herauszuarbeiten, welche Beziehung Menschen zu ihren Sinnesorganen haben. Denn wie jemand mit äußeren Reizen umgeht, verrät viel über das Funktionieren seines Körper-Ichs. Hört er beispielsweise gerne Musik und kann er gut eine Melodie erkennen, ist er also nicht nur gierig nach Geräuschen, sondern kann er auch Nuancen unterscheiden und die Variationen und die Beziehungen zwischen den Tönen genießen? Dient das Ohr als Organ zur Aufnahme von emotionaler Nahrung und von Sexualität, oder ist es eine Stätte der Überflutung und Überfremdung? Bezieht sich der Patient auf die Welt der Töne mit

Lust oder mit Abneigung? Manche weiblichen Patienten vergehen vor Vergnügen, wenn ihr Partner ihnen ins Ohr flüstert oder summt; sie entspannen sich und genießen es. Andere können es nicht ertragen, wenn der Mund des Partners auch nur in die Nähe des Ohrs gerät, sie werden steif und zucken vor der Berührung und dem Geräusch zurück. Die negative Reaktion auf Flüstern und Berührung kann verändert werden, wenn man die Situation klarstellt und wenn der Reiz sich langsam nähert. Es muß vor allem betont werden, daß es der Freund ist, der flüstert, und nicht der Vater, und man muß gewährleisten, daß die Töne nicht gewaltsam in die Patienten eindringen, sondern nur so stark, wie sie es selbst bestimmt.

Die Nase

Ich erinnere mich, wie wir als Buben eine bestimmte Geste benutzten, um zu zeigen, daß wir kampfbereit waren, und diese Geste wurde von allen gut verstanden. Wir tänzelten wie Boxer, hoben dieFäuste und rieben, mit einem leicht schnaubenden Geräusch beim Einatmen, unseren Daumen an der Nase. Wir hatten das wohl im Kino, in Western oder Slapstickfilmen, gesehen.

Die Nase scheint symbolisch auf aggressive Regungen zu verweisen. Reibt sich ein Patient die Nase und schaut argwöhnisch in die Runde, dann ist er, so meine ich, ängstlich und bereit, sich zu verteidigen oder zu kämpfen. Man muß allerdings berücksichtigen, daß jeder eine ganz individuelle »Organsprache« besitzt. Deshalb wäre es zu einfach, eine konstante Beziehung zwischen dem Berühren der Nase und einer aggressiven Absicht anzunehmen. Wird man auf eine bestimmte Geste, etwa das Nasereiben, aufmerksam, dann muß man immer auch alle anderen Gesten in Betracht ziehen, denn nur ihre Summe enthält die Botschaft, und die ist meistens sehr komplex. Die Nase ist auch ein männliches oder phallischsexuelles Symbol; diese Symbolfunktion kann von aggressiven Inhalten überlagert werden und die Gesamtbedeutung verändern. Falls das Körper-Ich die Nase als Phallus erlebt, könnte dies erklären, warum manche Patienten sie streicheln.

Wie in vielen anderen symbolischen Gesten und Handlungen ist auch hier die Energie auf ein bestimmtes Organ oder einen Körperteil zentriert, ohne daß diese affektive Besetzung von einer bewußten Wahrnehmung begleitet wäre. Der Leiter sollte die verbalen Einfälle des Patienten beachten, da sie oft in einem Zusammenhang mit der Handlung stehen. Spricht der Patient zum Beispiel über einen anderen Mann und reibt er sich dabei die Nase, so kann er ihm gegenüber feindselige oder sexuelle Gefühle haben. Ich neige zu der Vermutung, die Gefühle des Patienten seien eher sexueller Art, wenn er die Nase liebkost, und feindselig, wenn er sie kräftig reibt.

Der Therapeut kann dem Patienten gelegentlich helfen, ein noch undifferenziertes Gefühl genauer zu erkennen, indem er ihn auf die Geste oder Bewegung aufmerksam macht, die er gerade ausführt.

Eine andere Art, die Information, daß einer sich die Nase reibt, zu nutzen, ist die, den Patienten zu fragen, was er dabei für ein Gefühl in den Fingern und in der Nase habe, und ihn dann zu veranlassen, jemand anderen mit derselben Geste zu berühren. Er soll also die damit verbundene interaktive Energie von seiner Nase auf eine andere Person richten. Oder er soll jemanden auswählen, der ihm die Nase so reibt, wie er es bei sich getan hat. Jedenfalls ist es eine Hilfe, wenn der Energie ein äußeres Objekt zur Verfügung gestellt wird. Aus dem Versuch, herauszufinden, um welche Energie und um welches Objekt es sich handelt bzw. ob das Objekt auch wirklich angemessen ist, kann sich eine ganze Struktur entwickeln.

Niesen verweist manchmal auf plötzlich auftretende und starke sexuelle Gefühle. Ich verstehe das Niesen als eine Art nasalen Orgasmus, der an die Stelle des eigentlichen Orgasmus getreten ist. Man sollte einen Patienten auch fragen, ob das Atmen leichtfalle oder ob seine Nase immer verstopft sei. Daß die Nase immer »verstopft« ist, könnte bedeuten, daß er die Welt draußen halten will, selbst um den Preis, kaum noch Luft zu kriegen.

Was ich mit diesen Hinweisen sagen will, ist, daß wir immer auch die symbolische Ebene in Betracht ziehen sollten, wenn wir den Gebrauch eines Körperorgans interpretieren.

Der Mund

Der Mund ist Ort der ursprünglichsten wie auch der am meisten fortgeschrittenen Lebensäußerungen: Er dient der Wahrnehmung (Geschmack), der Nahrungsaufnahme und dem Sprechen. Im Gegensatz zu anderen, rein rezeptiven Sinnesorganen wie Ohr und Nase nimmt der Mund selbst aktiv an der Interaktion teil.

Wenn wir die Formen des beginnenden realen oder symbolischen Verhaltens beobachten, sollten wir vor allem den weiten Bereich der Aufgaben des Mundes im Auge behalten, um auch alle anderen Aktionen im richtigen Bezugsrahmen zu sehen. Sehr oft, nachdem eine Gruppe zu Beginn eines Wochenendseminars erst einmal völlig entspannt dagestanden hat, berichten hinterher einige, sie spürten eine Spannung im Kiefer und den Wunsch, kräftig zuzubeißen. Gibt man ihnen Akkomodation, so wird aus ihrer Reaktion auf den Akkomodierenden bald klar, ob sie wirklich beißen wollen. Spielt etwa eine Frau die Rolle des Akkomodierenden, dann sagt der Patient vielleicht, ihre Stimme passe nicht zu dem, was er empfinde. Akkomodiert als nächster dann ein Mann und dessen Reaktionen entsprechen ihm, so machen wir damit weiter und lassen ihn die Figur, die der Akkomodierende repräsentiert, benennen; wir erfahren so, was das konkrete Objekt seines Beißwunsches ist.

Das Beißen kann vieles bedeuten: die Brustwarzen der negativen Mutter abbeißen oder den bedrohlichen Penis des negativen Vaters. Es kann auch ganz einfach eine Form sein, sich an den Eltern festzuhalten – mit den Zähnen statt mit den Händen. Es kann sich auch um ein Zähneknirschen aus Ärger handeln, ohne daß der Ärger auf ein bestimmtes Objekt gerichtet wäre. Manchmal stammt die Spannung in den Kiefern auch aus dem Versuch, Gefühle quasi im Mund einzuschließen, so daß sie nicht in verbaler Form in die Außenwelt dringen können. Allerdings führt ein Zurückhalten von Worten eher zu einer Spannung in den Lippen als im Kiefer. Patienten, die Worte zurückhalten, können auch mit der Hand flüchtig den Mund bedecken oder den Mund buchstäblich mit der Hand oder den Fingern verschließen.

Ich habe bereits früher auf die Beziehung zwischen den Verdauungsorganen und dem Denken hingewiesen. Es ist eine sehr typische Geste, daß jemand die Finger zum Mund führt und der Mund dann kleine Beiß- oder Saugbewegungen macht. Diese Geste verweist oft nicht so sehr auf ein Bedürfnis nach Versorgung als vielmehr darauf, daß der Patient nachdenkt, daß er geistig »verdaut«.

Aber wie lassen sich diese verschiedenen Gesten unterscheiden? Vielleicht am ehesten durch den Grad der sinnlichen Beteiligung und an ihrer Heftigkeit, manchmal auch durch den Ausdruck der Augen.

Der an den Mund gepreßte Finger ist häufig zu beobachten. Bei dieser Geste kann regelmäßig ein Zusammenhang mit Nahrung und Versorgung festgestellt werden. Manche Patienten nehmen die Finger an den Mund und machen sogar Saugbewegungen und entsprechende Geräusche mit den Lippen, wenn sie sich unsicher fühlen. Als mögliches Objekt solcher Gefühle wird eine ideale Mutter angeboten. Die Stärke der Mundbewegungen verweist auf die Art des Gefühls, das ausgedrückt werden soll. Manchmal sind die Lippen zusammengepreßt, als ob damit trotzig gesagt werden sollte: »Nein, ich will nicht.« Ein anderes Mal sieht es so aus, als sei der Mund verschlossen, damit niemand mit Gewalt Nahrung hineinschieben kann. Die Einfälle des Patienten in bezug auf diese Handlungen sind wichtig, denn nur durch sie kann ein passendes Setting für eine Struktur gefunden werden. Das Aufzwingen von Nahrung ist jeder anderen Form der Überflutung zu vergleichen – das rebellische Kind ist nicht bloß trotzig, sondern es kämpft um seine Eigenständigkeit. Gelingt es der fütternden Person, durch den Mund ins Innere des Kindes einzubrechen, so wird er durchlässig für Manipulationen auf der symbolischen Ebene. Diese Art der Erziehung macht es später für solche Menschen schwierig, die Gesamtheit aller Außenreize in sich aufzunehmen.

Manchmal gewinnt man den Eindruck, daß der Mund etwas ausstoßen wolle, und wenn man entsprechend akkomodiert, dann entdeckt der Patient in sich den Wunsch, etwas aus seinem Inneren durch den Mund hinauszubefördern. Das Ausstoßen kann die Form des Schreiens oder Erbrechens annehmen, und der Akkomodierende reagiert dann, als ob er angespien würde, indem er sich überall abwischt – ganz so, als ob der Auswurf ihn getroffen hätte. Ich habe Strukturen mit einer heftigen Steigerung des emotionalen Ausdrucks erlebt, wo das Sich-Übergeben in heftiges Würgen überging. Nach Beendigung der Struktur war der Patient erschöpft und schweißüberströmt. Die positiv Akkomodierenden versichern einem solchen Patienten, daß sie niemals gewaltsam in ihn eindringen werden und daß sie ihn nur dann füttern, wenn er es will. Sie versichern ihm auch, daß sie nicht darauf angewiesen sind, ihn zu füttern, und daß ihr Selbstwertgefühl sich nicht nach der Frage bemißt, ob er ißt oder nicht. Wenn er ißt, dann tut er es nur für sich selbst und nicht für sie. Manche Patienten wurden von ihren Eltern so stark in Besitz genommen und, wenn nicht mit Essen, so doch mit Gedanken und Meinungen vollgestopft, daß sie jetzt den überwältigenden Wunsch in sich tragen, sich endlich davon zu befreien.

Die verschiedenen Formen, wie ein Patient an der idealen Mutter saugt, stehen in unmittelbarer Beziehung zu dem Maß, in dem er die negative Mutter ausstoßen konnte. Gelang ihm dies nicht ganz, so kann er nicht wirklich intensiv oder mit echter emotionaler Beteiligung saugen: Es läßt sich beobachten, daß er, wenn ihm der positiv Akkomodierende die Hand oder den Arm hinhält, das daran befindliche weiche Fleisch gar nicht wirklich in den Mund nimmt. Das Saugen ist eher ein Mittel, die »Brustwarze« mit den Zähnen draußen zu halten, als ein Akt des gierigen Hereinnehmens. Hat er die negative Mutter wirklich herausgespuckt und ausgestoßen, dann nimmt er die »Brust« bzw. das, was für sie steht, mit liebevoller Leidenschaft.

Auch wenn der Patient beglückt an der idealen Mutter saugt, muß der Therapeut die begleitende Phantasie herausfinden. Sie muß deshalb überprüft werden, weil der Patient beim Saugen möglicherweise gar nicht an Brust und Brustwarze der idealen Mutter denkt, sondern die Hand des Akkomodierenden als Penis und das Saugen vielleicht als Fellatio erlebt. Das kann heißen, daß der Patient die Vorstellung, die Brust einer Frau im Mund zu haben, nicht erträgt und nur dann in der Lage ist zu saugen, wenn er das imaginäre Bild eines Penis im Mund vor sich hat. Der Therapeut muß Wege finden, die Energie und Befriedigung aus dem Saugen am Penis auf das Saugen an der Brust zu verschieben, falls es sich um ein Bedürfnis nach Nahrung handelt. Vielleicht kann der Patient beim Saugen durchaus mit dem Bild eines Penis beginnen und allmählich immer mehr die Vorstellung einer Brust einfließen lassen.

Manchmal haben Patienten während einer Struktur den Wunsch, wirklich den Geschmack der Milch oder den einer anderen Flüssigkeit im Mund zu spüren. Einige brachten ein Babyfläschchen mit in die Sitzung, so daß das Saugen an der idealen Mutter wirklich ein konkretes Element enthielt. Dies führte bei manchen Patienten zu interessanten Einsichten. So entdeckte ein Patient, daß er, bevor das Fläschchen ins Spiel kam, genußvoll an der idealen Mutter gesaugt hatte, aber als er dann weitersaugte, indem er das Fläschchen mit wirklicher Milch benutzte, konnte er die Milch nicht hinunterschlucken. Er fand jetzt, die Milch schmecke gräßlich, und er hatte sogar die Phantasie, sie werde ihn vergiften. Die Beziehung zur Mutter im Bereich des Vertrauens bzw. Mißtrauens hatte sich auf eine andere Ebene verlagert. Der Patient konnte zwar Nähe zulassen, aber nicht ertragen, daß etwas aus dem Körper der Mutter in den seinen überging. Möglicherweise war eine weitere Unterscheidung notwendig zwischen der Mutter als Person und der Mutter als nahrungspendendes Objekt. Die Milch konnte auch für ihr Blut stehen, das Schlucken hätte dann buchstäblich das Verschlingen der Mutter bedeutet. Das Gefühl, die Milch schmecke gräßlich, konnte auch der Abwehr des kannibalistischen Wunsches dienen, die Mutter aufzufressen.

Die erste Beziehung zur Mutter durch den Mund kann auch als »Beziehung durch Verzehr« bezeichnet werden. Man kann diese Beziehungsform in der alltäglichen Wirklichkeit erleben bei Menschen, die einen Beziehungspartner quasi verschlingen und es ihm fast unmöglich machen, sich außer auf sie noch auf jemand anderes zu beziehen. Sie fordern unablässige und totale Beachtung und fürchten zu sterben, wenn man sie einmal »von der Brust« nimmt. Sie fühlen sich nur dann lebendig, wenn sie Menschen und Beziehungen in ausreichendem Maße »verzehren« können. Ein solches Verhalten verweist auf einen großen Mangel an oraler Zufuhr, und es ist therapeutisch wichtig, daß die Energie, die Patienten mit dieser Form der Interaktion verbrauchen, in Strukturen zum Tragen gebracht wird, in denen sie an einer guten Brust saugen, denn es muß sichergestellt werden, daß der Patient Saugen und Trinken nicht mit dem Verschlingen der Mutter gleichsetzt.

Es kommt auch vor, daß ein Patient fühlen will, wie er die Mutter buchstäblich in sich hineinnimmt, um ein Empfinden für seine Ganzheit zu bekommen. Es scheint angemessen, solche Phantasien zeitweilig zuzulassen, damit er auch auf der Realitätsebene die Erfahrung machen kann, daß die Mutter trotz seiner Phantasien unzerstört bleibt. Das, was der Patient mit dem Hereinnehmen oder der Einverleibung verbindet, bedeutet vielleicht etwas ganz anderes, als ihm zunächst bewußt ist; doch er muß dies selbst erlebt haben, bevor er zu weiteren Unterscheidungen in der Lage ist.

Die während einer Struktur stattfindenden Interaktionen und affektiven Veränderungen sind subtil und plötzlich; der Therapeut muß alle Vorgänge genau im Auge behalten und darf nur solche Erfahrungen zulassen bzw. anbieten, die Reifung und Wachstum begünstigen. Aber wie kann er Erlebnisse oder Strukturen anhalten, die nach seiner Einschätzung zu einer Verstärkung der negativen Erwartungen und Verhaltensweisen führen? Er kann die Struktur unterbrechen und sagen, daß dieser oder jener Aspekt der Struktur bzw. der Akkomodation den Patienten eher tiefer in das Verhalten hineinführt, von dem er sich gerade befreien will. Ist der Patient anderer Meinung, dann ist es oft das beste, ihn in die ihm am befriedigendsten erscheinende Richtung gehen zu lassen, denn er mag durchaus seinen eigenen Weg zur Heilung finden. Wird aber nach einer gewissen Zeitspanne deutlich, daß er sich tatsächlich in Richtung einer Vertiefung seiner Pathologie bewegt, dann muß der Therapeut eingreifen und den Prozeß stoppen. Dies kann eine Kraftprobe bedeuten, bei der mit heftigen Gefühlen auf beiden Seiten darum gerungen wird, was zulässig ist und was nicht. Um zu verhindern, daß sich die Pathologie noch verstärkt, kann eine Eingrenzungsstruktur erforderlich sein, das heißt, Therapeut und Gruppe setzen Grenzen gegen den Wunsch nach negativer Versorgung und gegen das, was man negative Allmacht nennen könnte. Negative Allmacht kann heißen: »Niemand kann mich davon abhalten zu tun, was ich will, auch dann nicht, wenn ich mir selbst Schmerz zufügen oder mir selbst schaden will.« Die Eingrenzung kann symbolisch, also mit Worten, wie auch real, durch Handlungen, erfolgen. Beide, Therapeut und Patient, sind an diesem Vorgang persönlich und affektiv beteiligt. Der Therapeut muß stark sein, um die Situation zu bewältigen, denn der Patient wird ihn auf einer persönlichen Ebene angreifen, und selbst wenn er das Ganze als Übertragung betrachtet, können die Gefühle, die vom Patienten zu ihm fließen, ihn empfindlich treffen.

Küssen

Eine hospitalisierte Patientin erzählte immer wieder, wie gern sie Freunde küßte. Das Küssen konnte sehr lange dauern, führte aber nie zu sexuellem Verkehr, sie blieb jungfräulich. Als sie, mit Hilfe ihres Armes, der den Freund vertrat, zeigte, wie sie ihn küßte, sah das genauso aus, wie manche anderen Patienten an der idealen Mutter saugen. Man konnte annehmen, daß ihr Küssen das Bedürfnis nach früher Versorgung befriedigen sollte. Mir erschien es immer unmöglich, daß diese frühen oralen Bedürfnisse auf der Erwachsenen-Ebene durch Küssen befriedigt werden könnten. Es scheint leichter und wirkungsvoller zu sein, das orale Defizit auszugleichen, wenn man es eingesteht und mit dem entsprechenden Objekt auf der infantilen Ebene befriedigt. Jene Beziehung, die die Patientin mit ihren Freunden unterhielt, läßt sich als eine Verwirrung zwischen Sexualität und Versorgung verstehen. Anders ausgedrückt: es fand eine Verschmelzung zwischen ihrem Partner und ihrer Mutter statt.

Falls es nicht als Ersatz für frühe orale Mängel benutzt wird, ist das Küssen Teil der zärtlichen erotischen Beziehung, die ihre Befriedigung in sich selbst trägt. Die auf den Mund zentrierte Beziehung zur Umwelt ist für den Säugling befriedigend, denn sie ist seine Form des Überlebens und seines ursprünglichen Weltverständnisses. Auch wenn das Kind aus dieser Ebene herausgewachsen ist, bleibt sein Mund sensibel, es braucht ihn zum Essen, Berühren, Liebkosen, Fühlen und Sprechen. Er dient nicht nur der Aufnahme von Nahrung und Versorgung, sondern ist gleichermaßen Bestandteil einer zwischenmenschlichen Beziehungsform. Berührt man mit seinem Mund den eines anderen, ist in diesem Vorgang ein hohes Maß an Vertrauen, Intimität und Fürsorge enthalten, die von sich aus schon äußerst befriedigend sein können.

Küssen ist auch eine wichtige Form, Dankbarkeit zu zeigen; der spontane Impuls oder Wunsch zu küssen, tritt oft am Ende einer befriedigenden Struktur in Erscheinung, meistens zu einem Zeitpunkt, wenn der Patient gerade dabei ist, sich von den Akkomodierenden, während er sie noch hält oder berührt oder ihnen in die Augen schaut, zu trennen. Man sieht, wie sich der Bereich um seinen Mund ein wenig bewegt, und gelegentlich kommt es vor, daß er die Akkomodierenden spontan auf die Wangen küßt. Ich habe Patienten unwillkürlich ihre Lippen schürzen und den Kopf in Richtung ihrer Akkomodierenden bewegen sehen, und wenn ich dann sagte: »Es sieht aus, als wolltest du sie küssen«, bestätigen sie, daß sie in der Tat gerade daran gedacht, aber damit gezögert hatten, weil sie unsicher waren, ob das angemessen wäre oder nicht. Wenn sie dem Impuls folgten, dann schien damit ein weiteres Gefühl oder Bedürfnis befriedigt, und sie atmeten in einer Weise erleichtert auf, die für mich ein typisches Zeichen für das Ende einer Struktur ist.

Es ist eines der Ziele einer Struktur, jenen Punkt der Erfüllung oder Befriedigung zu erreichen, von dem aus der Übergang von einer Seins- oder Beziehungsform zu einer anderen möglich wird. Die Qualität dieses Aufatmens ließe sich in die Worte fassen: »Es ist gut, ich habe es zu Ende gebracht und bin jetzt bereit, zu etwas anderem überzugehen oder mich auszuruhen.« Man hat dieses Gefühl am Ende einer guten Erfahrung, sei es nach einem Essen, einem Liebesakt, einer gut ausgeführten Aufgabe oder beim Ausklang einer Party, wenn der letzte Gast gegangen ist. Die Art des Aufatmens und die damit einhergehende körperliche Entspannung erscheinen als skandierendes Zeichen, welches das Ende eines Prozesses anzeigt. Eine Struktur ist nicht zu Ende, solange ein solches Gefühl nicht erlebt und ausgedrückt wird. Ich habe in meinen Gruppen absichtlich nie eigens darauf hingewiesen, weil dies einige Patienten dazu veranlassen könnte, diese Zeichen von sich zu geben, denn sie wollen ja befriedigende Strukturen haben oder mir damit einen Gefallen tun, daß sie sie haben.

Nur mit solchen befriedigenden Erfahrungen ist man fähig, in der Entwicklung weiter voranzukommen. Wenn bestimmte Impulse nicht ausgedrückt oder mögliche Befriedigungen nicht erlebt werden, dann bleiben nagende Spannung und Sehnsucht nach Erfüllung und Abschluß zurück. Ich glaube, daß wir solche unbefriedigten und unabgeschlossenen Bedürfnisse seit unserer Kindheit in uns tragen, die an uns nagen und in indirekter Form nach Ausdruck suchen, bis wir ihnen genügend Aufmerksamkeit schenken und die noch offenstehende Rechnung durch Lust und Befriedigung begleichen. Sicher verweist die Fähigkeit zum Aufschieben von Lust auf Reife, und sie gehört notwendig zum erwachsenen Leben, aber selbst als Erwachsene brauchen wir ein gewisses Maß von Lust und Befriedigung, sonst verliert das Leben seinen Glanz und seinen Wert.

Ausdrucksrhythmen

Der Gruppenleiter kann erkennen, wenn der Patient die negativen und angsterfüllten Aspekte seiner Struktur durchlaufen hat, indem er bestimmte Veränderungen beim Atmen und darüber hinaus Verdauungsgeräusche wahrnimmt. Ein Wechsel im Atemrhythmus kann beide glauben lassen, die Struktur sei zu Ende, aber obwohl der Atem ruhiger geht als bei der wütenden Erregung im negativen Teil der Struktur, ist dies doch nicht zu vergleichen mit dem abschließenden Aufatmen, das ich oben beschrieben habe. Mit der Veränderung des Atems gehen oft ein Gurgeln im Bauch oder ein Rülpsen einher, die auf das Ende von Angst und Wut und auf ein Bereitsein für den positiven Teil der Erfahrung hinweisen. Es ist, als ob der Therapeut die äußeren Zeichen des Umschaltens vom sympathischen zum parasympathischen Nervensystem hören könnte.

Gelangt der Patient nicht bis zu dieser Stufe der Befriedigung, so muß der Therapeut ihm helfen, die Themen und Erlebnisformen aufzuspüren, die ihn an der Entspannung und Entkrampfung und am Übergang zu Neuem hindern. Auch dann wird eine genaue Beobachtung des Körpers Bereiche der Spannung oder minimale gestische und mimische Formen entdecken, die den Weg zum Ursprung dieser Hemmungen weisen können. Dies können die obenerwähnten Mundbewegungen sein, die zum Ausdruck bringen, daß der Patient die Akkomodierenden küssen möchte. Ein anderer Bereich von Spannung kann sich melden in Form kleiner mimischer Bewegungen um Mund und Stirn, als ob der Patient Worte und Gedanken über die Figuren in der Struktur formulieren und den Akkomodierenden mitteilen wollte. Er sollte dazu ermutigt werden, sie auszusprechen. Wenn ein Patient in einer Struktur gerade im Begriff ist, sich verbal mitzuteilen, kann der Therapeut in der Regel eine Art vorbereitenden Verhaltens beobachten, das dem Sprechen vorausgeht und es ankündigt. Manchmal bewegen sich die Lippen, als ob der Patient nun gleich mit Sprechen begänne, oder die Zunge gleitet über die Lippen, um sie zu benetzen. Manchmal runzelt er flüchtig die Stirn und kneift die Augen zusammen, während er vor sich hinstarrt, als ob er seine Gedanken sammle. All dies kann relativ offen und bewußt geschehen, vieles bleibt aber auch nur angedeutet und unbewußt. Oft will ein Patient etwas über sich oder seine Lebensumstände mitteilen, das sehr bedeutungsvoll ist, ihn aber schmerzt oder beschämt, so daß er es dann doch verschweigt. Dieses Material muß man aber durcharbeiten, bevor zu etwas anderem weitergegangen werden kann. Verpaßt der Therapeut diese Zeichen, dann erlebt er, daß der Patient entweder gar nichts mehr tut oder sich ohne tieferes Gefühl durch seine Struktur bewegt. Am besten wartet man das Zögern beim Sprechen ab und ist hilfreich und geduldig, bis Worte und Gefühle sich deutlich abzeichnen. Danach kann der Rhythmus des Ausdrucks wiedergefunden und aufrechterhalten werden.

Lächeln

Lächeln ist ein Zeichen von Lust und Vergnügen, und da dies eines der Ziele der Struktur ist, betrachte ich es als ein nützliches Anzeichen für die Übereinstimmung von Verhalten und Akkomodation. Es kann durchaus das Resultat einer befriedigenden Akkomodation auch beim Erleben von Wut sein und nicht nur das Ergebnis einer direkt lustvollen Befriedigung wie etwa in einer Versorgungs-Struktur. Wenn also die negative Figur mit Schmerz oder Schwanken auf die Schläge des Patienten reagiert, dann kann dieser durchaus lächeln, anstatt seinerseits Wut zum Ausdruck zu bringen.

Natürlich wird der Patient nicht fortfahren zu lächeln, während er die noch verbleibende Wut durchlebt. Er kann eine große Spannweite von Gefühlen auf seinem Gesicht zeigen, während er seine Wut ausdrückt. Das Lächeln erscheint oft gerade am Anfang, wenn die Wut zum ersten Mal gezeigt wird. Die Situation kann folgende sein: Der Patient kommt zu einer Wochenendgruppe und hat vielleicht noch nie eine Struktur gemacht. Er fühlt etwas in seinen Händen oder in einem anderen Körperteil, das auf Wut hinweist. Der Akkomodierende mag nun eine ganze Fülle von Reaktionen auf die aggressive Bewegung des Patienten anbieten, der jedoch so lange nicht darauf eingeht, bis der Akkomodierende so tut, als würde er gebissen oder geschlagen – dann erscheint das Lächeln. Das Lächeln zeigt an, daß wir auf der richtigen Spur und auf der richtigen Ebene der Wut sind.

Lächeln kann vieles ausdrücken. Der Patient kann sagen, daß seine Knie zu zittern anfangen und er zu Boden fallen möchte; versichert man ihm daraufhin, daß die idealen Eltern da sind, um ihn aufzufangen, dann lächelt er und sagt: »Ja, das wäre gut«, und zeigt damit ebenfalls an, daß Aktion und Reaktion zusammenpaßten. Oder aber der Patient lächelt und sagt: »Ich fühle gar keinen Ärger«, obwohl alles danach aussieht. Wenn man ihn dann darauf hinweist, daß er die Art des Akkomodierens zu genießen scheint, mag er anmerken, daß er die Aktionen der Akkomodierenden grotesk fand und daß er deshalb gelächelt habe. Es hilft nicht viel, wenn der Therapeut hier auf seiner Wahrnehmung besteht, wenn der Patient nicht spürt, was sich in seiner Körpersprache zeigt. Denn selbst wenn der Therapeut mit seiner Wahrnehmung recht hatte, so kann doch das verbalsymbolische Ich des Patienten seine körperlichen Reaktionen nicht wirklich als seine eigenen anerkennen; die Distanz zwischen dem Körper-Ich und dem symbolischen Ich ist zu groß. Wut oder auch andere Gefühle, die durchaus an seinem Körper ablesbar waren, sind als Wort oder Konzept einfach nicht akzeptabel für den Patienten und seiner bewußten Erfahrung deshalb auch nicht zugänglich.

Diese Erkenntnis hat mich dazu geführt, bei meiner Arbeit mit Gruppen mehr darauf zu achten, das Körper-Ich und das symbolische Ich zusammenzubringen. Denn was hilft es, wenn ein Patient durch phantastische Gefühlsstürme geht, die den motorischen Impulsen direkt folgen und die sich nach all den Spannungen und Handlungsimpulsen, welche sich an seinem Körper zeigten, auch voraussagen ließen? Gerade solche Patienten haben manchmal Schwierigkeiten, in ihrem Verhalten überhaupt einen Sinn zu erkennen, selbst wenn der Therapeut und der Rest der Gruppe ganz klar wahrnehmen, worum es sich handelt. Die symbolische Welt des Patienten enthält nicht genug Worte oder Begriffe, um das zu fassen, was er selbst tut, und oft braucht es wochenlange Gespräche, um das Material auf einen Nenner zu bringen. Hat ein solcher Patient nicht die Gelegenheit, über diese therapeutische Erfahrung zu sprechen, und bleibt es bei einer solchen auf ein einziges Wochenende beschränkten Erfahrung in psychomotorischer Therapie, dann ist vorauszusehen, daß nur wenig von dem affektiven Material in die bewußte Wahrnehmung integriert werden kann und damit auch für Wachstum und Lernen verfügbar wird. Das Körper-Ich und das motorische Verhalten sind viel konkreter und klarer als das verbale Ich und auch leichter vorherzubestimmen. Es ist recht schwierig, auf Grund äußerer Eindrücke herauszufinden, was in einem Menschen auf der psychisch-symbolischen Ebene vorgeht, während es sich, achtet man auf die Körperspannungen, ziemlich genau voraussagen läßt, was auf der affektiven und motorischen Ebene geschieht. Die Körperspannungen haben bei jedem einzelnen Menschen ganz unterschiedliche Symbole und Bedeutungen zum Inhalt, und diese Unterschiede machen Therapie immer wieder so spannend und fordern den Therapeuten stets von neuem heraus. Anstatt also einfach auf motorischer Ebene den affektiven Ausdruck einer Spannung zu erleichtern oder zu fördern, lasse ich mir Zeit, um herauszufinden, was sie symbolisch und sprachlich für den Patienten bedeutet. Damit gewinne ich das bewußte Ich des Patienten für eine kontinuierliche Mitarbeit, weshalb dann diese Erfahrung sich nicht so schnell wieder verflüchtigt und auch nicht als bloßer »Gag« oder als »Show« abgetan werden kann. In dem ganzen Prozeß kommt es darauf an, daß der Patient sich selbst in seinem Körper wiederfindet, daß er sein körperliches Dasein bewußt akzeptiert und sein verbales Ich zu größerer Übereinstimmung mit seiner Gefühlswelt bringt.

Empfindungen in der Kehle

Wenn jemand klagt, er habe einen Kloß im Hals, dann bedeutet das oft für mich, daß ihm nach Weinen zumute ist, und die Erfahrung bestätigt es auch. Manche sagen, sie versuchten ihre Gefühle hinunterzuschlucken; dann kann man sie ruhig ermutigen, dem Wunsch zu weinen nachzugeben, anstatt das Weinen zu unterdrükken. Tun sie dies, dann weinen sie oft lautlos; das führt jedoch nicht dazu, daß das Bedürfnis zu weinen vollkommen erfüllt wird, und auch nicht dazu, daß sich die Empfindungen in der Kehle normalisieren. Denn meistens geht der Wunsch dahin, laut zu weinen, und zwar mit Lauten, die aus der Kehle kommen. Man sollte sich natürlich nicht dazu zwingen, sondern zulassen, daß das Weinen laut wird. Wenn ein Patient mit voller Kraft und laut zu weinen beginnt, dann wird der Schmerz, der im Weinen hochkommt, manchmal fast unerträglich.

Trotzdem habe ich solche Patienten ermutigt fortzufahren, indem ich ihnen versicherte, diese Qual werde sie nicht zerreißen.*

* In vielen Strukturen, in denen es um ein solches von Angst und Panik durchsetztes Weinen ging, konnte ich beobachten, daß Pesso dem Patienten, damit er die Angst vor dem Weinen überwinden konnte, haltende oder stützende Figuren beigab, die sich später manchmal in ideale Eltern verwandeln konnten. Manchmal reicht es, wenn eine solche Figur dem Patienten eine Hand um die Schulter oder auf den Rücken legt. Hin und wieder brauchte es aber auch zwei Personen, die den

Es scheint, als müsse ein Gefühl erst einmal voll durchlebt werden, bevor man es integrieren oder hinter sich lassen kann. Das traumatisierende Ereignis oder die traumatisierende Intensität des Gefühls lassen sich erst dann assimilieren, wenn man ganz von einem Schmerz durchdrungen worden ist. Manchmal wird ein Ereignis sowohl von Schmerz als auch von der Furcht vor dem Schmerz begleitet. Man könnte den Kloß im Hals beschreiben als die körperliche Darstellung der Energie, die im Bereich der Kehle verarbeitet werden muß. Ich muß allerdings hinzufügen, daß extreme Formen von Schmerz und Kummer zunächst nicht einfach als Kloß im Hals wahrgenommen werden. Es ist eher ein in der Nähe des Brustbeins zu lokalisierendes Gefühl der Versteinerung der Brust, das auf tiefen Kummer und ein Bedürfnis zu weinen hinweist, welches schwieriger zu verarbeiten ist. Macht ein Patient eine Phase tiefen Kummers durch, dann schnürt es ihm fast den Atem ab, und das Weinen geht über in ein Gefühl, als ob die Brust in sich zusammensinken oder explodieren werde. Auf dem Höhepunkt eines solchen Erlebnisses hielt ein Patient es nicht länger aus. Am liebsten wäre er aus seinem eigenen Körper geflohen, um der vernichtenden Empfindung zu entgehen. Nachdem wir unser Bestes getan hatten, um ihm zu helfen, stellte es sich heraus, daß seine Gefühle sich auf den Verlust der Mutter in der frühen Kindheit bezogen und er niemals den Mut aufgebracht hatte, sich seiner affektiven Reaktion auf diesen Verlust wirklich bewußt zu werden.

Andere Empfindungen in der Kehle können auf ein Bedürfnis oder einen Wunsch verweisen, zu schreien oder zu brüllen. Dies Schreien kann seine Ursache haben in Angst, Wut, Frustration oder Kränkung. Können diese Gefühle in vollem Umfang zugelassen werden, so ist es sowohl für die Gruppe wie für den Patienten oft überraschend und aufregend, wie physisch greifbar und real

Patienten fast wie ein menschliches Gefäß umschlungen hielten, daß der Sturm des Weinens begonnen und ausgehalten werden konnte. Es ist dann, als ob eine Mutter ein Kind fest in ihren Armen hielte, das von seinem Kummer oder seinem Schmerz überwältigt zu werden droht. Das Kind oder der Patient hat dann das Gefühl, daß die Mutter oder die haltende Figur einen Teil des vom Kind oder Patienten empfundenen Schmerzes erst einmal in sich aufnimmt, zum anderen aber dafür sorgt, daß das Ich nicht auseinanderbricht. T. M.

diese Gefühle sind. Wenn ich mir selbst erlaubt habe, auf solche Empfindungen in der Kehle, die mit einem Wunsch nach Schreien verbunden waren, zu reagieren, dann beobachtete ich manchmal wie ein überraschter Zuschauer die Entfaltung eines Teils von mir, in dem dieses Gefühl zwar wirklich empfunden wurde, der aber dennoch von der bewußten Wahrnehmung abgeschnitten war. Nach dem ersten Schreien oder Weinen, das oft dem Weinen eines Kindes oder einem tiefen Aufschluchzen aus einer vielleicht lange vergessenen früheren Erfahrung glich, konnte ich dann das Gefühl weiter erforschen, mir dessen vollen Ausdruck erlauben und genauer beobachten, was darauf noch erfolgte. Wenn die Gefühle erst einmal zum Fließen gebracht sind, formen sich auch Bilder und Erinnerungen, die man, nachdem man darüber kurz gesprochen oder nachgedacht hat, zu einem sinnvollen Ganzen zusammensetzen kann. Nach meiner Erfahrung sollte man aber nicht zu früh darüber reden oder gar den vollen Ausdruck des Gefühls durch das Gespräch ersetzen, denn dann kommen weder die volle Erinnerung noch die symbolischen Besetzungen zum Vorschein. Ist der Prozeß und die damit zusammenhängende verbale Integration vollendet, dann wird es unmöglich, die gleichen Laute zu wiederholen – und zwar nicht, weil die Muskeln ermüdet wären, sondern weil die entsprechenden komplexen Gefühle und Muskelspannungen für das Hervorbringen solcher sehr spezifischen Laute gar nicht mehr zur Verfügung stehen. Ich will natürlich keinesfalls ausschließen, daß man die gleichen Affekte noch einmal fühlen kann; aber es ist unmöglich, sie zu imitieren, ohne daß man selbst und die anderen sie als Imitation durchschauen.

Der Brustkorb

Durch die Dehnung des Brustkorbs füllt sich die Lunge mit Luft, auch bietet er einen starken, knochigen Schild für die inneren Organe. Das Brustbein scheint der ursprüngliche symbolische Ort für das Erleben der Stärke und des Schutzes durch die idealen Vaterfiguren. Legt man in einer Struktur, in der väterliche Zuwendung gebraucht wird, eine Hand auf das Brustbein, dann hilft es dem Patienten beim Atmen und vermittelt ihm ein Gefühl von Schutz und Halt. Die Feststellung, daß ein idealer Vater beim Atmen und Luftschöpfen helfen kann, hat eine tiefe Wirkung auf Patienten, die, falls sie ohne Vater aufgewachsen sind, regelmäßig über Schwierigkeiten beim vollen Durchatmen berichten.

Der Nacken

Im Gegensatz zu dem, was ich in der ursprünglichen Ausgabe schrieb, betrachte ich Spannungen im Nacken nicht als von Gefühlen verursacht, denen vom Kopf her der Zugang zum Körper verwehrt wurde. Diese Ursachen haben, wie oben dargelegt, Schmerzen im Kopf zur Folge. Versteifungen im Nackenbereich verbinden wir heute mit aggressiven, eindringenden, phallischen Impulsen. Schlägt man einem Patienten mit steifem Nacken vor, den Nacken anzuspannen und den Schmerz zu verstärken und auszuweiten, dann sieht man, wie der Kopf im Zusammenhang mit dieser Anstrengung sich in eine bestimmte Richtung bewegen will. Eine eingrenzende oder Widerstand leistende Person kann ihre Hand so anlegen, daß sie jeder Bewegung, egal in welche Richtung, Gegendruck bietet. Der Patient wird ermuntert, Spannung und Schmerz in der Weise zu nutzen, daß er mit seinem Kopf gegen die Hand des Widerstand Bietenden drückt. Meistens führt dies zu einer kräftigen Aktion mit dem Kopf. Manchmal bewegt sich der Patient, als wolle er Kopfstöße austeilen, oder er benutzt den Kopf, als ob er Hörner hätte oder als wolle er mit ihm einen Gegenstand oder einen Menschen aus dem Weg räumen.

Meine Erfahrung mit dieser Art von Interaktion und Struktur führte mich zu der Überzeugung, die Spannung stamme aus zwei affektiven Zuständen. Der eine hat seinen Ursprung im Fehlen eines starken Vaters, was dazu führte, daß das Kind selber die väterliche Funktion übernahm; dies wiederum brachte ein Anwachsen der aggressiven, eindringenden und phallischen Potenz mit sich, die in der Struktur wie im Leben nach Eingrenzung verlangt. Bietet man eine solche körperliche oder seelische Eingrenzung in einer Struktur, so verringern sich die Nackenschmerzen oder verschwinden völlig.

Aber auch das genaue Gegenteil dieser Konstellation kann zu derartigen Nackenbeschwerden führen. War die Präsenz eines Elternteils, sei es die Mutter oder der Vater, allzu überwältigend oder fühlte sich das Kind über die Maßen verletzlich, dann versteift sich der Nacken als Abwehr gegen ein Eindringen oder eine

Verletzung durch etwas, das als Bedrohung wahrgenommen wird. In diesem Fall erlaubt der Akkomodierende, daß seine Hand, die den Gegendruck aufbringt, oder auch er selbst langsam zurückgedrückt wird. Er spricht dazu die Worte: »Du bist stark, du kannst mich draußen halten. Und ich will auch nicht in dich eindringen.« Erst dann getraut sich der Patient, sich seiner Schwäche und Verletzlichkeit im vollen Ausmaß bewußt zu werden, was ihm bislang viel zu gefährlich vorgekommen ist.

Empfindungen in den Schultern und im oberen Teil des Rückens

Spannungen in diesen Körperpartien führen meistens dazu, daß man nur noch die Arme bewegt, denn die Schultern werden fast nur zum Schutz des Nackens und des Kopfes eingesetzt. Wenn ein Patient über Schulterspannungen spricht und dann versucht, durch freie motorische Assoziation deren Bedeutung herauszufinden, dann stellen sich gelegentlich einige spezifische Erinnerungen ein. Vielleicht hat ihm einmal jemand in einem Streit auf die Schulter geschlagen, oder er ist beim Sturz von einem Wagen auf die Schulter gefallen. Gelegentlich führt es auch zur Assoziation eines schweren Gewichts, das auf den Schultern lastet. Das kann sich zu einer Struktur entwickeln über die Last von Verantwortung, die einem zu früh auferlegt wurde, oder zu einer Struktur über Sorgen und Aufgaben, mit denen er sich seit jener Zeit abplagen muß.

Sehr oft verursacht eine Starrheit der Schultern Wut und die Wut wiederum heftige Armbewegungen. Das ist zunächst noch ein Rätsel, denn die Körperspannung, die am häufigsten Wutausbrüchen zugrunde liegt, befindet sich in Ober- und Unterarmen. Aber es scheint, daß für manche Menschen die Spannung gar nicht so weit hinunter (das heißt in Richtung Aktion; T. M.) reicht, sondern sich in den Schultern breitmacht.

Es kann aber auch sein, daß die Empfindung in den Schultern auf den Wunsch verweist, in diesem Bereich berührt zu werden, wie auch auf den Wunsch, den Körper überhaupt in diesem Bereich zu bewegen. Die Schultern sind dazu prädestiniert, Trost, Schutz und Beruhigung zu empfangen; deshalb ist es auch sehr gut möglich, daß der Patient sich danach sehnt zu spüren, wie ein Arm oder eine Hand voll Sympathie, Ermutigung, Unterstützung oder bergendem Halt auf seine Schulter gelegt wird. Der Therapeut kann dies dem Patienten auch anbieten, so daß er fühlen kann, wie es ist, wenn einen jemand in dieser Weise berührt.

Empfindungen in den Armen

Im allgemeinen sind es die Arme, in denen sich die Gefühle der Wut zeigen. Ein hospitalisierter Patient hatte sehr lange das Gefühl, seine Arme zögen sich gleichsam selbst aus den Gelenkpfannen, so als wollten sie sich selbst von den Schultern ablösen. Ich deutete dies als das Ergebnis eines Schuldgefühls aufgrund ungeheuer starker Wutgefühle. Die meisten Patienten, läßt man sie nur frei zu ihrer Spannung in den Armen assoziieren, kommen von selbst auf das Bild der Wut. Ein Versuch, den Ärger mit Hilfe der Arme auszudrücken, genügt in der Regel, um auch den Rest der Gefühle zum Vorschein zu bringen. Aber die Arme dienen sehr vielfältigem Verhalten, und es ist gut möglich, daß die Spannung auch zu ganz anderen Aktionen führt. So kann der Patient z. B. schlagen wollen, was oft mit einem Moment des Hineinstoßens oder Bohrens verbunden ist, bei dem das Gefühl des Eindringens sehr verschiedene Färbungen, einschließlich einer sexuellen, haben kann. Die Spannung kann auch durchaus von Neugier geprägt sein und den Wunsch enthalten, etwas auseinanderzunehmen, um das, was in seinem Inneren verborgen ist, zu erforschen. Sie kann ebenso bedeuten, daß man etwas von sich wegstoßen oder von sich fernhalten will; dabei hält der Patient seine Arme meist ganz steif. Gelegentlich kommen auch Schwimmbewegungen zustande, die eine frühe im Wasser erlebte Erfahrung spiegeln.

Die Arme können ebenso Gefühle von Liebe ausdrücken, und die Spannung kann sich zu einer Umarmungsbewegung entwikkeln. Solche Patienten werden zunächst einmal sich selbst umarmen (wie wenn sie sich selbst trösten oder halten wollten; T. M.), wenn sie erkunden, was ihre Arme tun möchten. Der Therapeut schlägt dann vor, daß sie sich jemanden aussuchen, den sie umarmen wollen; das kann zu einer Struktur über ihren Wunsch oder ihre Bereitschaft führen, andere zu umarmen, oder zu einer Struktur über ihre Gefühle von Wert oder Unwert.

Bewegt ein Patient die Arme wie bei einem Wutanfall, dann könnte man erwarten, daß die Spannung nachläßt, und doch ist dies nicht immer der Fall. Manche Patienten schreien und schlagen um sich, ohne daß sich auch nach längerer Zeit eine Verringerung der Spannung oder der Wut feststellen ließe. Ich vermute, daß in solchen Fällen der Patient mehr Affekt in sich hat, als er verarbeiten kann, und daß er viel eher von einer eingrenzenden Struktur profitieren würde, bei der die anderen ihn halten, ihm seine Gefühle bestätigen, ihm aber zugleich mit Worten und durch das Halten – vor allem durch die idealen Eltern – mitteilen, daß sie ihm nicht erlauben, jemand anderen oder gar sich selbst umzubringen. Geht die Gruppe so vor, kann er viel mehr affektive Energie freisetzen, als er es in einer Struktur ohne Eingrenzung könnte. Erweist sich diese Strukturform als richtig und handelte es sich um affektive Energie aus einer Quelle, die nie eine äußere Begrenzung gefunden hatte, dann berichten die Patienten nach Beendigung der Struktur, daß die Spannung tatsächlich nachgelassen habe und sie erleichtert seien, weil es jemanden gebe, der stärker sei als sie und fähig, sie zu halten und zu bändigen.

Die Beobachtung der Arme eines Patienten im Verlauf einer Struktur kann sehr aufschlußreich sein und den Therapeuten über das Energieniveau, auf dem der Patient arbeitet, auf dem laufenden halten. Fallen die Arme zur Seite und erschlaffen die Hände, dann kann dies Depression und Hoffnungslosigkeit bedeuten, aber auch Entspannung, je nachdem, welche anderen Anzeichen es gibt. Werden die Arme vom Körper weggehalten, deutet dies eher auf eine fortbestehende Handlungsbereitschaft oder Spannung sowie auf eine Haltung der Wachsamkeit und verteidigungsbereiter Aufmerksamkeit hin. Werden die Arme zunächst vom Körper weggehalten und dann fallengelassen, kann man sicher sein, daß ein Wechsel zu einem anderen emotionalen Zustand, sei es Sicherheit oder Niederlage, erfolgt ist. Viele chronisch hospitalisierten Patienten, die ich über lange Zeit im Veteranenhospital in Boston beobachten konnte, ließen niemals ihre Arme hängen – was auf eine Dauerspannung und eine unablässige Bereitschaft zur Verteidigung hinweist.

Gelegentlich werden die Arme – von Männern und von Frauen – symbolisch als Penis benutzt. Das geschieht bewußt wie unbewußt. Ein mit geballter Faust hochgehaltener Arm kann sowohl aggressive Macht als auch sexuelle Potenz bedeuten. Ich erinnere mich an eine Geste, die wir als Kinder in Brooklyn als ein averbales

Äquivalent für den Ausdruck »fuck you« benutzten: Der rechte Arm wird mit geballter Faust nach oben gestoßen, während gleichzeitig die linke Hand ihn durch Druck auf den Bizeps niederdrückt, so daß sich im Ellbogen ein rechter Winkel ergibt. Die linke Hand ist offen und hält den rechten Arm in seiner nach vorne gerichteten Aufwärtsbewegung zurück, als würde er bis zum Heft hineingestoßen und erst durch die die Schambeinfläche repräsentierende linke Hand angehalten. Die Geste war gelegentlich begleitet von einem Kußgeräusch mit dem Mund, das mir nachträglich vorkommt wie das entsprechende schmatzende Geräusch, das ein eintauchender Penis macht.

Eine andere Geste, die Männer in Strukturen eher bewußt, Frauen eher unbewußt machen, symbolisiert die Worte: »Dir steck ich einen rein!« Der Unterarm mit der geballten Faust wird horizontal nach vorn gestreckt, wobei er sich in einer schraubenartigen Bewegung dreht. Das kann an mehreren Punkten einer Struktur auftauchen: bei einem Mann, der über seine Mutter spricht, die er bewußt oder unbewußt sexuell begehrt; bei einer Frau, die diese Geste ihrem Vater gegenüber macht in dem unbewußten Wunsch, seine offenen sexuellen Annäherungsversuche dadurch abzuwehren, daß sie einen eigenen, schraubenartigen Penis zu ihrer Verteidigung entwickelt; oder auch bei einer wütenden Frau, die ihrem Ehemann heimzahlen möchte, wie er sie behandelt, nämlich sexuell aggressiv, ohne Zuneigung und Zärtlichkeit.

Ein Patient kann seine Arme auch als Schutzschild benutzen, was von außen durchaus so aussehen kann, als würde er sich selbst umarmen. Die Absicht ist dabei allerdings nicht so sehr, sich selbst Wärme zu geben, sondern das Selbst vor übermächtigen Außenreizen abzuschirmen. Die Arme halten in diesem Fall die Welt draußen. Die Bedeutung dieser Geste gleicht derjenigen, bei der man mit den Händen die Ohren bedeckt, um Geräusche draußen zu halten. Allerdings werden in diesem Fall weit direkter äußere Handlungsimpulse gegen das Selbst abgehalten.

Die Hände

Von allen Körperpartien des Menschen haben neben dem Gesicht die Hände die größte Ausdruckskraft. Was immer gefühlt und ausgedrückt wird, Hände verändern, akzentuieren oder signalisieren es. Über das Thema ließe sich ein eigenes Buch schreiben. Doch ich will hier nur einen kurzen Abriß geben. Hände dienen nicht nur dem Ausdruck von Gefühlen, sondern sie sind auch – durch die Funktion der Tastempfindung – ein wichtiger Bestandteil des Wahrnehmungssystems. Natürlich sind alle unsere Körperpartien berührungsempfindlich, aber kein Körperteil, ausgenommen der Mund, ist so sensitiv, beweglich und aktiv wie die Hand.

In allen Strukturen beachte ich die Bewegungen der Hände besonders aufmerksam. Manchmal unterstreichen und akzentuieren die Hände, was gesagt oder getan wird, manchmal scheinen sie aber auch am übrigen Geschehen völlig unbeteiligt zu sein. Um angesichts der vielfältigen Ausdrucksmöglichkeiten der Hände ein klares Bild zu bekommen, wende ich eine spezielle Methode an: Ich errichte, indem ich teils bewußt, teils intuitiv vorgehe, in rascher Abfolge Szenarios oder »Gestalten«, die mir Hinweise geben auf die Richtung einer Struktur und mir die Möglichkeit verschaffen, alle Daten und das, was ich aus früheren Sitzungen über den Patienten schon weiß, zusammenzufassen. Manchmal öffnen sich während des Stillvorgangs mit einer idealen Mutter die Hände in einer suchenden und tastenden Gebärde; wenn die Akkomodierenden dies beim Patienten sehen, greifen sie nach seiner Hand, um deren Bewegung irgendwie zu entsprechen, und legen ihre Finger in die ausgestreckt suchende Hand. Es kann durchaus sein, daß die Hand unbewußt nach der starken und festen Hand des Vaters sucht, um seine Kraft zu spüren, gerade wenn von seiten der Mutter Wärme und Liebe in oraler Form einströmt*. Manchmal wird die Hand in einer solchen Situation aber auch vorsichtig vom Rükken der Mutter weggestreckt, als ob sie dort nicht richtig zur Ruhe käme oder als ob sie sich bereit hielte, jederzeit jemand wegstoßen zu können. Die Hand kann aber auch den Rücken der Mutter in rhythmischen Impulsen pressen, die das Saugen an der Brust begleiten, wie ein Säugling beim Stillen die Brust der Mutter drückt. Hände und Arme können die ideale Mutter so fest umklammern,

* Dies ist ein früher Hinweis auf die Triangulierung: Selbst in Momenten des wohligen Überflusses mit der Mutter kann es ein solches spontanes Verlangen nach dem Vater geben, vermutlich wegen der sonst drohenden oralen Omnipotenz des Säuglings, aber auch als Gegenkraft gegen die allmächtige Brust und die Gefahr, wieder verschlungen zu werden. T. M.

daß der Akkomodierende starke Schmerzen spürt – ein Hinweis darauf, daß es im Innern des Patienten um mehr geht als um Stillen. Es kann sein, daß der Patient im Zusammenhang mit dem Stillen eine starke Wut erlebt und das allmählich auch deutlicher ausdrücken möchte; möglicherweise ist sie gegen die negative Mutter gerichtet. Wird sie abgeführt, dann kann der Protagonist sich tiefer entspannen, und die ideale Mutter antwortet: Wie wütend das Kind auf ihrem Schoß oder an ihrer Brust auch werden möge, sie könne mit diesen Gefühlen umgehen, sie zweifle weder an ihrer noch an seiner Liebe und werde ihm die Brust nicht entziehen.

Manchmal klammert sich die Hand an die Kleider der Akkomodierenden. Dies deutet Angst an, die Eltern zu verlieren oder von ihnen verlassen zu werden. Die idealen Eltern antworten darauf, daß sie den Patienten nie verlassen würden, was dann die Erinnerung an ein wirkliches Verlassenwerden wiedererwecken kann. Manchmal streichelt ein Patient sich selbst; das führt dann zu der Frage, ob er zulassen könne, daß ein anderer ihn auf die gleiche Weise streichelt, oder ob er auf sich selbst jene Zärtlichkeit verwendet, die er eigentlich anderen schenken möchte, es aber nicht zu tun wagt.

Bei einem hospitalisierten Patienten habe ich gesehen, wie seine beiden Hände sich mit großer Intensität und starken Gefühlen ineinander verschränkten, aber wie tot wirkten, sobald sie jemand anderen berührten. Es ist klar, daß dieser Mensch unfähig war, über die Hände Gefühle zu einem anderen Menschen strömen zu lassen. In Fällen wie diesem kann man auch beobachten, daß die Fingernägel der einen Hand sich in Haut und Fleisch der anderen Hand graben, und es läßt sich sehr leicht vorstellen, wie die interaktive Energie, die zwischen den Händen hin und her fließt, auf andere Menschen gelenkt werden könnte.

Sind bei solchen Patienten Handlungsimpulse längst von Schuldgefühlen über ihre Wut überlagert, so beobachtet man, daß sie – selbst wenn man ihnen ein Kissen oder eine Matratze zur Verfügung stellt, die die Impulse ja viel besser aushalten könnten – mit der einen, zur Faust geballten Hand in den Handteller der anderen schlagen; es scheint für sie besser und entlastender und vielleicht auch sicherer zu sein, wenn sie sich selbst weh tun, als wenn sie ihre Wut gegen andere richten.

Manchmal kann man, während Patienten zum Beispiel vor einer Struktur mit dem Therapeuten reden, beobachten, wie ihre Hände damit beschäftigt sind, entweder kleine Staubteile von der Kleidung zu zupfen und sie wegzuwerfen oder unsichtbare Flecken aus den Kleidern zu bürsten. Das kann als Versuch oder Wunsch verstanden werden, etwas loszuwerden, etwas Schmutziges, das sozusagen auf der Oberfläche des eigenen Selbst liegt. Manche Patienten berichten dann, daß sie schlechte Gefühle von sich abwerfen wollen; sie wollen sie nicht wahrnehmen und als ihnen zugehörig anerkennen.

Hände können Zufriedenheit und ein Ruhen in sich selbst ausdrücken. Sie können aber auch so eng ineinander verklammert sein, daß man spürt, es geht um die Kontrolle der Gefühle. Gelegentlich sieht man eine ganz besondere Geste, nämlich ein Überkreuzen der Finger. Das kann während einer Struktur, in der es um Halt oder Versorgung geht, vorkommen, und oft ist es ein Hinweis darauf, daß ein Patient sich sehr stark an sich selber festhält und kaum wagt, anderen zu vertrauen oder sich ihnen zu überlassen. Oft läßt sich auch beobachten, wie der Mittelfinger sich dabei leicht am Nagel des Zeigefingers reibt oder sonstwie mit ihm beschäftigt ist. Diese Geste scheint auf magische Weise vor der drohenden Gefahr zu schützen, bei einem neuen affektiven Engagement wieder Schmerz leiden zu müssen, indem sie quasi ausdrückt: »Ich meine es nicht wirklich so, ich habe die ganze Zeit meine Finger über Kreuz.«

Die Hände können viele magische Gesten machen, die ich hier gar nicht alle analysieren kann und von denen viele die Bedeutung eines Schutzes oder eines Schutzzaubers haben. Wann immer ich eine solche Geste sehe, die ich zuvor nicht kannte, frage ich den Patienten, ob er sie bewußt gemacht habe und ob die Geste in einen religiös-symbolischen Zusammenhang gehöre. Sehr häufig werden aber solche Gesten unbewußt gemacht, und wenn man den Patienten darauf hinweist, dann strömen plötzlich langvergessene, nun aber auf einmal sehr lebendige Erinnerungen an religiöse Erfahrungen auf ihn ein, die das, was er im Augenblick erlebt, ergänzen.

Eine Patientin begann plötzlich heftig am unteren Teil des Daumens zu kratzen, während sie über ihre Mutter sprach. Der Daumen spielt oft in einem phallischen Zusammenhang eine Rolle, und so schien es, daß diese Patientin sexuelle Gefühle männlicher oder phallischer Natur gegenüber ihrer Mutter hatte. Ich teilte dies der Patientin mit (ich wußte bereits, daß sie gegenüber Frauen homosexuelle Empfindungen gehabt hatte), um ihr vor Augen zu stellen, daß die Beziehung zu ihrer idealen Mutter eindeutig oral-nutritiver und weniger genitaler Natur sein sollte. Das ärgerte sie, und sie fragte spitz: »Kann ich denn nicht meinen Daumen kratzen, wenn er juckt?« Aber als sie dann das Gespräch über die Mutter wiederaufnahm, bildeten Mittelfinger und Daumen der Hand, die sie gekratzt hatte, unübersehbar jene klassische Position eines von den Fingern angedeuteten vaginalen Eingangs – eine Handlung übrigens, deren sich die Patientin in keiner Weise bewußt war und die ich bei ihr bisher nie gesehen hatte.

Es gibt eine ganze Reihe von Gesten, die anscheinend auf ganz natürliche Weise sexuellen Gefühlen und Gedanken folgen, und ich möchte einige davon aufzählen. Manche Patienten scheinen regelrechten Verkehr mit den Fingern auszuüben: Ein oder manchmal auch zwei Finger stoßen rhythmisch und sehr sinnlich in die teilweise geschlossene andere Hand, während der Patient spricht. Die Bedeutung kann variieren, je nachdem, ob der Patient männlich oder weiblich ist und worüber er gerade spricht und auch, zu wem er spricht. Weibliche Patienten stehen manchmal lange Zeit ruhig da und halten einen oder zwei Finger der einen Hand mit der anderen fest, ohne sich weiter zu rühren. Das deutet für mich in der Regel auf ein Bedürfnis nach Halt hin oder auf den Wunsch, sich an sich selbst festzuhalten. Manchmal trifft aber auch die Vermutung zu, daß es sich symbolisch um den Penis des Vaters handelt als Symbol seiner Männlichkeit und seiner Fähigkeit, sie zu schützen. In einer solchen Situation hat der Penis eher die symbolische Bedeutung der Stärke angenommen als die der Sexualität. Manche Patienten legen die Zeigefinger so zusammen, daß sie sich an den Fingerspitzen berühren, während alle anderen Finger eingerollt sind. Dem liegt oft der homosexuelle Wunsch nach einer Beziehung zum Vater zugrunde: Sie sehnen sich nach einer Penis-zu-Penis-Beziehung, bei welcher der Vater als gleich, d. h. gleichaltrig oder gleichrangig erscheint, und zwar mit einer sexuellen Unterströmung der Art, daß keiner von beiden den weiblichen Teil übernimmt. Die gleichen Patienten können aber auch ihre Hände so in den Schoß legen, daß es aussieht, als wollten sie die Gestalt einer

Vagina andeuten. Läßt man in solchen Augenblicken die Patienten assoziieren, dann stößt man häufig auf den Wunsch, passiv oder rezeptiv zu sein.

Die Beobachtung der Gesten der Hand führt gelegentlich zu faszinierenden Hinweisen, besonders wenn das sonstige Verhalten verwirrend und widersprüchlich ist. Vertraue ich den motorischen Äußerungen, selbst wenn ich sie gar nicht offen oder direkt interpretiere, dann bleibe ich in Kontakt mit dem, was an dem Material wesentlich ist, ich bleibe in Kontakt mit der Bedeutung einer Struktur und kann dem Patienten helfen, weitere Bedeutungsebenen zu erschließen. Dabei muß man wirklich vorsichtig sein, denn man kann auch sehr leicht in die Irre geleitet werden, nicht zuletzt durch die eigene überschäumende Phantasie. Es ist deshalb sinnvoll, das, was man an Einsichten – seien sie auch noch so spektakulär und produktiv – gewonnen hat, so lange hintanzustellen, bis man wirklich sicher ist, daß die eigenen Beobachtungen und Erkenntnisse in allen Punkten zutreffend sind.

Empfindungen in Bauch und Magen

Empfindungen im Bauch haben natürlich viel zu tun mit den Bedürfnissen nach Nahrungsaufnahme und Ausscheidung, also mit dem Verdauungssystem; sie können sich aber auch auf den Fortpflanzungsprozeß beziehen. Denn oft werden Essen mit Schwangerwerden und Ausscheidung mit Gebären verknüpft oder im Unbewußten miteinander verwechselt. Schmerzen im Bauch können aber ebenso mit einer eher unspezifischen Spannung und Angst zu tun haben, die sich nicht direkt auf Nahrung oder Sexualität beziehen. Manche Empfindungen »drehen einem den Magen um«, als ob es sich um eine verdorbene Speise handeln würde. Werden diese Gefühle durchgearbeitet oder integriert oder auch kathartisch abgeführt, dann verursachen sie keine Übelkeit mehr: Die Schmerzen verschwinden, sobald man mit den Gefühlen wirklich umgeht.

Wenn sich Patienten über Schmerzen oder unbehagliche Gefühle im Magen und Bauch beklagen, so erinnern sie sich häufig auch an Eß-, Verdauungs- oder Ausscheidungsprobleme in ihrer Kindheit. Manche Mütter zwingen ihre Kinder, alles aufzuessen, bevor sie den Mittagstisch verlassen, und manchmal steht der Schmerz wirklich mit dieser unangemessenen mütterlichen Haltung in Zusammenhang. Andere Patienten erinnern sich an endlose Einläufe und denken mit Schmerz und Widerwillen an die Spannungen im Bauch, während sie versuchten, noch rechtzeitig aufs Klo zu kommen. Einige Patienten bringen die vollen, gedehnten Eingeweide mit Schwangerschaft und Phantasien über ein Kind, das durch ihren After herauskommen würde, in Verbindung. Ganz offensichtlich haben manche Patienten Eßstörungen, weil sie phantasieren, daß sie durch Essen schwanger werden. Die Schwangerschaftsassoziationen sind so komplex, daß es unmöglich ist, ihnen allen gerecht zu werden. Ich habe in vielen Strukturen Ausdrucksformen gesehen, in denen sich mehrere dieser Aspekte kombiniert zeigten: die Mühen des Ausscheidungsprozesses, des Gebärens und die Anstrengung, Gefühle zum Vorschein zu bringen.

Spürt ein Kind, daß die Mutter ihm gerade im Zusammenhang mit regelmäßig gegebenen Einläufen am meisten Aufmerksamkeit entgegenbringt, dann kann dies natürlich zur Folge haben, daß das Kind den After für ein wichtigeres Organ der Versorgung hält als den Mund. Die primäre Form des Sich-Beziehens und des affektiven Interagierens verschmilzt dann völlig mit den Gefühlen, anal versorgt, aber auch durchbohrt oder verletzt zu werden. Die Verwirrung ist offensichtlich, und in den Strukturen versuchen wir, Gefühle und Verhaltensweisen zu ordnen, zum Beispiel indem die ideale Mutter sagt: »Ich füttere dich nicht durch den After. Ich ernähre dich dadurch, daß ich dir gute Milch aus meiner Brust in deinen Mund gebe. Ich ernähre dich auch nicht mit dem Einlaufrohr, ich will nicht in dich eindringen, und ich bin nicht an deiner Sexualität interessiert.« Ganz so einfach ist das alles natürlich nicht, denn ohne Zweifel hat der Patient längst sexuelle Gefühle entwickelt, die sich bewußt oder unbewußt mit den Einläufen verbinden, und diese Gefühle müssen erst zum Vorschein kommen dürfen, um schließlich einer direkten sexuellen Verwendung zur Verfügung zu stehen.

Überraschenderweise sind die analen Gefühle am tiefsten verdrängt. Die meisten Menschen fühlen heute weniger Scham, sexuelle Themen zu diskutieren; wenn sich aber der After mit Sexualität oder anderen lustvollen Empfindungen verbindet, dann scheint dies sehr tabu. Man kann sich auf den Mund beziehen und dessen Funktion verstehen, ebenso auf die Genitalien, aber der After ist der Ort der schmutzigen Gefühle.

Schmerzen im Bauch können auch mit Hunger- oder Entbehrungsgefühlen verknüpft sein; jedoch versuchen viele Menschen, solche Spannungen durch eine Kombination von Sexualität und Nahrung zu befriedigen. Die Aufgabe der Struktur ist es dann, diese Gefühle wieder zu ordnen und mit den geeigneten Objekten in Verbindung zu bringen.

Auch die Sauberkeitserziehung hat sehr viel mit Empfindungen im Bauch zu tun. In diesem Problemkreis entwickeln sich viele Vorstellungen, die mit Zustimmung und Liebe zu tun haben, aber auch mit dem Gefühl der Überschwemmung des Selbst bzw. dem Versuch, angesichts solcher Überschwemmung oder Überwältigung unversehrt zu bleiben. Das Gefühl, Übergriffen oder gar Überflutung ausgesetzt zu sein, ist unter anderem so zu verstehen, daß die Eltern ein Kind zur Sauberkeit gezwungen und von ihm verlangt haben, etwas, das noch Teil seines Selbst war, auf Befehl auszuscheiden. Dies wurde als Verletzung der Integrität des Selbst erlebt. Widerstand, Trotz und bockiges Zurückhalten intensivieren sich bei solchen Kämpfen, denn nur so kann das Kind seine Ganzheit verteidigen. Unglücklicherweise sind solche Verhaltensweisen zäh und manifestieren sich als Charakterzüge, die sich zeigen, auch wenn diese Situationen längst Vergangenheit sind und das Kind inzwischen erwachsen ist. Wir stoßen auf derartige Traumen oft auch bei Patienten, die über Schmerzen im Bereich des unteren Rückens klagen.

Kreuzschmerzen

Schmerzen im unteren Teil des Rückens lassen sich nach meiner eigenen Erfahrung auf Trotz und passive Aggression zurückführen. Aus welchem Grund auch immer, Patienten, die dauernd über Schmerzen im unteren Rücken klagen, scheinen den bewußten oder unbewußten Wunsch zu haben, »auf die ganze Welt zu scheißen«. Vielleicht kommt es dazu, weil die Eltern sie wirklich überwältigt haben und sie auf Befehl defäzieren mußten. Vielleicht hat es aber auch nichts mit der Reinlichkeitserziehung zu tun, sondern mit ganz anderen Formen des Übergriffs auf das Selbst. Aber ein mächtiger und rachsüchtiger Wunsch, den After wie eine Schußwaffe auf das Objekt zu richten, Därme und Rücken zusammenzupressen und endlich abzudrücken, tritt oft bei solchen Patienten zutage. Manchmal können solche Patienten überhaupt erst dann Fortschritte in Strukturen oder in einer anderen Form von Therapie machen, wenn sie solche Wünsche und Verhaltensweisen mit der entsprechenden Akkomodation der ganzen Gruppe (die sich die Fäzes scheinbar abwischt) zum Vorschein kommen lassen konnten. Denn solange sie ein solches Verhalten nicht offen zeigen können, »scheißen« sie symbolisch und indirekt auf die Gruppe. Nichts, was die Gruppe oder der Therapeut tun, kann sie erreichen. Sie bringen die Gruppe, den Therapeuten und sich selbst zum Scheitern.

Finden sie jedoch einen Weg, ihre Wut in rachsüchtiger und aggressiver Weise loszuwerden, dann werden aus traurigen, bedrückten Geschöpfen feixende Kobolde, die auf dem Boden herumhocken und entzückt sind über das Elend der Akkomodierenden, wenn sie ihnen ins Gesicht scheißen und sie in der Scheiße versinken sehen. Wenn ein solcher Patient über Kreuzschmerzen berichtet und er schließlich an der Reihe ist, was meistens erst gegen Ende einer Sitzung oder eines Workshops passiert, dann hege ich inzwischen schon die Befürchtung, daß nichts Gutes folgen wird. Oft fühle ich mich geradezu eingesaugt von meinem Wunsch zu helfen, und ich werde dann zur leichten Beute der Passiv-Aggressiven, die zunächst meine Sympathie für ihre Probleme wecken und schließlich doch meine Versuche, ihnen zu helfen, zunichte machen. Manchmal strecke ich vorsichtig einen Fühler aus und sage nach wenigen Versuchen: »Ach, ich bin mit meinem Latein am Ende. Ich weiß nicht, wie ich dir helfen kann.« Wenn der Patient, der vorher niedergeschlagen und untröstlich wirkte, plötzlich munter wird und bei einer solchen Feststellung lächelt, dann weiß ich, mit wem ich es zu tun habe.

Gelegentlich verleugnen Patienten natürlich auch, daß es ihnen Vergnügen macht, meine Bemühungen zu vereiteln, und sie verleugnen das Lächeln mit der Begründung, meine Bemerkung sei ihnen albern vorgekommen. Aber man kann beobachten, daß sie sich, während sie dies sagen, oft in hockender Position befinden oder sich auf den Knien nach vorne beugen. Manche passiv-aggressiven Patienten schmettern die Gruppe in einem Ausmaß ab, daß die Gruppe versucht ist, sich aggressiv gegen sie zu wenden, was manchmal ja geradezu Ziel dieser Patienten ist. Es ist, als ob ihnen das Ganze eine perverse Lust bereiten würde oder sie aus dieser

Situation eine Art negativer Versorgung bezögen. Vielleicht sind es gerade die Schuldgefühle über ihre Wünsche, auf andere zu scheißen, die zu diesem Ausgang führen. Es kann also auch zu einer automatisch ablaufenden Gegenreaktion kommen: Um nicht auf andere zu scheißen, bekommt es der Patient schließlich fertig, daß er auf sich selbst scheißt, indem er andere dazu bringt, es zu tun. Aber was haben die Kreuzschmerzen mit alledem zu tun? Die Anstrengungen des Kindes auf dem Topf sind die Ursache des Schmerzes und der Beanspruchung aller in diesem Bereich liegenden Muskeln. Kann der Patient die Verkrampfungen in diesem Bereich wieder lösen, so ist er schon auf dem Weg zu einer Lösung seines Problems auf motorischem Weg. Die Persönlichkeit eines jeden Menschen enthält einige passiv-aggressive Züge, aber bei wem sie den Hauptcharakterzug bilden, der muß hart daran arbeiten, daß er sich selbst eine offenere Form des Ausdrucks von Wut gestatten kann, denn dies allein verhilft zu einer Lösung seiner Probleme.

Empfindungen in den Oberschenkeln

Empfindungen in den Oberschenkeln sind nach meiner Erfahrung oft verknüpft mit sexuellen oder beginnenden sexuellen Gefühlen und Verhaltensweisen. Häufig hat ein Patient, der mit der Hand über seinen Schenkel streicht, durchaus bewußte sexuelle Gedanken oder Gefühle. Geschieht dies, dann schaue ich sehr genau hin, horche auf den verbalen Inhalt dessen, was er erzählt, und frage mich dann, wie ich ihm das sexuelle Material näherbringen kann. Natürlich hilft oft schon die Mitteilung, daß er sexuelle Gefühle hat, um ihn zu ermuntern, auch erotische Bilder in sich aufsteigen zu lassen; aber das ist oft nur dann so einfach, wenn es schon eine Bereitschaft in dieser Richtung gibt. Nach meiner Erfahrung streicheln oder reiben Patienten mit sexuellen Problemen, mit Impulsen, mit denen sie nicht umgehen können oder die sie nicht akzeptieren wollen, viel häufiger ihre Oberschenkel als Patienten ohne sexuelle Probleme.

Eine Frage ist natürlich, warum die körperlichen Empfindungen sich nicht direkt an den Genitalien, sondern in den Schenkeln und Hüften zeigen. Die Antwort sieht vielleicht so aus: Beim Geschlechtsverkehr werden die Hüften in Vorwärts- und Rückwärtsbewegungen versetzt, und bei dieser Bewegung spielen die Schenkelmuskeln, die mit der Hüfte verbunden sind, eine bedeutsame Rolle. Deshalb werden die prämotorischen Spannungen in den Schenkelmuskeln wahrgenommen, bevor es zu wirklich genitalen sexuellen Gefühlen kommt. Streichelt oder tätschelt also jemand seine Oberschenkel, so ist es wichtig, dem Handeln stärkeren, offeneren und bewußteren Ausdruck zu verleihen; dies führt oft zu einer Klärung, um welches Objekt in der Phantasie es geht. Spricht der Patient während dieser Aktion zum Beispiel von seiner Mutter oder denkt er an sie, dann deckt der Therapeut den unterschwelligen Bedeutungsinhalt der Bewegung auf, benennt das Objekt und verhilft so der Energie zu freierem Fluß in Richtung auf ein altersentsprechendes Objekt. Es kann sich aber auch herausstellen, daß der Patient durchaus liebevolle sexuelle Beziehungen zu einem anderen Partner unterhält, mit dem er in freien erotischen Bewegungen kommunizieren kann, daß ihm dies aber nicht ausreicht, um seinen Wunsch oder seine Sehnsucht nach der Mutter, die so stark in ihm ist, zu befriedigen. Therapeutisch läßt sich dies durch eine klare Unterscheidung und Entmischung der erotischen Bedürfnisse und der Versorgungsbedürfnisse angehen.

Weibliche Patienten sind gelegentlich gehemmt, wenn es darum geht, die Hüften in starker oder erotischer Weise zu bewegen, weil sie von ihren Eltern immer gehört haben, solche Bewegungen geziemten sich nicht für eine Frau. Die idealen Eltern können dem in einer Struktur widersprechen und so der Patientin zu einem freieren Ausdruck ihrer sexuellen Gefühle verhelfen.

Die Stellung der Beine

Es kann sehr instruktiv sein, die Stellung der Beine eines Klienten während einer Struktur zu beobachten, denn manchmal steht das, was die Beine ausdrücken, in krassem Widerspruch zu dem, worüber gesprochen wird. So kann es sein, daß eine Patientin, die durch eine Versorgungs-Struktur mit der idealen Mutter geht, nicht etwa, wie man es erwarten würde, zusammengekauert auf dem Schoß der Mutter liegt, in einer Lage wie beim Stillen, sondern daß sie, mit dem Kopf auf dem Schoß der Mutter, die Beine geöffnet hält. Diese widersprüchliche Körperhaltung sollte uns veranlassen, der Beinstellung mindestens ebensoviel Aufmerksamkeit zu schenken wie der übrigen Körperhaltung. Es erhebt sich auch die Frage, ob die Patienten unbewußt oder vorbewußt wünschen, daß die Mutter ihre Genitalien streichelt, oder ob sie sich in einer anal-rezeptiven Stimmung befinden. Gelegentlich kam es vor, daß ein Patient wiedererlebte, wie der Vater ihn bedrohte, aber anstatt den Vater wegzustoßen oder von ihm wegzurennen, wandte ihm der Patient den Hintern in einer offensichtlich rezeptiven Weise zu.

Patientinnen, die eine Struktur durchleben, bei der es um die Anerkennung ihrer sexuellen Identität durch die Eltern geht, nesteln manchmal mit den Händen am Rock oder an der Bluse herum, wobei sie beim Stehen die Beine leicht geöffnet halten. Lädt man sie ein, der angedeuteten Bewegung deutlicher zu folgen oder sie voll auszuführen, dann stehen sie da wie kleine Mädchen: Sie heben den Rock hoch und zeigen ihren Bauch oder ihren Bauchnabel. In Wirklichkeit zeigen sie ihre kleinen Genitalien in der Hoffnung auf Anerkennung. Dementsprechend sollten die idealen Eltern in einer Struktur der Patientin sagen, daß sie wirklich ein Mädchen ist, daß sie das sehen und sich darüber freuen.

Die Knie

Die Knie ziehen besonders in zwei Situationen die Aufmerksamkeit auf sich, nämlich, wenn ein Patient Angst hat oder wenn er ein Bedürfnis nach Halt und Unterstützung empfindet. Zitternde Knie können den Wunsch nach Flucht, Zusammenbruch oder beides anzeigen. Zu Beginn eines Wochenendseminars oder wenn man eine neue Gruppe bittet, am Anfang das lockere, schwingende Stehen zu üben, hört man oft, die Knie hätten dabei gezittert oder gewakkelt. In diesem Fall kommt die Angst von der anfänglichen Unsicherheit, daß man nicht weiß, was geschehen wird und wie man reagieren soll, und dem daraus folgenden Wunsch, der Situation zu entfliehen. Ermutigt man die Patienten, ihre Angst direkt auszudrücken, dann rennen einige quer durch den Raum oder stürzen sogar hinaus, andere wiederum lassen sich auf den Boden fallen. Denjenigen, die eher dazu neigen, zusammenzubrechen, kann man Unterstützung oder Halt durch ideale Eltern anbieten, wobei sich dann, von diesem Aspekt ausgehend, Strukturen entwickeln lassen.

Es gibt aber auch Patienten, die eine Spannung in den Knien spüren, ohne den Wunsch oder die Tendenz zu haben, sich fallenzulassen. Ihnen ist eher danach zumute, die Knie starr durchzudrükken. Dies ist in der Regel das Ergebnis einer Abwehrreaktion auf den Wunsch nach Halt. Statt ihre Verletzbarkeit und ihr starkes Bedürfnis nach Unterstützung zu fühlen, haben solche Menschen gelernt, sich ausschließlich auf sich selbst zu verlassen, und jegliche Neigung, sich an jemand anderen zu wenden, unterdrückt. Natürlich haben solche Menschen manchmal ein noch viel größeres Bedürfnis nach Unterstützung als diejenigen, bei denen die Bitte um Hilfe unübersehbar ist.

Die Waden

Ich habe den Waden bisher in meiner Arbeit nicht allzuviel Aufmerksamkeit geschenkt, aber manchmal besteht eine Verbindung zwischen einer bestimmten Empfindung in den Waden und dem Wunsch, den Fuß zu bewegen, als wollte man auf jemanden treten oder die Ferse in ihn hineinbohren, gerade so, wie man eine Zigarette austritt. Diese Geste drückt wütende Gefühle aus, die schließlich zu dem Wunsch führen können, jemanden zu zerstampfen, aber auch zu dem Wunsch, mit dem Bein wie mit einem Phallus in ihn einzudringen. Gelegentlich führt Spannung in den Waden während einer Struktur auch dazu, daß Patienten heftig und wiederholt auf ein Kissen springen und versuchen, mit aller Kraft den Gegner – nämlich das Kissen – niederzutrampeln oder zu zertreten.

Der Wadenkrampf gleicht in gewissem Sinn dem steifen Nakken, von dem weiter oben die Rede war. Glauben Menschen, sie hätten nicht genug Kraft, um etwas ertragen zu können, dann gibt es eine reflexhafte Neigung, den Körper zur Verteidigung oder zur Abwehr anzuspannen oder hart zu machen. Der Wadenkrampf kann auch im Verlauf einer Struktur auftreten, wenn der Patient einen Augenblick oder eine Periode seines Lebens wiedererlebt, als er schwer gekränkt wurde. Der Krampf läßt sich aber auch verstehen als ein sadistischer und rachsüchtiger Impuls, jemandem heimzuzahlen, was er einem irgendwann angetan hat. Wurde man in seinem Leben einmal brutal angegriffen und konnte sich nicht verteidigen, dann kann man phantasieren oder auch aktiv versuchen, einen Gegenangriff auszuführen, um das Gefühl der Hilflosigkeit, das damals entstand, zu mildern oder aufzuheben.

Die Füße

Die Zehen sind sowohl bei Versorgungs- wie auch bei sexuellen Strukturen sehr aktiv beteiligt. In Strukturen, deren Thema die Versorgung ist, läßt sich oft beobachten, wie ein Patient die Zehen krümmt und dann wieder streckt. Viele Menschen erleben, daß ihre Füße während des sexuellen Verkehrs in ähnlicher Weise aktiv sind. Gelegentlich werden die Zehen auch zu phallischen Symbolen, wie das bei jedem vorspringenden Körperteil möglich ist. Ich habe Strukturen erlebt, bei denen die Zehen in sexueller Absicht in die Mutter eindringen wollten, ebenso wie in der Absicht, in den Mutterleib zurückzukehren, um dort Sicherheit zu finden.

Ausblick

Die Frage, die mich für die Zukunft am meisten beschäftigt, ist die, worin der Wesenskern des menschlichen Lebens besteht und wie man ihn beschreiben könnte. Die Fähigkeit des Menschen, den Kern seines Wesens zu beschützen, zu tarnen, zu verstecken, zu begraben, ja ihn zu töten und ihn doch heimlich so zu bewahren, daß er sich eines Tages wieder zeigen kann, ist eindrucksvoll, selbst bei Menschen, die seelisch tot oder unheilbar krank scheinen. Da der Mensch sowohl auf der symbolischen wie auf der konkreten Ebene leben kann, ist er in der Lage, ganz verschiedenen Teilen seines Wesens die Merkmale aufzudrücken, die seinen Kern darstellen.

Manchmal gleicht das wahre Selbst einem vertriebenen und im Verborgenen lebenden König, der einmal hier auftaucht und einmal dort, und wenn die feindlichen Truppen nahen, ist er nicht mehr aufzufinden; statt dessen werden an einem ganz anderen Ort Gerüchte über seine Anwesenheit laut. Die Aufgabe der psychomotorischen und jeder anderen Therapie wie auch der Erziehung ist es, den König wieder auf seinen Thron zu setzen, so daß er ohne Heimlichtuerei mit allen Gebieten seines Reiches in Verbindung treten kann.